权威·前沿·原创

皮书系列为
"十二五""十三五""十四五"时期国家重点出版物出版专项规划项目

BLUE BOOK

智 库 成 果 出 版 与 传 播 平 台

动力电池蓝皮书

BLUE BOOK OF POWER BATTERY

中国新能源汽车动力电池产业
发展报告（2023）

ANNUAL REPORT ON THE DEVELOPMENT OF NEW ENERGY VEHICLE
POWER BATTERY INDUSTRY IN CHINA (2023)

主　编／中汽数据有限公司

社会科学文献出版社
SOCIAL SCIENCES ACADEMIC PRESS（CHINA）

图书在版编目（CIP）数据

中国新能源汽车动力电池产业发展报告 . 2023／中
汽数据有限公司主编 . --北京：社会科学文献出版社，
2023.12
　（动力电池蓝皮书）
　ISBN 978-7-5228-2486-4

　Ⅰ.①中…　Ⅱ.①中…　Ⅲ.①电动汽车-蓄电池-产
业发展-研究报告-中国-2023　Ⅳ.①F426.471

　中国国家版本馆 CIP 数据核字（2023）第 170276 号

动力电池蓝皮书

中国新能源汽车动力电池产业发展报告（2023）

主　　编／中汽数据有限公司

出 版 人／冀祥德
组稿编辑／曹义恒
责任编辑／吕霞云
文稿编辑／白　银
责任印制／王京美

出　　版／社会科学文献出版社·政法传媒分社（010）59367126
　　　　　　地址：北京市北三环中路甲 29 号院华龙大厦　邮编：100029
　　　　　　网址：www.ssap.com.cn
发　　行／社会科学文献出版社（010）59367028
印　　装／天津千鹤文化传播有限公司

规　　格／开　本：787mm×1092mm　1/16
　　　　　　印　张：19.25　字　数：288 千字
版　　次／2023 年 12 月第 1 版　2023 年 12 月第 1 次印刷
书　　号／ISBN 978-7-5228-2486-4
定　　价／128.00 元

读者服务电话：4008918866

本书由国家重点研发计划"政府间国际科技创新合作"重点专项"中挪新能源汽车安全高效应用关键技术研究与示范"基金资助出版

动力电池蓝皮书编委会

主编单位简介

中汽数据有限公司以汽车大数据为基础、汽车领域模型算法为支柱，深入开展节能低碳、绿色生态、市场研究等工作，面向"新基建""新四化"发展，在中国汽车工业云、智能网联、智能座舱、工业互联网（工业软件）等领域精准发力，通过中国汽车产业数据基础设施建设及国家级汽车产业数据体系构建，以"'数'驱产业变革，'智'领汽车未来"为使命，致力于打造"国家级汽车产业数据中心、国家级汽车产业链决策支撑机构、国家级泛汽车产业数字化支撑机构"。

摘　要

　　发展新能源汽车是落实"十四五"规划，实现我国碳达峰碳中和目标，应对能源及环境压力，促进经济转型升级的战略选择。2022年，中国新能源汽车保有量破千万辆，且新能源汽车零售渗透率首次超过30%。动力电池是新能源汽车的核心零部件，新能源汽车产业的快速发展离不开国内动力电池产业的有力支撑，我国新能源汽车及动力电池产业发展势头良好，却也面临严峻挑战，如何从自身发展要点入手，不断提高产品质量以及降低成本，保障新能源汽车安全和市场竞争力，是动力电池产业未来主要的发展命题。

　　本书从2021~2022年中国新能源汽车动力电池产业发展的现状和面临的挑战入手，深度分析动力电池产业相关政策、标准、技术革新和降成本趋势，并对动力电池产业链上游资源端的金属原材料（锂、钴、镍、锰）、中游制造端的四大关键材料（正极、负极、隔膜、电解液）、下游市场的动力电池回收产业发展情况进行了分析论述，提出发展策略与建议，以期为我国动力电池产业未来的高质量发展和市场竞争力提升探寻方向。

　　2021~2022年，新能源汽车动力电池产销两旺。三元和磷酸铁锂电池能量密度不断提高，动力电池新技术不断涌现，动力电池沿着高比能和高安全两条技术路线发展；动力电池产业体系不断完善，关键材料产品质量不断优化，自动化生产程度和智能制造能力不断提升；动力电池头部企业纷纷在海外布局，我国动力电池企业全球竞争力持续提升。未来，我国新

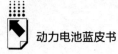
能源汽车动力电池产业将走向低碳化、高端化和智能化，实现可持续、高质量发展。

关键词： 新能源汽车　动力电池　碳达峰　碳中和

目 录 ↖

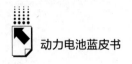

皮书数据库阅读使用指南

总 报 告

General Report

B.1

2021~2022年中国新能源汽车动力电池产业发展报告

刘 沙　孙华军　郝维健　马小利　卢嘉龙*

摘　要： 新能源汽车是全球汽车产业转型发展的主要方向和促进世界经济持续增长的重要引擎。2022年，中国新能源汽车保有量破千万辆，且新能源汽车零售渗透率首次超过30%。伴随新能源汽车产业的快速发展，新能源汽车的核心部件动力电池在2021年、2022年也产销两旺。三元和磷酸铁锂电池能量密度不断提高，动力电池新技术不断涌现，动力电池沿着高比能和高安全

* 刘沙，中汽数据有限公司咨询研究员，主要研究方向为新能源汽车动力电池产业、政策；孙华军，高级工程师，弗迪电池有限公司CTO，主要研究方向为动力电池产品研发管理、前瞻性技术研究管理、动力电池技术路线发展规划等；郝维健，博士，高级工程师，中国汽车技术研究中心有限公司标准化研究所工程师，主要研究方向为动力电池标准化；马小利，高级工程师，中国汽车动力电池产业创新联盟副秘书长，主要研究方向为新能源汽车及动力电池产业发展和政策研究；卢嘉龙，上海有色网信息科技股份有限公司高级副总裁，主要研究方向为全球大宗商品定价机制、价格预测及全物质流供应链关系变迁。

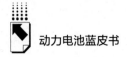

两条技术路线发展；电池产业体系不断完善，关键材料产品质量不断优化，自动化生产程度和智能制造能力不断提升；动力电池头部企业纷纷在海外布局，我国动力电池企业全球竞争力持续提升。

关键词： 新能源汽车 动力电池 碳达峰 碳中和

近年来，基于解决环境污染和能源危机问题，背靠全球汽车电动化和智能化变革浪潮，我国新能源汽车产业发展持续提速，年产销量和保有量已连续 7 年居世界首位。公安部数据显示，截至 2022 年 6 月，中国新能源汽车保有量破千万辆[①]。全国乘用车市场信息联席会数据显示，2022 年 9 月，我国新能源汽车零售渗透率首次超过 30%，达到31.8%[②]，成为行业发展史上的标志性事件。快速发展的新能源汽车产业成为动力电池发展的重要驱动力，装机量不断创出新高。中国汽车动力电池产业创新联盟发布的数据显示，2022 年，我国动力电池装机量为 294.6GWh，同比增长 90.7%[③]。2021~2022 年，我国动力电池产量、销量、装机量翻倍增长，三元和磷酸铁锂电池单体、系统能量密度不断提高，电池新技术不断涌现；电池产业体系不断完善，关键材料产品质量不断优化，自动化生产程度和智能制造能力不断提升；各企业纷纷在海外布局，我国动力电池企业全球竞争力持续提升。

---

① 《全国新能源汽车保有量已突破 1000 万辆》，公安部网站，2022 年 7 月 6 日，https：// app. mps. gov. cn/gdnps/pc/content. jsp？ id＝8577652。

② 崔东树：《新能源车渗透率超三成意味着什么》，《经济日报》2022 年 11 月 2 日。

③ 《2022 年 12 月动力电池月度数据》，"中国汽车动力电池产业创新联盟"微信公众号，2023 年 1 月 12 日，https：// mp. weixin. qq. com/s/Au-Iu7hcHmIUmDTONi4m8g。

一 中国动力电池产业现状①

（一）新能源汽车是动力电池产业发展的助推器

中国汽车工业协会（以下简称"中汽协"）统计结果显示，2021年中国新能源汽车产量为354.5万辆，销量为352.1万辆②；2022年中国新能源汽车产量为705.8万辆，销量为688.7万辆③，同比分别增长99.1%和95.6%（见图1）。新能源汽车的推广应用稳步推进，成效显著。纵观新能源汽车发展历程，历经10余年风雨，经历了推广期、政策扶持期、过渡期和完全市场化四个阶段。

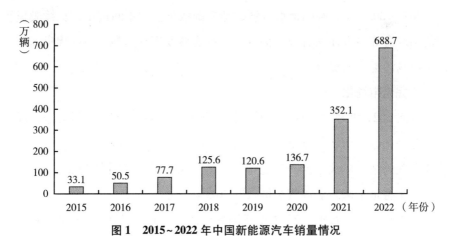

图1 2015~2022年中国新能源汽车销量情况

资料来源：中汽协。

---

① 2021年动力电池产量、销量、装机量、出口量数据均来自《2021年12月动力电池月度数据》，"中国汽车动力电池产业创新联盟"微信公众号，2022年1月13日，https://mp. weixin. qq. com/s/MVU_ F-xFdyR-Ipt4yt1Ygg。

② 《2021年12月汽车工业经济运行情况》，工信部网站，2022年1月13日，https://www. miit. gov. cn/gxsj/tjfx/zbgy/qc/art/2022/art_ 63f16aa43e3543c28bb285b7dc759eea. html。

③ 《2022年12月汽车工业经济运行情况》，工信部网站，2023年1月12日，https://www. miit. gov. cn/jgsj/zbys/qcgy/art/2023/art_ ff136c2c686a4728a4905e62a7e991d6. html。

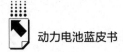
1. 推广期

2009~2013 年，国际上汽车电动化浪潮处于起步推广期，我国抓住战略机遇，将新能源汽车列为战略性新兴产业，并进行新能源汽车应用试点（"十城千辆"），逐步建立了全面的政策支持体系；在新能源汽车发展初期，由于技术成熟度、配套设施设备完善程度、使用便利性与燃油汽车有一定的差距，性价比偏低，市场发展较为缓慢。

2. 政策扶持期

2014~2018 年，我国出台补贴性的政策鼓励车企入局，并逐步向 C 端进行渗透，在新能源汽车购置补贴的刺激下，车企有生产动力，消费者有购买动力，新能源汽车产销量快速增长。

3. 过渡期

2019~2021 年，补贴退坡放缓，新能源汽车技术不断进步，在续驶里程和使用寿命等多方面均有较大提升，市场成熟度逐渐提高，不断促进新能源汽车市场渗透率的提升。

4. 完全市场化

进入 2022 年之后，政策性补贴陆续退坡，"双积分"机制落地，新能源汽车完全进入市场化竞争阶段，而智能网联的基础已较为完备，电动化和智能驾驶的结合极大地提升新能源汽车的驾乘体验，提升性价比和竞争力，而乘用车将是未来新能源汽车增长的重要原动力。

据中汽协统计数据，2022 年我国新能源汽车市场占有率（渗透率）达到 25.6%[1]；而据公安部交通管理局的统计数据，2022 年全国新注册登记新能源汽车 535 万辆，占新注册登记汽车总量的 23.05%[2]，这表示我国已提前 3 年完成《新能源汽车产业发展规划（2021—2035 年）》中提出的到2025 年，新能源汽车新车销售量达到汽车新车销售总量的 20%左右的目标。

---

[1] 《2022 年 12 月汽车工业经济运行情况》，工信部网站，2023 年 1 月 12 日，https：//www.miit.gov.cn/jgsj/zbys/qcgy/art/2023/art_ff136c2c686a4728a4905e62a7e991d6.html。

[2] 《全国机动车保有量达 4.17 亿辆 驾驶人超过 5 亿人》，公安部网站，2023 年 1 月 11 日，https：//app.mps.gov.cn/gdnps/pc/content.jsp？id=8837602。

（二）动力电池产销两旺，三元和磷酸铁锂电池仍为主流

1.产量

2021年，我国动力电池产量[①] 219.7GWh，同比增长163.4%。按正极材料体系进行区分，2021年，三元锂电池产量93.9GWh，占总产量的42.7%，同比增长93.6%；磷酸铁锂电池产量125.4GWh，占总产量的57.1%，同比增长262.9%；锰酸锂电池产量0.3GWh，占总产量的0.1%，同比增长57.5%；钛酸锂电池产量0.1GWh，占总产量的0.1%，同比下降14.7%。

2022年，我国动力电池产量545.7GWh，同比增长148.5%。按正极材料分，2022年，三元锂电池产量212.5GWh，占总产量的38.9%，同比增长126.3%；磷酸铁锂电池产量332.4GWh，占总产量的60.9%，同比增长165.1%；锰酸锂电池产量0.7GWh，占总产量的0.1%，同比增长133.3%；钛酸锂电池产量0.1GWh，占总产量的0.1%。

2.销量

2021年，我国动力电池销量达186.0GWh，同比增长182.3%。按正极材料分，2021年，三元锂电池销量79.6GWh，占总销量的42.8%，同比增长128.9%；磷酸铁锂电池销量106.0GWh，占总销量的57.0%，同比增长245.0%，增幅最大；锰酸锂电池销量0.3GWh，占总销量的0.1%，同比增长21.8%；钛酸锂电池销量0.1GWh，占总销量的0.1%，同比下降20.9%。

2022年，我国动力电池销量达465.5GWh，同比增长150.3%。按正极材料分，2022年，三元锂电池销量193.5GWh，占总销量的41.6%，同比增长143.2%；磷酸铁锂电池销量271.0GWh，占总销量的58.2%，同比增长155.7%；锰酸锂电池销量0.7GWh，占总销量的约0.15%，同比增长135.2%；钛酸锂电池销量约0.1GWh，占总销量比重不足0.3%，同比下降0.3%。

---

① 动力电池产量包含出口量，种类包含低速车和储能类。

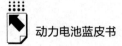

3. 装机量

2021 年，我国动力电池装机量共计 154.5GWh，同比增长 142.8%。按正极材料分，2021 年，三元锂电池装机量 74.3GWh，占总装机量的 48.1%，同比增长 91.3%；磷酸铁锂电池装机量 79.8GWh，占总装机量的 51.7%，同比增长 227.4%；锰酸锂电池装机量 0.24GWh，占总装机量的 0.2%，同比增长 7.1%；钛酸锂电池装机量 0.07GWh，占总装机量的 0.046%，同比下降 37.9%。

2022 年，我国动力电池装机量 294.6GWh，同比增长 90.7%，占全球总销量的 56.9%。按正极材料分，2022 年，三元锂电池装机量 110.4GWh，占总装机量的 37.5%，同比增长 48.6%；磷酸铁锂电池装机量 183.8GWh，占总装机量的 62.4%，同比增长 130.2%；锰酸锂电池装机量 0.31GWh，占总装机量的约 0.1%，同比增长 29.2%；钛酸锂电池装机量 0.12GWh，占总装机量的约 0.03%，同比增长 71.4%。

三元锂电池与磷酸铁锂电池的市场份额从 2021 年的 4∶6 变为 2022 年的 3∶7，磷酸铁锂的市场份额逐渐提升。2021 年、2022 年动力电池产量、销量、装机量的整体情况见图 2、图 3。

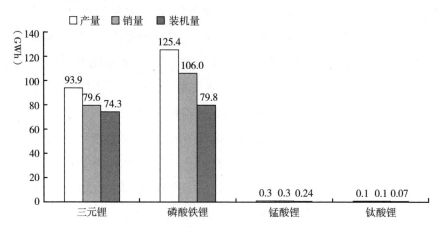

图 2 2021 年中国动力电池产量、销量、装机量

资料来源：中国汽车动力电池产业创新联盟。

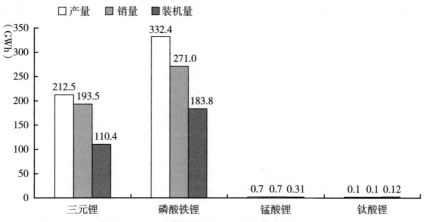

图3　2022年中国动力电池产、销、装机量

资料来源：中国汽车动力电池产业创新联盟。

按车型来划分动力电池装机量，2021年、2022年不同车型动力电池装机情况见图4。相较于2021年，2022年纯电动乘用车、插电式混合动力乘用车的动力电池装机量显著增长，同比分别增长89.1%和199.0%。

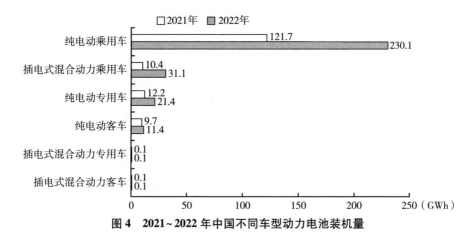

图4　2021~2022年中国不同车型动力电池装机量

资料来源：中国汽车动力电池产业创新联盟。

4. 出口量

2022年，我国动力电池企业电池累计出口量达68.1GWh。其中三元锂电池累计出口 46.92GWh，占总出口量的 68.9%；磷酸铁锂电池累计出口 20.90GWh，占总出口量的 30.7%（见图5）。

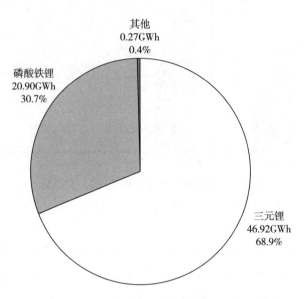

图5　2022年中国动力电池企业电池出口量分布

资料来源：中国汽车动力电池产业创新联盟。

5. 单车带电量

2021年我国新能源汽车单车平均装车电量为 46.0kWh，2022年为 46.1kWh。按车型划分，2021年我国新能源汽车单车平均装车电量最大的是纯电动客车，达 214.9kWh，2022年略有下降；纯电动乘用车单车平均装车电量，从 2021年的 48.2kWh 增长至 2022年的 50.9kWh，同比增长 5.6%；相比于 2021年，2022年纯电动专用车的单车平均装车电量也略有上升（见图6）。

6. 能量密度

2021年补贴政策在电池系统能量密度指标方面与 2020年保持一致。电池系统能量密度在 160Wh/kg 及以上的纯电动乘用车产量最大，达到 79.4 万辆，占比达 31.5%。纯电动乘用车电池系统能量密度在 140Wh/kg 以下的车型产量为 97.8 万辆，同比增长 268.7%，占比增加至 38.8%（见图7）。

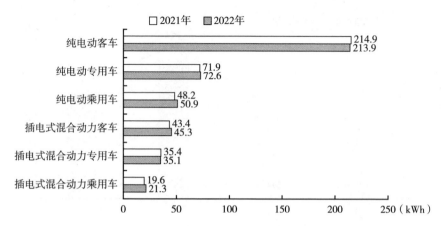

图6　2021~2022年中国新能源汽车按车型划分单车平均装车电量

资料来源：中国汽车动力电池产业创新联盟。

2022年，电池系统能量密度在140（含）~160Wh/kg的纯电动乘用车产量最大，达到162.3万辆，占比达35.9%（见图8）。

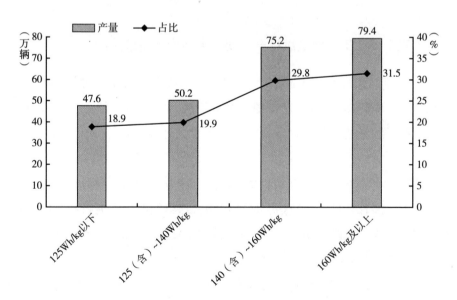

图7　2021年中国纯电动乘用车电池系统能量密度分布情况

资料来源：中国汽车动力电池产业创新联盟。

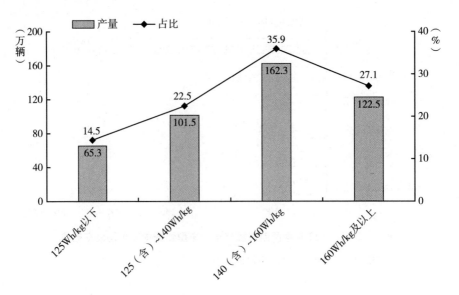

图8 2022年中国纯电动乘用车电池系统能量密度分布情况

资料来源：中国汽车动力电池产业创新联盟。

（三）行业集中度继续提升，动力电池市场继续洗牌

2021年，我国动力电池装机量排名前十企业分别为宁德时代、比亚迪、中创新航、国轩高科、LG新能源、蜂巢能源、塔菲尔新能源、亿纬锂能、孚能科技、欣旺达。其中，宁德时代装机量共计80.5GWh，位列第一（见图9）。

2022年，我国动力电池装机量排名前十企业分别为宁德时代、比亚迪、中创新航、国轩高科、欣旺达、亿纬锂能、蜂巢能源、孚能科技、LG新能源、瑞浦兰钧。前四与2021年一致，其中2022年宁德时代装机量位列第一，共计142.02GWh（见图10）。

2022年，我国三元锂电池装机量排名前十企业分别为宁德时代、中创新航、欣旺达、孚能科技、LG新能源、蜂巢能源、亿纬锂能、捷威动力、正力新能、多氟多。宁德时代三元锂电池装机量遥遥领先，共计61.84GWh（见图11）。

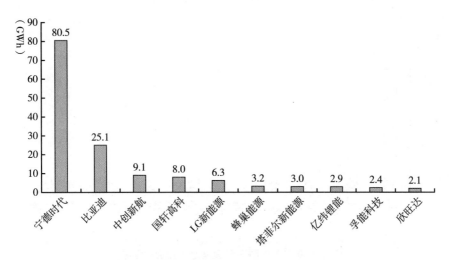

图9　2021年中国动力电池企业装机量前十

注：对多家电池企业配套同一车型产品采取平均值方式计算，换电车型选取储电量最大值计算。
资料来源：中国汽车动力电池产业创新联盟。

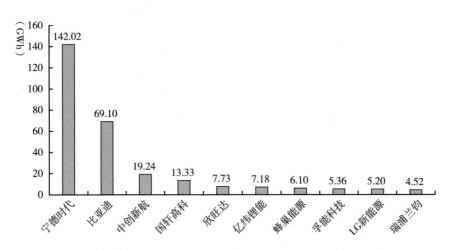

图10　2022年中国动力电池企业装机量前十

注：对多家电池企业配套同一车型产品采取平均值方式计算，换电车型选取储电量最大值计算。
资料来源：中国汽车动力电池产业创新联盟。

2022年，我国磷酸铁锂电池装机量排名前十企业分别为宁德时代、比亚迪、国轩高科、中创新航、亿纬锂能、瑞浦兰钧、蜂巢能源、鹏辉能源、

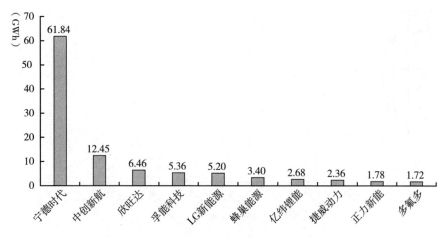

图 11　2022 年中国三元锂电池企业装机量前十

注：对多家电池企业配套同一车型产品采取平均值方式计算，换电车型选取储电量最大值计算。

资料来源：中国汽车动力电池产业创新联盟。

欣旺达、正力新能。宁德时代、比亚迪的磷酸铁锂电池装机量位列前二，分别为 80.18GWh、68.25GWh（见图 12）。

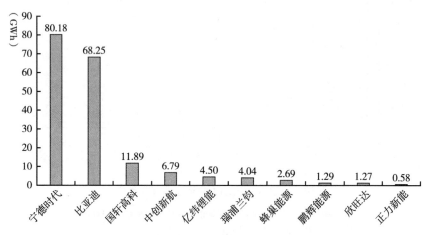

图 12　2022 年中国磷酸铁锂电池企业装机量前十

注：对多家电池企业配套同一车型产品采取平均值方式计算，换电车型选取储电量最大值计算。

资料来源：中国汽车动力电池产业创新联盟。

如表 1 所示，2020～2022 年，排名前三动力电池企业装机量占比由 71.30%增长至 78.18%，排名前十动力电池企业装机量占比由 91.90%增长至 94.97%，行业集中度逐步提升。

表 1　2020～2022 年前三、前十动力电池企业装机量占比

单位：GWh，%

年份	前三装机量	前三装机量占比	前十装机量	前十装机量占比
2020	45.4	71.30	58.5	91.90
2021	114.6	74.20	142.5	92.30
2022	230.4	78.18	279.4	94.97

资料来源：中国汽车动力电池产业创新联盟。

二　中国动力电池产业政策

2020 年底至今，我国出台了多项与新能源汽车相关的政策，引导新能源汽车产业健康有序发展，与此同时，2021 年与 2022 年新能源汽车购置补贴政策继续退坡，2022 年 12 月 31 日之后上牌的车辆不再给予补贴，新能源汽车市场继续朝着以经济性为驱动力的方向发展。地方政府也在贯彻国家政策的大方针下，依据各自特点进行战略部署。

（一）国家有关政策总结与梳理

1. 新能源汽车产业国家政策

表 2 梳理了 2020 年底至 2022 年与新能源汽车产业相关的重点国家政策。

表 2　2020 年底至 2022 年发布或实施的新能源汽车产业重点国家政策

发布时间	发布部门	政策名称	核心内容
2020 年11 月 2 日	国务院	《新能源汽车产业发展规划（2021—2035 年）》	到 2025 年，我国新能源汽车市场竞争力明显增强，安全水平全面提升。纯电动乘用车新车平均电耗降至 12.0 千瓦时/百公里，新能源汽车新车销售量达到汽车新车销售总量的 20%左右

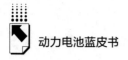

续表

发布时间	发布部门	政策名称	核心内容
2020 年 12 月 31 日	财政部、工业和信息化部、科学技术部、国家发展和改革委员会	《关于进一步完善新能源汽车推广应用财政补贴政策的通知》	2021 年保持现行购置补贴技术指标体系框架及门槛要求不变,即 2021 年,新能源汽车补贴标准在 2020 年基础上退坡 20%;为推动公共交通等领域车辆电动化,城市公交、道路客运、出租(含网约车)、环卫、城市物流配送、邮政快递、民航机场以及党政机关公务领域符合要求的车辆,补贴标准在 2020 年基础上退坡 10%。为加快推动公共交通行业转型升级,地方可继续对新能源公交车给予购置补贴(本通知从 2021 年 1 月 1 日起实施)
2021 年 6 月 4 日	国家机关事务管理局、国家发展和改革委员会	《"十四五"公共机构节约能源资源工作规划》	在"十四五"期间,将推动公共机构带头使用新能源汽车,新增及更新车辆中新能源汽车比例原则上不低于 30%;更新用于机要通信和相对固定路线的执法执勤、通勤等车辆时,原则上配备新能源汽车
2021 年 7 月 7 日	国家发展和改革委员会	《"十四五"循环经济发展规划》	汽车使用全生命周期管理推进行动。研究制定汽车使用全生命周期管理方案。建立认证配件、再制造件、旧用外观件的标识制度和信息查询体系。开展汽车产品生产者责任延伸试点。推动新能源汽车生产企业通过自建、共建、授权等方式,建设规范化回收服务网点
2021 年 10 月 10 日	中共中央、国务院	《国家标准化发展纲要》	在新一代信息技术、大数据、新能源、新材料等应用前景广阔的技术领域,同步部署技术研发、标准研制与产业推广,加快新技术产业化步伐。研究制定新能源汽车等领域关键技术标准,推动产业变革
2021 年 10 月 24 日	中共中央、国务院	《关于完整准确全面贯彻新发展理念做好碳达峰碳中和工作的意见》	提出 10 个方面的 31 项重点任务,明确了碳达峰碳中和工作的路线图、施工图。大力发展绿色低碳产业,加快发展新一代信息技术、新能源、新材料、高端装备、新能源汽车、绿色环保等战略性新兴产业
2021 年 10 月 26 日	国务院	《2030 年前碳达峰行动方案》	提出包含"交通运输绿色低碳行动"的"碳达峰十大行动",并明确提出"到 2030 年,当年新增新能源、清洁能源动力的交通工具比例达到 40% 左右,陆路交通运输石油消费力争 2030 年前达到峰值"的目标。积极扩大电力等新能源、清洁能源在交通运输领域应用。大力推广新能源汽车,逐步降低传统燃油汽车在新车产销和汽车保有量中的占比,推动城市公共服务车辆电动化替代,推广电力、氢燃料、液化天然气动力重型货运车辆

续表

发布时间	发布部门	政策名称	核心内容
2021年10月28日	工业和信息化部	《关于启动新能源汽车换电模式应用试点工作的通知》	综合应用类城市8个(北京、南京、武汉、三亚、重庆、长春、合肥、济南),重卡特色类城市3个(宜宾、唐山、包头)
2021年11月5日	工业和信息化部、中国人民银行、中国银行保险监督管理委员会、中国证券监督管理委员会	《关于加强产融合作推动工业绿色发展的指导意见》	支持新能源、新材料、新能源汽车、绿色船舶、新能源动力等关键技术突破及产业化发展。加快发展战略性新兴产业,提升新能源汽车关键零部件、汽车芯片、基础材料、软件系统等产业链水平,推动提高产业集中度,推动新能源汽车动力电池回收利用体系建设。在汽车、机械等重点行业打造一批绿色供应链,开发推广"易包装、易运输、易拆解、易重构、易回收"的绿色产品谱系。以碳中和为导向,制定重点行业碳达峰目标任务及路线图,支持新能源汽车等产业发挥示范引领作用
2021年11月18日	交通运输部	《综合运输服务"十四五"发展规划》	到2025年,城市公交、出租汽车、城市物流配送领域新能源汽车占比为72%、35%、20%
2021年11月19日	国家机关事务管理局、国家发展和改革委员会、财政部、生态环境部	《深入开展公共机构绿色低碳引领行动 促进碳达峰实施方案》	持续推广新能源汽车。加快淘汰报废老旧柴油公务用车,加大新能源汽车配备使用力度,因地制宜持续提升新增及更新公务用车新能源汽车配备比例,新增及更新用于机要通信和相对固定路线的执法执勤、通勤等车辆时,原则上配备新能源汽车
2021年12月12日	国务院	《"十四五"冷链物流发展规划》	加快推进轻型、微型新能源冷藏车和冷藏箱研发制造。加快淘汰高排放冷藏车,适应城市绿色配送发展需要,鼓励新增或更新的冷藏车采用新能源车型
2021年12月31日	财政部、工业和信息化部、科学技术部、国家发展和改革委员会	《关于2022年新能源汽车推广应用财政补贴政策的通知》	保持现行购置补贴技术指标体系框架及门槛要求不变,补贴标准在2021年基础上退坡30%,公共领域车辆退坡20%;于2022年12月31日终止

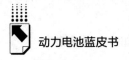

续表

发布时间	发布部门	政策名称	核心内容
2022年1月18日	国务院	《"十四五"现代综合交通运输体系发展规划》	到2025年,城市新能源公交车辆占比从2020年的62.2%提升至72.0%。推动城市公共服务车辆和港口、机场场内车辆电动化替代,百万人口以上城市(严寒地区除外)新增或更新地面公交、城市物流配送、邮政快递、出租、公务、环卫等车辆中电动车辆比例不低于80%
2022年1月24日	国务院	《"十四五"节能减排综合工作方案》	提高城市公交、出租、物流、环卫清扫等车辆使用新能源汽车的比例。到2025年,新能源汽车新车销售量达到汽车新车销售总量的20%左右
2022年3月17日	交通运输部	《交通强国建设评价指标体系》	交通强国建设评价指标体系按照1个国家综合指标,5个行业指标和31个省域指标进行设置。国家综合指标可按"安全、便捷、高效、绿色、经济"5个基本特征进行细分,其中在基本特征"绿色"的评价指标"交通与环境协调发展水平"中,参考表征指标包含"新能源汽车占比,城市公交、出租汽车、城市配送等领域新能源汽车占比"等内容
2022年4月8日	工业和信息化部、公安部、交通运输部、应急管理部、国家市场监督管理总局	《关于进一步加强新能源汽车企业安全体系建设的指导意见》	统筹发展和安全,指导新能源汽车企业加快构建系统、科学、规范的安全体系,全面增强企业在安全管理机制、产品质量、运行监测、售后服务、事故响应处置、网络安全等方面的安全保障能力,提升新能源汽车安全水平,推动新能源汽车产业高质量发展
2022年7月7日	商务部、国家发展和改革委员会、工业和信息化部、公安部、财政部等17部门	《搞活汽车流通扩大汽车消费若干措施》	促进跨区域自由流通,破除新能源汽车市场地方保护,各地区不得设定本地新能源汽车车型备案目录,不得对新能源汽车产品销售及消费补贴设定不合理车辆参数指标 支持新能源汽车消费,研究免征新能源汽车车辆购置税政策到期后延期问题。深入开展新能源汽车下乡活动,鼓励有条件的地方出台下乡支持政策,引导企业加大活动优惠力度,促进农村地区新能源汽车消费使用

发布时间	发布部门	政策名称	核心内容
2022年9月26日	财政部、国家税务总局、工业和信息化部	《关于延续新能源汽车免征车辆购置税政策的公告》	对购置日期在2023年1月1日至12月31日期间内的新能源汽车,免征车辆购置税

资料来源:国家部委网站,中汽数据整理。

(1)产业总体规划相关政策。在产业总体规划方面,《新能源汽车产业发展规划(2021—2035年)》提出,到2025年,我国新能源汽车市场竞争力明显增强,安全水平全面提升。

(2)新能源汽车安全体系建设。当前,新能源汽车产销量实现快速增长,但安全事故频发,其中电气故障和电池故障是首要原因。2022年4月8日,工信部等五部门联合印发《关于进一步加强新能源汽车企业安全体系建设的指导意见》,提出新能源汽车企业应加快构建系统、科学、规范的安全体系,全面增强企业在安全管理机制、产品质量、运行监测、售后服务、事故响应处置、网络安全等方面的安全保障能力,提升新能源汽车安全水平,推动新能源汽车产业高质量发展。该意见进一步强调了新能源汽车企业要落实生产企业主体责任的必要性和重要性。

(3)新能源汽车推广应用相关政策。在公共交通和专用车领域,2021年11月交通运输部印发的《综合运输服务"十四五"发展规划》和2022年国务院印发的《"十四五"现代综合交通运输体系发展规划》《"十四五"节能减排综合工作方案》,都对2025年,城市公交、出租汽车、城市物流配送领域新能源汽车的占比提出目标值,并且要求到2025年,新能源汽车新车销售量达到汽车新车销售总量的20%左右。2021年12月发布的《"十四五"冷链物流发展规划》更是明确提出,要加快推进新能源冷藏车的研发制造及应用。

在公共机构用车方面,2021年6月国家机关事务管理局、国家发展改革委印发的《"十四五"公共机构节约能源资源工作规划》和2021年11月

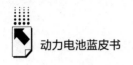

国家机关事务管理局等四部门印发的《深入开展公共机构绿色低碳引领行动 促进碳达峰实施方案》，明确指出要持续推广新能源汽车，并加快淘汰报废老旧柴油公务用车。

（4）新能源汽车补贴相关政策。在新能源汽车购置补贴方面，2021年，新能源汽车补贴标准在2020年基础上退坡20%；为推动公共交通等领域车辆电动化，城市公交、道路客运、出租（含网约车）、环卫、城市物流配送、邮政快递、民航机场以及党政机关公务领域符合要求的车辆，补贴标准在2020年基础上退坡10%。为加快推动公共交通行业转型升级，地方可继续对新能源公交车给予购置补贴。

而根据2021年12月财政部、工信部、科技部、国家发展改革委发布的《关于2022年新能源汽推广应用财政补贴政策的通知》，2022年，新能源汽车补贴标准在2021年基础上退坡30%；城市公交、道路客运、出租（含网约车）、环卫车等公共领域车辆，补贴标准在2021年基础上退坡20%。2022年新能源汽车购置补贴政策于12月31日终止，12月31日之后上牌的车辆不再给予补贴，这标志着自2009年开始的新能源汽车购置补贴时代落下帷幕。

2022年7月，《搞活汽车流通 扩大汽车消费若干措施》发布，提出支持新能源汽车消费，研究免征新能源汽车车辆购置税政策到期后延期问题。深入开展新能源汽车下乡活动，鼓励有条件的地方出台下乡支持政策，引导企业加大活动优惠力度，促进农村地区新能源汽车消费使用。

虽然购置补贴在2023年不复存在，但根据2022年9月发布的《关于延续新能源汽车免征车辆购置税政策的公告》，购置日期在2023年1月1日至12月31日的新能源汽车，依旧免征车辆购置税。

（5）"双碳"相关政策。在做好碳达峰碳中和方面，2021年10月，中共中央、国务院印发《关于完整准确全面贯彻新发展理念做好碳达峰碳中和工作的意见》（以下简称《意见》），明确了碳达峰碳中和工作的路线图、施工图。在深度调整产业结构方面，提出要大力发展绿色低碳产业，加快发展新能源汽车等战略性新兴产业。同月，国务院印发《2030年前碳达峰行动方案》，该方案在《意见》实施目标的基础上聚焦"十四五"与"十五五"时期，提出包含"交通运输绿色低碳行动"的"碳达峰十大行动"，并明确提出到2030年，当年新增新能源、清洁能源动力的交通工具比例达到40%左右，陆路交通运输石油消费力争2030年前达到峰值的目标。要求推动运输工具装备低碳转型，积极扩大电力等新能源、清洁能源在交通运输领域应用范围；大力推广新能源汽车，逐步降低传统燃油汽车在新车产销和汽车保有量中的占比，推动城市公共服务车辆电动化替代，推广电力、氢燃料、液化天然气动力重型货运车辆。

（6）新能源汽车换电相关政策。2021年10月，工信部发布《关于启动新能源汽车换电模式应用试点工作的通知》，决定启动新能源汽车换电模式应用试点工作。纳入此次试点范围的城市共有11个，其中综合应用类城市8个（北京、南京、武汉、三亚、重庆、长春、合肥、济南），重卡特色类城市3个（宜宾、唐山、包头）。

（7）新能源汽车回收拆解相关政策。2021年7月，国家发展改革委发布的《"十四五"循环经济发展规划》，在"汽车使用全生命周期管理推进行动"方面，提出研究制定汽车使用全生命周期管理方案，建立认证配件、再制造件、回用外观件的标识制度和信息查询体系，开展汽车产品生产者责任延伸试点，推动新能源汽车生产企业通过自建、共建、授权等方式建设规范化回收服务网点。

（8）新能源汽车标准制定相关政策。2021年10月，中共中央、国务院印发《国家标准化发展纲要》，提出到2025年实现农业、工业、服务业和社会事业等领域标准全覆盖等目标。其中，要求研究制定新能源汽车等领域关键技术标准，推动产业变革。

2.动力电池产业国家政策

作为新能源汽车的心脏，动力电池的研发、应用与回收也颇受关注，表3梳理了2020年底至2022年动力电池产业相关的重点国家政策。

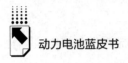

表 3 2020 年底至 2022 年发布或实施的动力电池产业重点国家政策

发布时间	发布部门	政策名称	核心内容
2020 年 11 月 2 日	国务院	《新能源汽车产业发展规划（2021—2035 年)》	到 2025 年,动力电池、驱动电机、车用操作系统等关键技术取得重大突破,安全水平全面提升。开展正负极材料、电解液、隔膜、膜电极等关键核心技术研究,加强高强度、轻量化、高安全、低成本、长寿命的动力电池短板技术攻关,加快固态动力电池技术研究及产业化。加快推动动力电池回收利用立法
2021 年 7 月 7 日	国家发展和改革委员会	《"十四五"循环经济发展规划》	废旧电池循环利用活动。加强新能源汽车动力电池溯源管理平台建设,完善新能源汽车动力电池回收利用溯源管理体系。推动废旧动力电池梯次利用企业通过自建、共建、授权等方式,建设规范化回收服务网点。推进动力电池规范化梯次利用,提高余能检测、残值评估、重组利用、安全管理等技术水平。加强废旧动力电池再生利用与梯次利用成套化先进技术装备推广应用。完善动力电池回收利用标准体系。培育废旧动力电池综合利用骨干企业,促进废旧动力电池循环利用产业发展
2021 年 8 月 27 日	工业和信息化部、科学技术部、生态环境部、商务部、国家市场监督管理总局	《新能源汽车动力蓄电池梯次利用管理办法》	明确梯次产品生产、使用、回收利用全过程相关要求,完善梯次利用管理机制
2021 年 10 月 26 日	国务院	《2030 年前碳达峰行动方案》	提出包含"工业领域碳达峰行动"的"碳达峰十大行动",推动有色金属行业碳达峰。加快再生有色金属产业发展,完善废弃有色金属资源回收、分选和加工网络,提高再生有色金属产量。加快推广应用先进适用绿色低碳技术,提升有色金属生产过程余热回收水平,推动单位产品能耗持续下降
2021 年 11 月 5 日	工业和信息化部、中国人民银行、中国银行保险监督管理委员会、中国证券监督管理委员会	《关于加强产融合作推动工业绿色发展的指导意见》	加快发展战略性新兴产业,提升新能源汽车关键零部件、汽车芯片、基础材料、软件系统等产业链水平,推动提高产业集中度,推动新能源汽车动力电池回收利用体系建设

发布时间	发布部门	政策名称	核心内容
2021年12月3日	工业和信息化部	《"十四五"工业绿色发展规划》	完善动力电池回收利用法规制度,探索推广"互联网+回收"等新型商业模式,强化溯源管理,鼓励产业链上下游企业共建共用回收渠道,建设一批集中型回收服务网点。推动废旧动力电池在储能、备电、充换电等领域的规模化梯次应用,建设一批梯次利用和再生利用项目。到2025年,建成较为完善的动力电池回收利用体系
2022年11月18日	工业和信息化部、国家市场监督管理总局	《关于做好锂离子电池产业链供应链协同稳定发展工作的通知》	鼓励锂电(电芯及电池组)生产企业、锂电一阶材料企业、锂电二阶材料企业、锂镍钴等上游资源企业、锂电回收企业、锂电终端应用企业及系统集成、渠道分销、物流运输等企业深度合作,通过签订长单、技术合作等方式建立长效机制,引导上下游稳定预期、明确量价、保障供应、合作共赢

资料来源:国家部委网站,中汽数据整理。

(1)产业总体规划相关政策。《新能源汽车产业发展规划(2021—2035年)》提出,在动力电池方面,实施电池技术突破行动。开展正负极材料、电解液、隔膜、膜电极等动力电池关键核心技术研究,加强高强度、轻量化、高安全、低成本、长寿命的动力电池短板技术攻关,加快固态动力电池技术研发及产业化,加快推动动力电池回收利用立法。到2025年,我国新能源汽车市场竞争力明显增强,动力电池、驱动电机、车用操作系统等关键技术取得重大突破,安全水平全面提升。

2021年11月,工信部等四部委印发的《关于加强产融合作推动工业绿色发展的指导意见》指出,加快发展战略性新兴产业,提升新能源汽车关键零部件、汽车芯片、基础材料、软件系统等产业链水平,提高产业集中度,推动新能源汽车动力电池回收利用体系建设。

(2)回收利用相关政策。2021~2022年,国家政策在动力电池回收利用方面着墨较多。2021年7月发布的《"十四五"循环经济发展规划》在"废旧动力电池循环利用行动"方面,提出要加强新能源汽车动力电池溯源管理平台建设，完善新能源汽车动力电池回收利用溯源管理体系；推动梯次利用企业建设废旧动力电池规范化回收服务网点；推进动力电池规范化梯次利用，提高余能检测、残值评估、重组利用、安全管理等技术水平；加强废旧动力电池再生利用与梯次利用成套化先进技术装备推广应用；完善动力电池回收利用标准体系；培育废旧动力电池综合利用骨干企业，促进废旧动力电池循环利用产业发展。2021年8月，工信部等五部局印发《新能源汽车动力蓄电池梯次利用管理办法》，明确梯次产品生产、使用、回收利用全过程相关要求，完善梯次利用管理机制。2021年10月，国务院发布的《2030年前碳达峰行动方案》提出包含"推动有色金属行业碳达峰"的"碳达峰十大行动"。明确指出要加快再生有色金属产业发展，完善废弃有色金属资源回收、分选和加工网络，提高再生有色金属产量；加快推广应用先进适用绿色低碳技术，提升有色金属生产过程余热回收水平，推动单位产品能耗持续下降。2021年11月，工信部发布《"十四五"工业绿色发展规划》，提出到2025年，建成较为完善的动力电池回收利用体系。

（3）针对稳定价格提出的要求。针对2022年下半年碳酸锂等动力电池原材料价格暴涨的趋势，工信部、国家市场监督管理总局发布《关于做好锂离子电池产业链供应链协同稳定发展工作的通知》，一方面要求各地方工信主管部门及时了解本地锂电制造及一阶材料（正极材料、负极材料、隔膜、电解质等）、二阶材料（电池级碳酸锂、氢氧化锂等）产业发展情况，加强锂电行业产能、投资等运行情况监测；另一方面鼓励锂电（电芯及电池组）生产企业、锂电一阶材料企业、锂电二阶材料企业、锂镍钴等上游资源企业、锂电回收企业、锂电终端应用企业，以及系统集成、渠道分销、物流运输等企业深度合作，通过签订长单、技术合作等方式建立长效机制，引导上下游稳定预期、明确量价、保障供应、合作共赢。

（二）新能源汽车与动力电池产业地方政策总结与梳理

1. 新能源汽车产业地方政策

在国家提出宏观政策之后，2021~2022年，我国多个省份发布了新能源汽车相关的产业规划政策，一是从跨省区域协同布局新能源汽车产业的角度出发，例如京津冀一体化，区域内各省份统筹协同发展；二是按省域内城市布局新能源汽车产业方向进行规划，寻找城市产业亮点，一些注重新能源汽车整车制造，一些专攻动力电池研发；三是按新能源汽车的车辆类型进行产业规划；四是基于特殊气候条件开展新能源汽车研究，例如极寒天气。

（1）跨省区域协同布局——京津冀一体化。北京印发《北京市"十四五"时期生态环境保护规划》，提出要大力推进车辆"油换电"，推动公交（通勤）、环卫、出租等车辆基本实现纯电动或氢燃料电池汽车替代；逐步退出北京市三环路内使用燃油的旅游客车；推进货运行业车辆逐步新能源化，鼓励新增或更新的货运行业车辆为纯电动或氢燃料电池汽车，逐步推动进入五环路内的轻型货车为纯电动或氢燃料电池汽车。到2025年，北京市新能源汽车累计保有量力争达到200万辆。

河北印发《河北省建设京津冀生态环境支撑区"十四五"规划》，提出要加快新能源车辆推广应用。推动重点区域新增及更新的公交、环卫、邮政、出租、城市物流配送车辆的新能源替代。到2025年，形成200万辆电动汽车充电服务能力，新能源汽车新车年销售量占比达到20%左右。

天津印发《天津市制造业高质量发展"十四五"规划》，提出要大力推动纯电动汽车、插电式混合动力汽车等新能源汽车发展，加强高强度、轻量化、高安全、低成本、长寿命动力电池的技术攻关和产业化。同时，结合北京的规划，借助京津高新技术产业带，积极承接北京非首都功能疏解，着力发展新能源汽车等新兴产业。

（2）按省域内城市新能源汽车产业布局方向进行规划。2021年10月，内蒙古印发《自治区"十四五"应对气候变化规划》，提出以城市公交、出租车、市政车辆为重点，加大新能源汽车推广力度。力争到2025年，内蒙古重点领域新能源车辆保有量达到15万辆。呼和浩特市、包头市、乌兰察布市、鄂尔多斯市、巴彦淖尔市和乌海市新增和更新重卡新能源汽车占比力争达到50%以上。鄂尔多斯市、包头市和乌海市及周边地区新增和更新矿

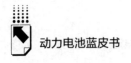

用新能源车辆力争达到50%以上。

2021年11月，江苏印发《江苏省"十四五"新能源汽车产业发展规划》，提出要加强自主品牌企业培育，加快南京、徐州、苏州、盐城、扬州等汽车生产基地向新能源汽车方向转型布局，发挥无锡、徐州等地汽车零部件比较优势，高质量推动新能源汽车重大项目建设。

2022年1月，广西印发《广西新能源汽车产业发展"十四五"规划》，指出在产业链布局方面，支持以柳州新能源汽车城（基地）、南宁新能源汽车城（基地）、桂林新能源商用车基地、玉贵（玉林、贵港）新能源商用车基地为重点的新能源汽车基地建设。以整车为龙头带动新能源汽车零部件配套体系建设，适时打造集新能源汽车整车、零部件、充电设施于一体的新能源汽车基地，形成广西"四基一链"（四大整车基地+核心零部件全产业链）新能源汽车产业集群布局。

（3）按新能源汽车的车辆类型进行规划。2021年4月，浙江印发《浙江省新能源汽车产业发展"十四五"规划》，提出在乘用车方面，支持吉利集团布局中高端乘用车市场，打造全球新能源汽车知名品牌。推动造车新势力提升正向开发能力和品牌营销能力，加快差异化发展和模式创新，充分释放产能。到2025年，培育10家生态主导型企业。在客车方面，紧扣国家推动公共领域电动化的战略导向，依托龙华汽车等新能源客车生产企业，加强技术改造，重点面向城市公交、城际客运等领域开发安全性高、可靠性续驶里程长的新能源客车。在货车及专用车方面，推进相关企业新能源化，支持一汽哈轻等货车生产企业开展新能源车型研发，匹配本地市场需求。鼓励北方建成等专用车生产企业，加强新能源专用车技术研发及产业化，不断提升产品性能，并降低整车成本。

2021年11月，河南印发《河南省加快新能源汽车产业发展实施方案》，提出到2025年，河南省新能源汽车年产量超过30万辆，力争达到50万辆，建成千亿级郑开新能源汽车产业集群。公共领域实现绿色交通，到2025年，除应急车辆外，全省公交车、巡游出租车和城市建成区的载货汽车等基本使用新能源汽车，重型载货车辆、工程车辆新能源汽车渗透率明显提升。应急车辆除外，河南省辖市、济源示范区每年新增的公交车、市政环卫车辆、更新或新增的巡游出租车和接入平台的网约出租车全部使用新能源汽车。2023年底前，郑州市渣土运输车、水泥罐车和建成区的物流车全部实现新能源化；2025年底前，除应急车辆外，全省公交车、巡游出租车和城市建成区的载货汽车、网约出租车等基本实现新能源化。

（4）针对特殊气候条件开展研究——极寒环境。2022年1月，新疆印发《关于进一步加快新能源汽车推广应用及产业发展的指导意见》，提出整合新疆汽车生产资源，引导现有汽车企业加速转型升级、优化产品结构、扩大品系和规模，开发生产适应极寒地区的纯电动、插电式混合动力乘用车、客用车、商用车、专用车。引导企业加大对新能源汽车关键应用技术研发投入力度，支持适应极寒天气环境下新能源汽车制造和面向中西亚市场的新型汽车。

2022年2月，黑龙江发布《黑龙江省新能源汽车产业发展规划（2022—2025年）》（征求意见稿）。该文件制定的发展目标为基本形成整车及零部件—负极材料—测试试验"三足鼎立"的新能源汽车发展新格局。支持地方政府联合第三方机构谋划重点突出、特色鲜明、配套设施齐全的新能源汽车寒地测试产业布局，加强极寒环境新能源汽车整车低能耗自保温技术的研究。重点打造以哈尔滨、大庆为核心的新能源汽车及零部件产业发展带，以鹤岗、鸡西为核心的动力电池负极材料产业集聚区，以黑河、大兴安岭为核心的新能源汽车寒地测试产业集群。以黑河、大兴安岭等为核心，构建错位发展、特色鲜明、配套设施齐全的新能源汽车寒地测试基地。支持大兴安岭地区开展寒地汽车赛事，围绕新能源汽车寒地测试产业，引进高层次战略投资者，加大与测试认证和汽车生产方面的央企、地方国企的合作力度，打造全方位、一站式服务的新能源试车经济产业链。

2.动力电池产业地方政策

动力电池是新能源汽车的核心零部件，在地方政府布局新能源汽车产业时，一些省份也因地制宜进行动力电池产业的规划：一是依托资源禀赋进行

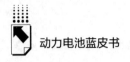

动力电池布局；二是按省域内城市产业布局方向进行规划；三是依托当地已有动力电池产业链企业进行产业规划；四是针对特殊地理条件与气候条件开展研究，如高寒、高海拔。

（1）依托资源禀赋进行动力电池布局。2021年8月印发的《青海省人民政府办公厅关于青海省贯彻国家新能源汽车产业发展规划（2021—2035年）的实施意见》提出，到2025年，以锂电池产能为牵引，构建上下游产能匹配的盐湖提锂、正负极材料、锂电池及配套产品产业链条，形成锂电池回收利用体系。到2035年，建成世界级锂产业基地，锂电池产品质量、品牌具备较强国际竞争力。开展共性关键技术和产品研发，重点突破电池级碳酸锂、电子级氢氧化锂、锂电前驱体材料、高比能量密度正极材料、电解液及电解质锂盐、隔膜、超薄锂电池用铜箔/铝箔、硅碳负极材料、石墨烯涂覆改性材料、电池回收等锂离子动力电池产业链关键材料技术。

2021年11月印发的《宁夏回族自治区制造业高质量发展"十四五"规划》提出，围绕锂电池产业链，积极引入发展上下游配套产业，打造全国重要的锂电池材料生产基地。优化提升传统支柱产业，在冶金产业中充分发挥电解金属锰产能优势，积极开发锰酸锂、锂电池等涉锰产品，加快海外锰矿资源投资开发，加强金属锰废渣资源综合利用技术研究。

（2）按省域内城市产业布局方向进行规划。2021年2月，江西印发《江西省国民经济和社会发展第十四个五年规划和二〇三五年远景目标纲要》，提出要加快新型锂离子动力电池产业化，大力发展锂电池关键材料，培育若干国际一流企业，打造全国新能源产业重要基地，建设世界级新能源产业集聚区。以宜春、新余、上饶、赣州等设区市为重点，打造赣西、赣东北、赣南三大新能源产业集聚区。加快宜春国家锂电新能源高新技术产业化基地等平台建设，培育形成若干特色产业集群。

2021年11月，河南印发《河南省加快新能源汽车产业发展实施方案》，提出要重点发展动力电池产业，以郑州、洛阳、新乡、焦作、许昌、驻马店等地骨干企业和研发机构为依托，加快推动电池正负极、隔膜、电解质、电池管理系统等技术进步，加强高强度、轻量化、高安全、低成本、长寿命的锂电池、钠电池和燃料电池系统技术攻关，加快石墨烯负极、纳米硅负极等电池关键材料和固态动力电池、锂硫电池技术研发及产业化。

2022年1月，甘肃印发《甘肃省"十四五"制造业发展规划》，提出立足资源优势和产业基础，依托兰州、白银、金昌、武威等地发展磷酸铁锂、锂电铜箔、电池外壳、三元前驱体、隔膜、电解液等正负极材料，引进电池模组、电芯制造等中游产业，配套发展电池回收、充电设备、新能源汽车等下游产业，做强做长锂电池产业链。同时，建设废旧电池回收利用绿色基地。

2022年4月，云南印发《云南省新能源电池产业发展三年行动计划（2022—2024年）》，在动力电池方面提出详细规划。一是以新能源电池材料为重点，围绕"资源—材料—电芯—电池—应用—回收利用"全生命周期产业链，建成以昆明市（滇中新区）、曲靖市、玉溪市为重点，错位发展、协同互补的新能源电池产业制造基地，推动云南省新能源电池产业"全链条、矩阵式、集群化"发展。二是产业链条持续完善。到2024年，新能源电池全生命周期产业链基本建成，磷铁系、高镍系、锰系正极材料，湿法隔膜材料等国内市场占有率稳步提高。新能源电池四大关键材料、动力电池等制造领域培育形成若干带动效应明显的龙头企业，产业集群化发展格局基本形成，在全产业供应链体系中具有较强影响力。电池回收、处置及拆解网点布局合理，实现对新能源电池全生命周期监管，建成1~2个电池回收利用示范项目。三是创新能力稳步提升。在磷镍锰系正极材料、硅碳负极材料、电池辅助材料等领域突破一批关键核心技术，创新驱动产业链供应链优化升级、科技赋能产业创新的效果更加明显，钠离子电池、全固态电池、无钴材料电池、固液混合锂电池、金属空气电池等研发应用取得新进展，创新发展能力达到国内先进水平。

（3）依托当地已有动力电池产业链企业进行产业规划。2021年4月，浙江印发《浙江省新能源汽车产业发展"十四五"规划》，提出重点突破发展动力电池，巩固正负极材料产业优势，全力突破隔膜材料、电解质产业化

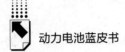

瓶颈。加快补齐电池电芯短板，支持万向一二三、瑞浦能源、微宏动力等电池企业做大做优，积极引育一批电池企业，提高电池研发和生产能力。提升动力电池模组封装和系统集成能力，做优动力电池管理系统，实现硬件开发和软件匹配自主可控。支持电池材料、电池电芯、整车制造企业开展上下游协同创新和技术攻关，提升电池产业链国内竞争力。突破高比能、高安全、高功率、长寿命锂电池技术，布局高比能固态锂电池技术。研发高集成度电池模组和电池包封装技术、云端电池管理系统（Battery Management System，BMS）等电池管理技术。开发退役锂电池梯次利用与资源高效循环利用技术。

2021年7月，福建印发《福建省"十四五"制造业高质量发展专项规划》，提出加快宁德时代动力电池扩能项目建设，壮大动力电池产业集群，重点突破电池能量密度、安全性、稳定性技术，支持研发应用新一代长寿命、高安全性动力电池，不断降低生产成本，扩大产业规模，保持产品技术领先。鼓励企业开展电池租赁业务，构建动力电池回收利用体系。

2021年11月，贵州印发《贵州省新能源汽车产业"十四五"发展规划》，提出开展动力电池关键技术攻关行动，支持振华新材、中伟新材等企业开展"高镍低钴"动力电池正极材料、新型动力电池材料等关键技术攻关，支持比亚迪、梅岭电源等企业研发低成本、高比能、长寿命锂离子动力电池，加快固态锂离子动力电池研发及产业化，鼓励贵州省化工企业依托技术资源优势研发六氟磷酸锂、双氟磺酰亚胺锂等电解液材料。

（4）针对特殊地理条件与气候条件开展研究——高寒、高海拔。2021年8月印发的《青海省人民政府办公厅关于青海省贯彻国家新能源汽车产业发展规划（2021—2035年）的实施意见》，除了提到借助资源禀赋发展动力电池产业，还提出要开发适应高寒、高海拔地区的高能量密度、高安全性的快充新能源汽车动力电池系统与技术。

三　中国动力电池产业标准

标准化工作在动力电池产业中发挥着基础性、引领性作用。在全行业的共同努力下，截至 2022 年 8 月，我国共有 26 项现行动力电池国家标准、行业标准，涵盖动力电池安全性、电性能、循环性能、互换性、回收利用等多个领域，形成了相对完善的动力电池标准体系（见表 4）。

表 4　截至 2022 年 8 月动力电池领域国家标准、行业标准情况

序号	类别	标准号	标准名称
1	安全	GB 38031—2020	电动汽车用动力蓄电池安全要求
2	产品	GB/T 18333.2—2015	电动道路车辆用锌空气蓄电池
3	性能	GB/T 31467.1—2015	电动汽车用锂离子动力蓄电池包和系统　第 1 部分:高功率应用测试规程
4	性能	GB/T 31467.2—2015	电动汽车用锂离子动力蓄电池包和系统　第 2 部分:高能量应用测试规程
5	性能	GB/T 31484—2015	电动汽车用动力蓄电池循环寿命要求及试验方法
6	性能	GB/T 31486—2015	电动汽车用动力蓄电池电性能要求及试验方法
7	互换	GB/T 34013—2017	电动汽车用动力蓄电池产品规格尺寸
8	回收	GB/T 34014—2017	汽车动力蓄电池编码规则
9	回收	GB/T 34015—2017	车用动力电池回收利用　余能检测
10	回收	GB/T 34015.2—2020	车用动力电池回收利用　梯次利用　第 2 部分:拆卸要求
11	回收	GB/T 34015.3—2021	车用动力电池回收利用　梯次利用　第 3 部分:梯次利用要求
12	回收	GB/T 34015.4—2021	车用动力电池回收利用　梯次利用　第 4 部分:梯次利用产品标识
13	回收	GB/T 33598—2017	车用动力电池回收利用　拆解规范
14	回收	GB/T 33598.2—2020	车用动力电池回收利用　再生利用　第 2 部分:材料回收要求
15	回收	GB/T 33598.3—2021	车用动力电池回收利用　再生利用　第 3 部分:放电规范
16	产品	GB/T 38661—2020	电动汽车用电池管理系统技术条件
17	回收	GB/T 38698.1—2020	车用动力电池回收利用　管理规范　第 1 部分:包装运输
18	安全	GB/T 39086—2020	电动汽车用电池管理系统功能安全要求及试验方法

序号	类别	标准号	标准名称
19	产品	GB/T 40433—2021	电动汽车用混合电源技术要求
20	产品	QC/T 741—2014	车用超级电容器
21	产品	QC/T 742—2006	电动汽车用铅酸蓄电池
22	产品	QC/T 744—2006	电动汽车用金属氢化物镍蓄电池
23	产品	QC/T 897—2011	电动汽车用电池管理系统技术条件
24	产品	QC/T 989—2014	电动汽车用动力蓄电池箱通用要求
25	产品	QC/T 1023—2015	电动汽车用动力蓄电池系统通用要求
26	回收	QC/T 1156—2021	车用动力电池回收利用　单体拆解技术规范

资料来源：全国汽车标准化技术委员会。

（一）安全性标准进展

安全性是新能源汽车和动力电池产业的核心议题。动力电池是新能源汽车的核心零部件和动力来源，其内部含有大量易燃易爆化学物质，一旦在滥用条件下发生燃烧爆炸，势必严重损害整车安全和消费者生命健康。

GB 38031—2020《电动汽车用动力蓄电池安全要求》作为我国新能源汽车领域首批强制性国家标准之一，自 2020 年 5 月发布以来，在规范产品生产、引导技术进步、支撑政府管理等方面起到了重要作用。虽然近年来动力电池安全性技术不断提升，但由于新能源汽车保有量快速增加，动力电池火灾事故仍时有发生，严重损害消费者的购买信心，亟须基于安全事故场景进行标准修订。此外，以固态电池、钠离子电池为代表的新体系，以无模组（Cell to Pack，CTP）电池、电池即底盘（Cell to Chassis，CTC）电池为代表的电池新形态，以大功率充电、换电为代表的新模式不断涌现，原有标准中部分内容已不适应产业发展现状，亟须开展针对性标准修订。

全国汽车标准化技术委员会（以下简称"汽标委"）电动车辆分标委已于 2022 年初启动《电动汽车用动力蓄电池安全要求》修订预研工作，通过行业讨论确定了修订原则。一是基于前期实施效果评估中行业企业反馈的意见建议，二是基于电动汽车和动力电池典型安全失效模式，三是充分兼容动力电池新体系、新形态、新模式，四是与动力电池安全性国际标准法规相协调。基于此，《电动汽车用动力蓄电池安全要求》标准修订研究内容主要包括热扩散要求及试验方法、底部防护要求及试验方法等内容。目前，修订立项已通过汽标委审议。

（二）电性能标准进展

动力电池电性能反映了不同温度和放电条件下电池性能的特性，是对电池的能量、容量、内阻、容量损失等指标的评价，表明动力电池是否能满足车辆实际行驶过程中的放电需求，是动力电池的关键性能指标。

1. GB/T 31467《电动汽车用锂离子动力电池包和系统电性能试验方法》

现行的 GB/T 31467.1—2015《电动汽车用锂离子动力蓄电池包和系统 第 1 部分：高功率应用测试规程》和 GB/T 31467.2—2015《电动汽车用锂离子动力蓄电池包和系统 第 2 部分：高能量应用测试规程》两项标准分别提供了高功率型和高能量型电动汽车用锂离子动力电池包和系统电性能的测试规程。两项标准发布以来，有效统一、规范了动力电池电性能测试方法。然而，近年来我国新能源汽车和动力电池产业快速发展，自 2020 年起，结合我国动力电池电性能测试经验，参考 ISO 12405—4：2018《电动道路车辆 锂离子动力蓄电池包和系统测试规程 第 4 部分：性能测试》，电动车辆分标委启动 GB/T 31467.1—2015《电动汽车用锂离子动力蓄电池包和系统 第 1 部分：高功率应用测试规程》和 GB/T 31467.2—2015《电动汽车用锂离子动力蓄电池包和系统 第 2 部分：高能量应用测试规程》两项标准修订工作，拟合并修订为 GB/T 31467《电动汽车用锂离子动力电池包和系统电性能试验方法》。

图 13 为 GB/T 31467《电动汽车用锂离子动力电池包和系统电性能试验方法》的标准框架，在上一版本基础上，根据行业需求，增加了充电性能、工况放电和能量密度三个测试项目。相对于 ISO 12405—4：2018《电动道路车辆 锂离子动力蓄电池包和系统测试规程 第 4 部分：性能测试》，GB/T

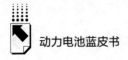

动力电池蓝皮书

31467《电动汽车用锂离子动力电池包和系统电性能试验方法》在修订中充分研究了各个测试项目对应的实际场景，并结合我国动力电池测试经验，进一步优化了环境条件、测试工况等内容。目前，该标准顺利通过电动车辆分标委审查，已经报批，预计将于2023年正式发布。

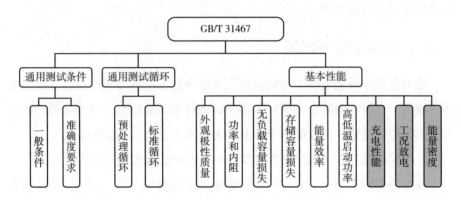

图13　GB/T 31467《电动汽车用锂离子动力电池包和系统电性能试验方法》修订框架

资料来源：全国汽车标准化技术委员会。

2. GB/T 31486—2015《电动汽车用动力蓄电池电性能要求及试验方法》

GB/T 31486—2015《电动汽车用动力蓄电池电性能要求及试验方法》规定了动力电池单体、模组电性能要求及对应测试方法。标准发布以来，在规范动力电池产品质量，提升动力电池高低温容量、倍率放电容量、倍率充电容量、无负载容量损失等电性能水平，引导企业采用先进技术等方面起到了重要的作用。该标准起草于2013~2014年，发布于2015年，由于近年来我国动力电池技术水平取得跨越式发展，原有标准部分技术内容已不符合实车使用场景。因此，电动车辆分标委自2020年起启动了该标准的修订工作。修订研究内容主要分为以下几个方面。

一是测试工况与实车使用场景相协调。例如对室温放电、高低温放电、荷电保持与容量恢复的倍率进行调整，由1C调整为不小于1/3C。

二是适当提升部分测试项目的指标要求，例如将高温放电容量要求从初始容量的90%提升至95%，荷电保持与容量恢复、存储等项目的指标也进行了提升。

三是与 GB/T 31467《电动汽车用锂离子动力电池包和系统电性能试验方法》等其他电性能标准充分协调。

目前，GB/T 31486《电动汽车用动力蓄电池电性能要求及试验方法》修订工作仍在进行中，修订标准草案预计将在 2023 年内完成报批。

（三）热管理系统标准进展

温度对于动力电池的性能、寿命和安全性有着显著影响，也是设计动力电池时需要考虑的最关键因素之一。动力电池在低温环境中使用时，由于离子传导率低，性能明显下降，电动汽车的动力性和续驶里程因此受到显著影响，影响消费者使用体验。

电池热管理系统通过对电池进行内部热量管理，使电池能够高效地运行在适宜温度区间，属于动力电池的核心零部件。电动车辆分标委规划了涵盖动力电池热管理系统通用要求、风冷系统、液冷系统、直冷系统、加热器的系列行业标准。目前，QC/T《电动汽车动力蓄电池热管理系统　第 1 部分：通用要求》和 QC/T《电动汽车动力蓄电池热管理系统　第 2 部分：液冷系统》已于 2021 年 11 月下达立项计划，目前已完成公开征求意见，预计 2023 年内报批。

QC/T《电动汽车动力蓄电池热管理系统　第 1 部分：通用要求》主要涉及热管理系统冷却、加热、保温性能及对应测试方法，标准架构见图 14。QC/T《电动汽车动力蓄电池热管理系统　第 2 部分：液冷系统》主要涉及密封性、阻燃等安全性测试以及爆破压力、振动、焊接强度、耐压压力、高低温循环、内部腐蚀、压力交变、接头安装力、接头拔脱力等可靠性测试要求以及对应试验方法。

下一步，电动车辆分标委还将陆续启动 QC/T《电动汽车动力蓄电池热管理系统　第 3 部分：风冷系统》、QC/T《电动汽车动力蓄电池热管理系统　第 4 部分：加热器》、QC/T《电动汽车动力蓄电池热管理系统　第 5 部分：直冷系统》等标准制定工作。

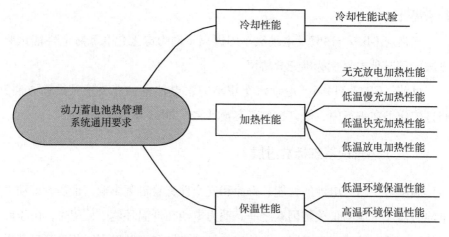

图 14　QC/T《电动汽车动力蓄电池热管理系统　第 1 部分：通用要求》框架

资料来源：全国汽车标准化技术委员会。

（四）产品标准进展

随着汽车行业节能减排的需求日益增加，混合电源技术（例如 48V 混合电源系统，见图 15）作为一种创新的节能减排方案，能够以较少的成本投入、对整车较小的设计改动，实现较可观的节油效果。混合电源系统可与逆变器、皮带传动启动/发电一体化电机（BSG 电机）等部件构成混合动力系统，用于实现启停、动力辅助、能量回收以及电动爬行等功能。另外，随着技术发展，混合电源系统通常配备独立的电池管理系统，可用于检测电池各项参数，并实现故障诊断、处理等功能。

2018 年开始，吉利、长安、江淮、上汽通用、上汽通用五菱、奇瑞捷豹路虎等多家整车企业搭载 48V 混合电源系统的车型陆续量产销售，下一代 48V 混合电源系统的开发与集成、混合电源系统在商用车领域的应用也正在研发探索之中，以 48V 混合电源系统为代表的混合电源技术已具备坚实的产业化基础。此外，混合电源系统无适用的产品标准，亟须制定标准来规范产品的开发与测试。基于此，电动车辆分标委组织制定了 GB/T 40433—2021《电动汽车用混合电源技术要求》，并于 2021 年 8 月 20 日正式

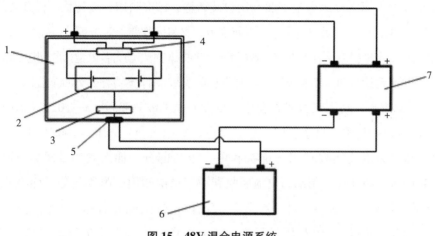

图15　48V混合电源系统

注：1—48V电源；2—电芯；3—电池管理系统；4—电路［保险丝、电缆、继电器/金氧半场效晶体管（MOSFET）等］；5—接插件；6—12V电源；7—双向DC/DC变换器。
资料来源：全国汽车标准化技术委员会。

发布，于2022年3月1日正式实施。

该标准主要包括一般要求、功能要求、安全要求、电性能要求和循环寿命要求以及对应的试验方法。在功能要求方面，要求混合电源系统应具备充放电功能，可用于存储整车制动过程中回馈的电能，以及为整车动力输出提供辅助电能；在安全要求方面，规定了混合电源系统在工作电压、电气连接、机械连接、阻燃性能以及电池安全五方面的内容；在电性能要求方面，规定了混合电源系统在容量、功能性能、无负载容量损失、存储中容量损失以及高低温起动功率等方面的内容；在循环寿命方面，采用ISO 12405—1：2011《电动道路车辆　锂离子动力蓄电池包和系统测试规程　第1部分：高功率应用》中定义的循环工况，循环寿命要求由供需双方协商确定。

（五）回收利用标准进展

回收利用方面，我国已发布GB/T 34014—2017《汽车动力蓄电池编码规则》、GB/T 33598—2017《车用动力电池回收利用　拆解规范》等10项国家、

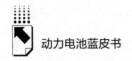

行业标准，涵盖动力电池回收利用包装运输，梯次利用参数评估、拆卸要求、产品标识，再生利用放电规范、拆解规范、材料回收要求等方面，引领产业回收利用技术水平提高，有力支撑了新能源汽车国家监测与动力蓄电池回收利用溯源综合管理平台运行和《新能源汽车动力蓄电池梯次利用管理办法》落地实施。

2021 年，动力电池回收利用领域发布了 GB/T 33598.3—2021《车用动力电池回收利用　再生利用　第 3 部分：放电规范》、GB/T 34015.3—2021《车用动力电池回收利用　梯次利用　第 3 部分：梯次利用要求》、GB/T 34015.4—2021《车用动力电池回收利用　梯次利用　第 4 部分：梯次利用产品标识》三项标准，进一步完善了现有回收利用标准体系。

在动力电池再生利用过程中，放电操作是实现安全拆解的必要步骤。GB/T 33598.3—2021《车用动力电池回收利用　再生利用　第 3 部分：放电规范》提供了外接电路放电法和浸泡放电法两种常用的放电方法及选择指南，并明确了放电操作的一般要求、场地要求、人员要求和设备设施要求；而对于梯次利用动力电池，GB/T 34015.3—2021《车用动力电池回收利用　梯次利用　第 3 部分：梯次利用要求》根据不同应用场景（如车用、储能用），提出了用于梯次利用动力电池的外观要求、余能要求、循环寿命要求、安全性要求等技术要求；GB/T 34015.4—2021《车用动力电池回收利用　梯次利用　第 4 部分：梯次利用产品标识》明确了动力电池梯次利用产品标识和标志的尺寸、样式、位置、标示方式等内容，对于规范动力电池梯次利用过程，支撑主管部门管理有着重要意义。

四　中国动力电池技术路线

整体上，我国动力电池沿着高比能和高安全两条技术路线发展，目前市场上按体系分类，主要是三元锂电池和磷酸铁锂电池；而从封装来看，则主要是方形、圆柱和软包三种不同方式；在动力电池系统结构设计方面，电池企业不断推陈出新。随着各项细分技术的迭代更新，未来新能源汽车动力电池将充分满足车主在续驶里程、充电时间、驾乘安全等方面的需求。

（一）磷酸铁锂电池市场占比逐渐增大

正极材料是锂电池电化学性能的决定性因素，直接决定电池的能量密度及安全性，进而影响电池的综合性能。锂电池按照正极材料体系可以分为钴酸锂、锰酸锂、磷酸铁锂、三元材料（NCM）等多种技术路线。其中，钴酸锂正极材料作为第一代商品化的锂电池正极材料，具有电化学性能较好、加工性能优异、比容量相对较高的优点，但钴酸锂材料成本高、循环寿命低、安全性能差。锰酸锂是除钴酸锂之外研究最早的锂电池正极材料，相比钴酸锂，具有资源丰富、成本低、无污染、安全性能好、倍率性能好等优点，但其较低的比容量、较差的循环性能，特别是高温循环性能较差使其应用受到了较大的限制。目前，应用最为广泛的正极材料是磷酸铁锂和三元材料，其中三元材料能量密度高、电化学性能好，通常在乘用车领域尤其是长续航、高性能乘用车领域应用最为广泛；磷酸铁锂则具有安全性高、成本低等优点，在电化学储能领域和商用车领域应用较多，近年来随着电池和系统结构的优化，磷酸铁锂电池越来越多地应用于中高端乘用车（如搭载磷酸铁锂刀片电池的比亚迪汉、海豹、唐等车型）。

在很长一段时间内，为了追求更高的能量密度、增加续驶里程，三元锂电池得益于能量密度高等优势，在动力电池市场占据了较大优势。但纯电动汽车电池爆炸燃烧事件频发，行业从过去一味追求高能量密度，转而更加重视电池安全性，并且装备磷酸铁锂电池的新能源汽车续驶里程也能够达到700km以上，可满足绝大多数车主的日常通勤和旅行需求。磷酸铁锂电池重回赛道，在技术、成本、安全、续航等各方面与三元锂电池形成竞争优势。因此，2021年第二季度，磷酸铁锂电池的市场份额首次超过了三元锂电池，这种趋势一直持续到截稿前。2017～2022年中国三元锂电池、磷酸铁锂电池装机量变化趋势见图16。

随着车企对于新能源汽车降低成本、提高安全稳定性的要求越来越高，磷酸铁锂电池的市场占比也将会不断提升。而随着特斯拉、比亚迪等企业在海外市场推广装备磷酸铁锂电池的车辆，以及海外车主对磷酸铁锂接受度的提升，磷酸铁锂电池将进一步发展。

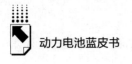

■ 三元锂电池　□ 磷酸铁锂电池

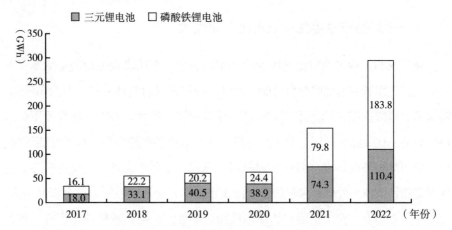

图16　2017~2022年中国三元锂电池、磷酸铁锂电池装机量变化

资料来源：中国汽车动力电池产业创新联盟。

（二）方形动力电池市场占比继续处于优势地位

圆柱、方形、软包三种动力电池的内部构成要素其实区别不大，核心差异在于圆柱和方形电池主要采用金属材料作为外壳，而软包电池采用铝塑膜作为封装外壳。动力电池封装方式三种技术路线对比见表5。

表5　动力电池封装方式三种技术路线对比

项目		圆柱	方形	软包
结构				
性能	能量密度	中	中	高
	安全性	一般。电池热失控时容易爆炸，目前可实现单向爆破，不会影响周围电芯	差。电池热失控容易引起爆炸。卷绕工艺生产，内部容易出现温度不一、应力不均的情况，造成安全隐患	好。铝塑膜包装，热失控时,电池胀气冲破铝塑膜释放气体及热量,减小热失控危害

项目		圆柱	方形	软包
生产工艺	包装材质	钢壳、铝壳	铝壳	铝塑膜
	制造工艺	卷绕	卷绕、叠片	叠片
	生产效率	高	一般	一般
	标准化程度	高,生产工艺成熟	低	低
成本	原材料价格	钢壳及盖帽完全国产化生产,价格稳定	铝壳及盖帽完全国产化生产,价格稳定	铝塑膜国产化,价格呈下降趋势
	设备成本	圆柱电池生产较为简单、成熟,设备成本相应较低	软包、方形基本一致	
	人工成本	由于圆柱电池生产设备效率高,人工成本较软包、方形电池低	软包、方形基本一致	
优缺点	优点	生产工艺成熟、一致性高	对电芯保护作用强,成组效率高	能量密度高、安全性能好
	缺点	成组效率低,能量密度相对较低	安全性差,一致性差型号多	成本高,一致性差、制造工艺要求高
代表企业		松下、亿纬锂能	SDI、宁德时代、比亚迪	LG新能源、远景动力(AESC)

资料来源:孚能科技招股书,《硅碳复合负极材料的制备及全电池工艺研究》。

方形电池通常为铝壳或钢壳,采用卷绕或者叠片的工艺制造。因为方形电池的结构较为简单,封装可靠度高,耐受性好,不像圆柱电池采用强度较高的不锈钢作为壳体及具有防爆安全阀等附件,所以整体附件重量更轻,相对能量密度较高,是目前市场占比最高的产品结构。方形电池的可塑性较强,可以根据搭载的产品具体需求进行定制化设计,不过这也导致了现在市面上的方形电池尺寸不一,且目前在制造工艺方面并没有像圆柱电池那样具有明确的标准。方形电池由于安全性高,通常应用于乘用车和商用车,无论纯电动汽车还是插电式混合动力汽车。车企在中高端车型上也更倾向于采用方形电池。典型的方形电池主要包括顶盖、壳体、正极板、负极板、隔膜、绝缘件和安全组件等。

比亚迪旗下的弗迪电池生产的刀片电池是比较经典的方形电池(见图17)。刀片电池的长电芯省去中间模组环节,直接把电芯装到电池系统里

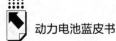
面，从而重量和成本都有效下降。在结构方面，刀片电池借鉴了蜂窝铝板的原理，通过结构胶把电芯固定在两层铝板之间，让电芯本身充当结构件，来增加整个系统的强度。刀片电池零件数量仅为756个，与弗迪电池之前类似的电池包相比，减少了40%左右，体积利用率达到了60%左右。在安全性方面，刀片电池通过了被称为动力电池测试领域"珠穆朗玛峰"级别的针刺实验，表现为不冒烟、不起火，电池温度也仅有30~60℃。在能量密度方面，刀片电池空间利用率高，能量密度比传统磷酸铁锂电池提升50%，接近其他三元锂方形电池，使原本续航400km的车型可以做到续航600km。在循环性能方面，刀片电池具备超过3000次的充放电循环寿命，最高已突破10000次。

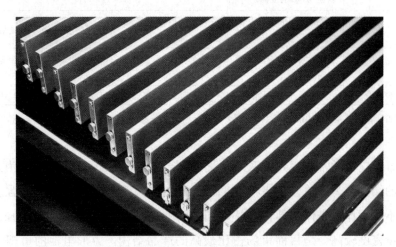

图17　方形电池——弗迪电池的刀片电池

资料来源：弗迪电池。

软包电池采用叠片制造工艺，并使用铝塑膜作为包装材料，结构见图18。软包电池的基本结构与圆柱和方形电池是类似的，只是软包电池是液态锂电池套上一层聚合物外壳，在结构上采用铝塑膜包装。其一般由三层组成，尼龙层保证了铝塑膜的外形，铝箔层防止水的渗入，聚丙烯（PP）层可以有效阻止内部电解质等与铝箔层接触，避免铝箔层被腐蚀。软包电池的包装材料和结构使其拥有一系列优势。比如安全性能好，软包电池在结构上采用铝塑膜包装，发生安全问题时，软包电池一般会鼓气裂开，而不像钢壳或铝壳电芯那样发生爆炸；重量轻，可以减轻汽车负担；设计灵活，可以随意变换外部形状。缺点在于一致性较差，成本高，容易发生漏液。铝塑膜虽然看起来简单，但是如何把三层材料均匀牢固地结合有一定的技术难点，而且现在质量好的铝塑膜基本依赖进口，国产铝塑膜的质量还有待改进。

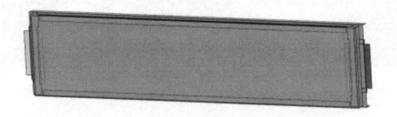

图18　软包电池结构

资料来源：弗迪电池。

圆柱电池主要由正极、负极、隔膜、正负极集流体、阀门、过电流保护设备、绝缘件和外壳组合而成。早期的外壳材料多为钢，现阶段以铝壳为主导。圆柱电池有统一的标准，因此它可以大批量地制造生产加工，电池厂家技术的成熟和完善使圆柱电池的生产速度更快；同时，它的使用范围也更广，除了新能源汽车领域，还广泛用于各种电子仪器和仪表，技术更加成熟。圆柱电池具有很多优点，如循环性能优越、可快速充放电、输出功率大、生产工艺成熟、产品良率高等。而这些也是其区别于方形和软包电池的"法宝"。但同时缺点也十分明显，包括圆柱外形导致的空间利用率低、径向导热差导致的温度分布问题等。圆柱电池结构见图19。

图20显示了2018~2022年国内动力电池按方形、圆柱、软包区分的市场份额。方形电池的市场份额从2018年的82.5%，波动上升至2022年的93.2%，直接原因是动力电池市场集中度进一步提升。2022年，圆柱电

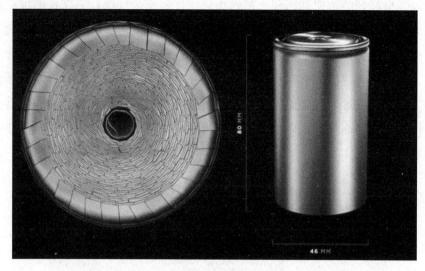

图 19 圆柱电池

资料来源：特斯拉。

市场份额为 4.5%，较上年下降 2.1 个百分点；而 2022 年软包电池市场份额
为 2.3%，较 2021 年下降 5.5 个百分点。

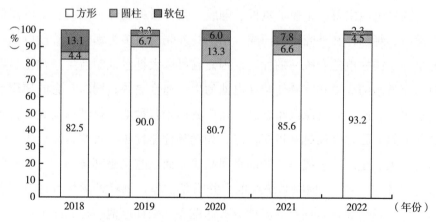

图 20 2018~2022 年中国动力电池按方形、圆柱、软包区分的市场份额

资料来源：科瑞咨询调研。

（三）电池系统结构不断创新

1. 中创新航 One-stop Bettery[①] 技术

2021 年，中创新航发布 One-stop Bettery 电池平台技术。使用该技术的电芯，拥有 0.22mm 的超薄壳体，采用了多维壳体成型技术、"无盖板"设计、多功能复合封装技术、模块化极柱、一体式电连接技术、高剪切外绝缘技术、柔性泄压技术，空间利用率提升 5%、结构重量降低 40%、零部件减少 25%、成本降低 15%。三元锂电池系统电芯能量密度 300Wh/kg，Pack 能量密度 240Wh/kg，续驶里程可以达到 1000km；磷酸铁锂电池系统电芯能量密度 200Wh/kg，Pack 能量密度 160Wh/kg，续驶里程可以达到 700km。

2. 比亚迪 CTB 结构

2022 年 5 月，比亚迪发布车身电池一体化技术（Cell to Body，CTB），电池"三明治"结构进化为整车"三明治"结构。与无模组电池包（Cell to Pack，CTP）技术不同（CTP 方案的结构为托盘、黏接剂、电芯、黏接剂、电池上盖和车身地板，电池跟车身地板是分开的），CTB 方案的结构是电池上盖、电芯、托盘，即电池上盖与车身地板合二为一，一方面可以增强电池系统结构强度，另一方面可以降低制造成本。

3. 宁德时代"麒麟"电池

2022 年 6 月，宁德时代发布了能量密度高达 255Wh/kg 的 CTP 3.0"麒麟"电池系统。"麒麟"电池将横纵梁、隔热垫、水冷板三合一，做成多功能弹性夹层，最大化释放空间，让电池包中可以放置更多的电芯，体积利用率高达 72%。此外，现有的电池包大多采用底部铺设水冷板的方法进行散热，电芯顶部、侧部的热量较难散去，而"麒麟"电池的冷却系统可将电芯侧面紧紧包裹，让电芯的散热面扩大了 4 倍，大幅提升了热交换效率，从而更好地控制电芯的温度。

4. 孚能科技 SPS 软包电池

2022 年 9 月，孚能科技推出全新动力电池解决方案——SPS（Super Pouch

---

① "Bettery"，取自"Better"和"Battery"，寄托了"做越来越好的电池"的信念。

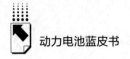

Solution)。SPS 软包电池采用全极耳、多极耳的大软包动力电芯,具备从 2.4C 到 5C 甚至更高的充放电倍率;应用半固态电解质,降低液态电解液用量,提升电芯的本征安全。SPS 软包电池系统采用高效液冷板与底盘的一体化设计,半固态大软包电芯直接集成于系统底盘,体积利用率增加 30%~75%。此外,从高镍三元到低镍富锂锰、磷酸锰铁锂、钠离子等正极材料均可适用于该款电池。

(四)我国动力电池技术前瞻性分析

动力电池企业正在不断推出新技术、新产品,多种技术路线的竞争正在加剧。

正极材料是动力电池的核心关键材料之一,对动力电池的能量密度、循环寿命、安全性、成本等具有十分重要的影响,正极从减钴到无钴、磷酸铁锂添加锰元素、负极加硅、电解液向固态方向发展都是重要的技术路线。从中长期来看,磷酸铁锂和三元锂电池二分天下的市场格局将持续较长一段时间。

1. 磷酸锰铁锂是升级版磷酸铁锂

磷酸铁锂作为当前最受欢迎的电池正极材料之一,比容量基本到达了材料的极限,电芯和系统的设计优化也已经逐步接近极限。因此,在比容量一定的情况下,如果磷酸铁锂电池需要在保持现有安全性的前提下进行能量密度的进一步提升,则需要从提升材料的电压平台方向着手。当前可行性比较高的磷酸铁锂升级方案就是磷酸锰铁锂方案,该方案主要是在磷酸铁锂的基础上掺杂一定比例的锰元素,同时调整其余铁的原子数量之比来提高材料的平台电压,以达到提升能量密度的要求。

与磷酸铁锂相比,磷酸锰铁锂电压平台、能量密度更高。相比磷酸铁锂,磷酸锰铁锂的放电平台由 3.22V 上升到 3.6V 左右,而两者具有相同的理论克容量,在相同条件下,磷酸锰铁锂的能量密度比磷酸铁锂高 20% 左右。与三元材料相比,磷酸锰铁锂的安全性更高,成本更低。相较于三元材料的层状结构,磷酸盐系材料的橄榄石结构额外增加结构支撑,因此充放电中锂离子嵌入和脱出过程不易发生结构崩塌。同时，磷酸锰铁锂中磷（P）原子通过P-O强共价键形成PO_4四面体，氧（O）原子很难从结构中脱出，这使得磷酸锰铁锂具备热稳定性好、安全性高、使用寿命长的优点。磷酸锰铁锂还避免了使用贵金属，因此成本低于三元材料。此外，磷酸锰铁锂的生产技术与磷酸铁锂类似，原材料成本又较为低廉，未来将是动力电池材料发展方向之一。三元材料、磷酸铁锂、磷酸锰铁锂电池体系性能对比情况见表6。

表6 锂电池体系性能对比

项目	三元材料	磷酸铁锂	磷酸锰铁锂
结构类型	层状	橄榄石结构	橄榄石结构
理论比容量（mAh/g）	273~285	170	170
理论电压平台（V）	3.7	3.22	3.6
循环寿命（次）	800~2000	2000+	2000
低温性能	好	一般	略好于磷酸铁锂
高温性能	一般	好	略差于磷酸铁锂
安全性	一般	好	好
材料成本	高	低	低

资料来源：容百科技招股说明书。

2. 固态电池将是下一代动力电池产业的重要发展方向

世界各国均在积极布局发展固态电池技术。当前，我国在固液混合电池（半固态电池）技术方面处于领先地位，而日本、韩国和欧美等更重视全固态电池技术的发展。"十四五"期间，"固态电池技术研发及产业化"已列入国家重点研发计划"新能源汽车专项"。

固态锂电池在继承传统锂电池优点的基础上，安全性、能量密度都有了大幅进步。普通锂电池与固态锂电池技术性能对比情况见表7。目前，全固态锂电池在现有研究水平下，能量密度可达300~500Wh/kg，有望成为下一代高能量密度动力和储能电池技术的重要发展方向，这已成为学术界和产业界的共识。

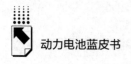
表7 普通锂电池与固态锂电池技术性能对比

项目	三元材料	磷酸铁锂	固态锂电池(锂硫电池)
理论比容量(mAh/g)	285	170	1675
理论电压平台(V)	3.7	3.22	2.0
循环寿命(次)	800~2000	2000+	300~500
能量密度(Wh/kg)	170~330	130~200	400~500

资料来源:南希·达德尼、威廉·韦斯特、贾格吉特·南达《固态电池手册》,向勇、张晓琨、张浩译,科学出版社,2020;李泓主编《锂电池基础科学》,化学工业出版社,2021。

从技术潜力角度来看,三元锂电池能量密度提升相对困难,全固态锂电池能量密度提升从理论上讲更具可行性。一是全固态锂电池电压平台提升,固态电解质比有机电解液普遍具有更宽的电化学窗口,有利于进一步提升电池的能量密度;二是固态电解质能阻隔锂枝晶生长,材料应用范围大幅提升,为具有更高能量密度空间的新型锂电技术奠定基础;三是当前全固态锂电池能量密度约为400Wh/kg,预估最大潜力值达900Wh/kg,有超过1倍的提升空间。固态锂电池或将成为未来主流产品。

五 中国动力电池价格变化[①]

(一)动力电池电芯成本变化

1.2017~2022年电芯成本总体变化趋势

2017~2021年,面对逐年退坡的补贴和较高的新能源车售价,车企将成本价格因素压力传导至电池厂。电池厂侧,由于2016年后新能源汽车市场迎来爆发式增长,电池原材料价格趋于稳定,同时电池厂扩产突出规模化生产,因此成本降低;后期电芯厂扩产激进,市场整体出现产能过剩现象,电芯供应大于需求,面对车企对电池的议价,电池厂电芯价格逐年走低。

---

① 本部分数据除图29外,均来自上海有色网(SMM)(https://www.smm.cn/)。

2017~2021 年，NCM523、磷酸铁锂电芯价格逐年下跌，NCM523 电芯价格年均复合增长率为-17.3%，磷酸铁锂电芯价格年均复合增长率为-26.4%；NCM811 电芯进入市场较晚，于 2019 年实现规模量产，2019 ~ 2021 年NCM811 电芯价格年均复合增长率为-6.7%。NCM523 电芯价格从 2017 年的1.5 元/瓦时降至 2021 年的 0.7 元/瓦时，而到了 2022 年，价格上升至 1.1元/瓦时。NCM 811 电芯价格从 2019 年的 1.6 元/瓦时降至 2021 年的0.9 元/瓦时，而到了 2022 年，价格上升至 1.3 元/瓦时。磷酸铁锂电芯价格从 2017 年的 1.7 元/瓦时降至 2021 年的 0.5 元/瓦时，而到了 2022 年，价格上升至 1.0 元/瓦时。

2022 年，伴随新能源汽车市场需求爆发式增长，动力电池市场需求也迎来爆发，但受到新冠疫情等因素影响，矿段资源释放速度受限，导致锂盐资源紧缺，市场供应小于整体电池生产需求，叠加情绪负面效应，锂盐价格激增，由生产成本侧传导至电池价格侧，2022 年动力电池电芯价格随之激增（见图 21）。

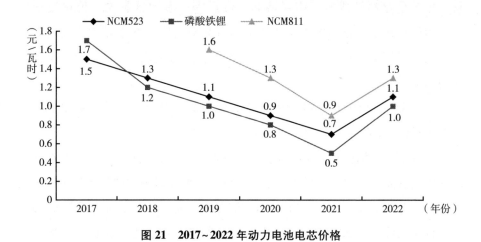

图 21　2017~2022 年动力电池电芯价格

资料来源：上海有色网（SMM）。

2. 2021~2022年电芯成本变化

我国的动力电池电芯自 2021 年开始经历了一轮价格的快速上行。据

SMM 数据，动力型 523 方形三元电芯与方形磷酸铁锂电芯在 2021 年初的时候均价分别为 0.57 元/瓦时与 0.45 元/瓦时，至 2022 年初时，价格便已上行至 0.86 元/瓦时与 0.70 元/瓦时；至 2022 年底时，动力型 523 方形三元电芯与方形磷酸铁锂电芯的价格分别为 1.10 元/瓦时与 0.99 元/瓦时。这一切的背后，不断上行的电芯成本或是电芯价格不断飞涨的主要因素。

本部分仅取当前市场上应用较为广泛的 523 方形三元电芯、811 方形三元电芯与方形磷酸铁锂电芯举例。

动力电池电芯的成本结构可分物料成本与生产成本。其中，物料成本即动力电池企业对上游直接采购，如正负极材料、隔膜、电解液等关键原料的成本。而生产成本可拆分为人工成本、设备折旧以及其他制造费用。据 SMM 数据，物料成本在电芯整体成本中仍占据绝对的核心地位，当前物料成本普遍占据动力电池电芯总制造成本的 90%左右（见图 22），而其余成本，例如设备折旧、人工成本、其他辅料成本，一共仅占电芯总制造成本的不到 10%。同时，由于物料成本在电芯成本端极高的占比，且上游材料极易受原料端成本、市场博弈、供需等诸多因素影响，价格波动较大，而生产成本如设备折旧、人工成本等相对稳定，在中短期难有较大波动，因此对于电芯而言，物料价格变化对电芯成本稳定有着直接且至关重要的影响。

（1）523 方形三元电芯。图 23 为 2021~2022 年 523 方形三元电芯的成本结构对比。2021~2022 年，由于终端需求放量过快，上下游存在扩产周期，对后市的预期存在一定差异，上游锂盐、石墨、电解液等材料均存在不同程度的供需错配并陷入供不应求的局面，上游多种材料价格大幅上涨的局面频现。至 2022 年中，虽部分材料产能释放，使供应紧张的局面有所缓解，价格有所回落，但 523 方形三元电芯整体物料成本仍处高位区间。数据显示，523 方形三元电芯物料成本由 2021 年的 0.60 元/瓦时快速上涨至 2022 年的 0.99 元/瓦时，同比增长逾 60%。对于一辆搭载 55kWh 523 方形三元电芯的车型而言，这种涨幅将直接致使车企的单车电芯采购成本上行 2.1 万元。

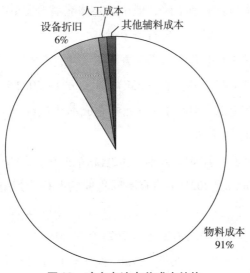

图22 动力电池电芯成本结构

资料来源：SMM。

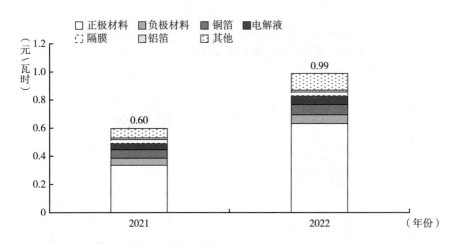

图23 2021~2022年523方形三元电芯成本结构对比

资料来源：SMM。

从细分结构来看，在523方形三元电芯的物料结构中，正极材料成本上涨尤为明显，受锂盐大幅涨价带动，其采购成本从2021年的0.34元/瓦时大幅提升至2022年的0.63元/瓦时，同比增长85%。而其余部分如负极材

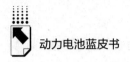

料、电解液等成本虽亦有所上涨，但由于整体涨幅不及正极材料，因此份额在一定程度上被稀释，成本占比有所下滑。

（2）811方形三元电芯。与523方形三元电芯类似，近年来，811方形三元电芯成本同样大幅上行。据SMM数据，2021～2022年，同样由于上游原材料价格的快速上涨，811方形三元电芯成本从0.66元/瓦时大幅上涨至1.08元/瓦时，同比上行64%。

从结构细分来看，在811方形三元电芯结构中，2022年，正负极等几乎所有的主材价格相较2021年均有不同程度的上行，其中811三元材料的采购成本从2021年的0.4元/瓦时上行至2022年的0.72元/瓦时，同比上涨80%，其在电芯成本中的占比也从2021年的61%上行6个百分点至67%（见图24）。这成为推动811方形三元电芯成本上行的最大动因。而负极材料采购成本从0.06元/瓦时上行至0.09元/瓦时，同比上行50%左右，但由于其在总体成本中占比较小，且涨幅不及正极材料，因此在电芯中的占比甚至有小幅下滑。

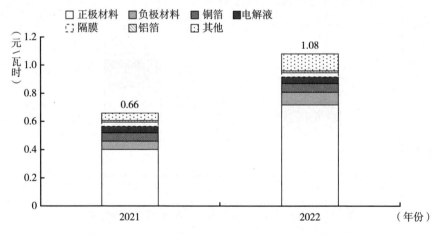

图24　2021～2022年811方形三元电芯成本结构对比

资料来源：SMM。

（3）方形磷酸铁锂电芯。由于2022年A00级车型的需求爆发及材料整体价格走高，磷酸铁锂电芯高性价比的特点凸显，在部分低端车型甚至中端车型上实现对三元电芯的逐步替代，因此行业对磷酸铁锂上游材料需求逐渐走高。而磷酸铁锂及关键主材磷酸铁的产能不足在一定程度上限制了磷酸铁锂电芯的出货，致使供不应求局面出现，价格上行幅度更甚于三元材料。而这些变化也同样反映到了磷酸铁锂电芯的成本结构中，2021~2022年其成本累计涨幅达到了72%左右，物料成本由2021年的0.45元/瓦时上行至0.79元/瓦时（见图25）。而在这之中，磷酸铁锂正极材料的采购成本由0.17元/瓦时快速上涨至0.43元/瓦时，同比增长153%，其在电芯中的成本占比更是由2021年的38%暴增至2022年的54%。其他材料方面，负极材料、电解液价格均有小幅上行。

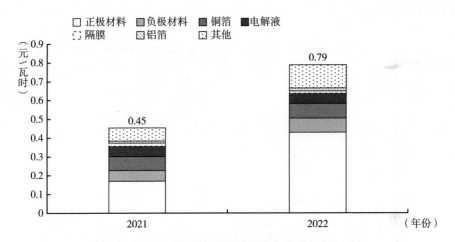

图25　2021~2022年方形磷酸铁锂电芯成本结构对比

资料来源：SMM。

（二）动力电池关键材料细分价格变化

1. 正极材料价格变化

（1）磷酸铁锂。受新能源汽车补贴金额的大幅退坡、刀片电池等新型锂电池技术出现、A00级车型的逐渐兴起等因素影响，磷酸铁锂在终端电芯市场份额不断提升，尤其是在2021年锂盐供需错配导致价格大幅上行之后，终端车企为降低整车制造成本，从三元电芯切换至磷酸铁锂电芯的比例逐步提高，导致市场对磷酸铁锂材料需求大增。此外，磷酸铁锂行业由于此前长期的供过于求，市场景气度持续走低，利润下滑，行业部分落后产能清退，至 2020 年时已处于周期尾部。而本轮需求骤然爆发导致上游材料端扩产不及时，供不应求局面显现，磷酸铁锂企业议价能力增强，价格有所回暖。同样的局面也出现在了磷酸铁锂上游两大关键主材磷酸铁与碳酸锂之中，两者价格均受下游需求带动，大幅上行，原料成本上行驱动磷酸铁锂价格同样快速上涨。如图 26 所示，动力型磷酸铁锂的价格在 2021 年初为 3.8 万元/吨左右，在 2022 年 11 月下旬大幅上行至 17.4 万元/吨，涨幅达 358%。之后，磷酸铁锂的价格逐步回落，到 2023 年 3 月，动力型磷酸铁锂的价格下降至11.7 万元/吨左右。

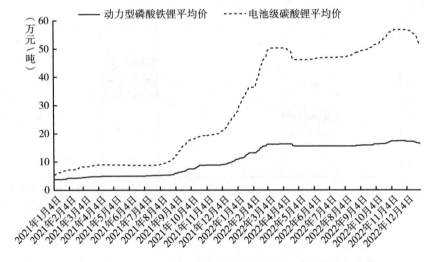

图 26　2021~2022 年动力型磷酸铁锂及电池级碳酸锂价格走势

资料来源：SMM。

（2）三元材料。在三元材料方面，如图 27 所示，从 2021 年起，终端需求暴增引发锂盐的结构性短缺，叠加钴镍价格走高，三元材料价格大幅上涨。2022 年 3 月，523 三元材料价格一度高达 37.4 万元/吨，跟 2021 年初的 12.0 万元/吨相比，涨幅达 212%。2022 年，523 三元材料价格在高位波动，2022 年 12 月价格达 32.8 万元/吨。之后，523 三元材料价格逐渐回落，到 2023 年 3 月，回落至 23.0 万元/吨。

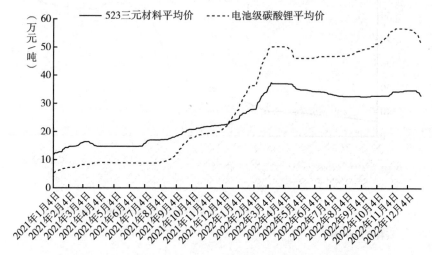

图 27　2021~2022 年 523 三元材料及电池级碳酸锂价格走势

资料来源：SMM。

（3）正极原材料价格变化——锂盐。2020 年第三季度至 2022 年底，全球新能源汽车需求拉动，以及锂资源供给紧缺而造成的供需错配，推动锂盐价格再次开启上升周期。在自 2019 年延续的下行周期内，多家澳矿破产出清，多个锂矿项目开发被迫延后或终止，短期内项目锂资源增量有限，来自资源端的瓶颈成为短期内限制锂盐供给增量的核心。在需求端，2020 年以欧洲为首的多个国家均加大了对新能源汽车补贴力度，全球新能源汽车产销量达 317 万辆，同比增长约 34%；2021 年全球新能源车型累计销量更是接近 650 万辆，较 2020 年增长 105%。下游需求持续景气，因资源项目实际落地尚需时间，短期内供需错配难以修正，锂矿价格持续攀升，在成本端为锂价上行提供支撑，短期内锂价上行趋势有望延续。如图 28 所示，电池级氢氧化锂的价格由 2021 年 1 月初的 6.3 万元/吨波动上升至 2022 年 12 月初的 57.8 万元/吨，涨幅超过 800%。

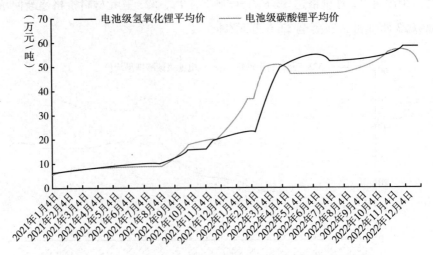

图28 2021~2022年电池级氢氧化锂及电池级碳酸锂价格走势

资料来源：SMM。

2. 负极材料价格变化

负极材料对电池整体性能影响极大，作为电池中锂离子与电子的载体，其性能的好坏将对电池能量密度、循环寿命等指标具有至关重要的影响。近年来，负极材料价格同样存在较大波动，2020年以前，负极材料价格总体走势相对平稳。但自2020年第三季度以来，终端新能源汽车需求持续放量，与正极材料类似，负极材料同样因自身产能受限而需求放量过快进入了供不应求局面。而2021年下半年的全国多地能耗双控政策致当地石墨化企业停减产，2022年俄乌冲突爆发致使国际原油价格大涨并推动负极材料关键原料石油焦及针状焦价格大幅上行，更是进一步推动负极材料价格的持续上涨，推动电芯成本的上行。

3. 隔膜价格变化

2017年以来，国内部分隔膜大厂实现技术突破，国产化率持续提升，叠加国内产能密集投放市场，仅2017年一年便有近30余条产线投产放量，市场供应大增。但是，部分企业产品性能难以满足下游电池产品需求，产品滞销，被迫降价出售，推动隔膜价格持续走低。而在需求端，新能源汽车补贴政策快速退坡之下，车端个人消费增长疲态显露，而此前高速增长的网约车市场也逐步到顶，对动力电池及上游材料需求增速放缓，电池价格承压以及电池企业利润收窄之下，上游隔膜端成本转移，倒逼隔膜价格快速下行。而自2020年下半年起，全球新能源汽车需求爆发，对隔膜需求大增致供需失衡局面出现，部分电芯厂高价拿货，推动价格小幅上行。

4. 电解液价格变化

电解液的原料可分为三大类，即溶质、溶剂及功能性添加剂。而溶质中又以六氟磷酸锂（$LiPF_6$）原料为主，六氟磷酸锂作为电解液最重要的核心原料之一，在电解液中占比极高。据SMM统计，在当前各大电解液企业中，仅六氟磷酸锂的物料成本，便占据了整个电解液成本的近40%。对于部分未与上游锁单的中小型电解液企业而言，这个比例甚至可以达到55%，即超过一半的物料成本。如图29所示，2017~2020年，电解液的价格从约8万元/吨降至约4万元/吨，在此期间，六氟磷酸锂与电解液部分添加剂及溶剂行业多数企业陷入长期亏损，景气度走低，部分成本较高、技术不达标企业被迅速淘汰。因此，至2020年第三季度终端新能源汽车需求爆发之后，六氟磷酸锂产能不足情况凸显，市场迅速进入供需失衡状态，多数电解液企

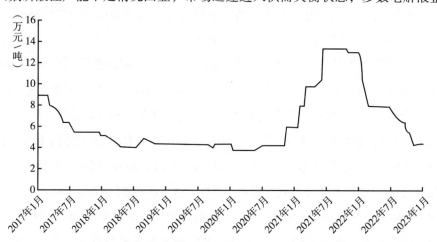

图29 2017年1月至2023年1月电解液价格变化情况

资料来源：鑫椤锂电，太平洋研究院整理。

业采购困难，成为限制电解液企业产销放量的关键因素。而六氟磷酸锂价格也在此期间持续上行，部分电解液辅料如碳酸亚乙烯酯（VC）添加剂、碳酸二甲酯（DMC）等价格也有所上行，共同带动电解液价格上行至13万元/吨左右的历史新高。随后，随着六氟磷酸锂行业产能集中释放及其余辅料的价格回落，电解液价格虽也有所下行，但在2022年末，仍处于6万~7万元/吨的相对高点，亦在一定程度上推动电池成本的高企①。

（三）中国动力电池价格变化预测分析

1. 价格变化预测

预计2023年碳酸锂将会迎来大幅度降价阶段，价格逐步回落至理性区间；预计2023年碳酸锂均价环比下降6%，并经原材料成本端传导至电芯价格端，预计2023年5系三元电芯价格会下降至1.02元/瓦时，8系三元电芯价格会下降至1.29元/瓦时，三元电芯价格整体环比下降约3%。磷酸铁锂电池中碳酸锂原料占比较三元锂电池高，磷酸铁锂电芯成本结构中碳酸锂成本占八成以上，而三元电芯主材除锂原材料外，硫酸镍、硫酸钴、硫酸锰等原材料价格相对于碳酸锂价格较为稳定，因此受到原材料碳酸锂价格影响，磷酸铁锂电芯与三元电芯相比价格敏感度更高，预计2023年磷酸铁锂电芯价格会下降至0.95元/瓦时，环比下降约4%。

预计从2023年起，电芯价格受到原材料价格大幅回落影响将会持续走低；预计2024年碳酸锂原材料价格环比下降30%以上，由原材料价格带动电芯价格，预计2024年5系三元电芯价格将会降至0.91元/瓦时，8系三元电芯价格将会降至1.16元/瓦时，三元电芯价格整体环比下降约10%；同理，磷酸铁锂电芯价格预计降至0.84元/瓦时，环比下降约12%。预计2025年，电池生产逐步实现规模化，叠加持续下跌的锂盐价格，预计5系三元电芯价格将跌至0.84元/瓦时，8系三元电芯价格将跌至1.07元/瓦时，三元电芯价格整体环比下降约8%；预计磷酸铁锂电芯价格将跌至0.75元/瓦时，

---

① 指价位持续停留在较高的位置不落，且有再升高的可能。

环比下降约10%。预计2024年,碳酸锂原材料价格环比下降33%,有望降至20万元/吨,相较于2023年,碳酸锂原材料价格下降幅度持续升高,但2024年碳酸锂价格对电芯价格的传导影响较2023年小,原因为电芯成本中碳酸锂价格持续走低,电芯成本结构发生改变,碳酸锂成本占比逐步降低,因此对电芯整体价格影响逐步降低。

2. 影响价格变化的因素

(1)电池原材料供需。从长期来看,电芯降本仍将是行业的大势所趋。影响动力电池电芯价格的主导因素为原材料成本价格,同时磷酸铁锂电芯价格会受到供需关系影响,受到市场产品应用场景与市场产品选择角度影响,而供需关系对三元电芯价格影响相对较小。

预计2023~2025年,随着资源端产能的持续投放,新能源汽车市场增速预期不及初期的爆发期,供给边际增长将超过需求,锂盐市场或将迎小幅过剩局面,价格将进入下行区间。届时,锂盐价格或将带动正极材料价格持续回落,推动电池成本下行。

(2)电池工艺技术对价格的影响。对于动力电池而言,除去电芯价格的影响外,部分新型电池工艺的发展或将同样在一定程度上对电池包的价格造成影响。

就目前来看,动力电池行业对电池的技术改进可主要分为两种类型。一种为如刀片电池、CTP技术等的结构性创新,主要为对电池包整体结构的重新设计和调整,提升空间利用率,通过减少电池包冗余结构件的使用量,并增加电池包中有效活性物质、防热扩散层等来实现能量密度、安全性等关键指标的提升。以刀片电池为例,通过电池结构的改进,刀片电池所用零件种类减少40%、数量减少70%,体积利用率增长50%,而总成本可下降30%左右。近年来,各种新型电池技术,如国轩高科的"从卷芯到模组"(Jelly Roll to Module,JTM)技术、宁德时代的"麒麟"电池技术、中创新航的One-stop Bettery技术等不断涌现,随着各大电池企业针对电池的集成优化技术持续发展,成本的下行或将对电池包整体的价格起到向下推动效应。

另一种如固态电池、钠离子电池等直接改变现有电池化学体系的改进工

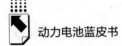

艺，同样或将对现有电池价格造成冲击。其中，固态电池存在能量密度极高、安全性强等明显优势，未来或将对现有锂离子动力电池体系形成替代效应，并占据部分高端市场份额，倒逼部分传统技术电池厂家以价换量。

（四）行业建议

为解决原材料价格持续上涨的问题，提出以下三点建议。

首先在国家层面，各国间应该加强合作，达成锂资源共识。锂资源对全球能源转型至关重要，应当为全球服务；淡化"国家领域"标签，将锂资源推至国际化地位，各国间应当积极沟通，建立锂资源国际化标准，在价格、品质等多维度对锂资源达成国际共识；鼓励锂资源股权多元化，推行国内民营企业在海外享受和国有企业同等补贴等政策。

其次在企业层面，企业应当遵守和维护健康的市场秩序；不恶意哄抬价格、不恶意囤货，形成有序、良好的价格传导机制。

最后在第三方平台层面，第三方平台应客观公正地反映供需、价格，共同对锂资源价格等进行市场监督和引导；可以借助新型定价机制等方式，例如原材料指数定价，对市场价格进行引导。

六 中国动力电池产业未来发展展望

未来，我国动力电池产业将继续与新能源汽车产业相互促进、相互协同。

从新能源汽车补贴政策来看，虽然2023年不再有新能源汽车购置补贴，但是"免征车辆购置税"的政策尚未发生较大变化。而且根据2022年9月发布的《关于延续新能源汽车免征车辆购置税政策的公告》和2023年6月发布的《关于延续和优化新能源汽车车辆购置税减免政策的公告》，2023~2025年依旧是免征车辆购置税政策期，两项政策将进一步发挥税收激励作用，引导有关方面抢抓发展机遇，推动技术创新和产品创新，不断提升产业核心竞争力，扩大新能源汽车消费，助力新能源汽车产业高质量发展。在新能源汽车补贴政策逐步退坡的大环境下，国家颁布多项鼓励措施促进新能源汽车产业发展。

此外，在价格层面，动力电池产业对材料和工艺的改进、规模效应的形成，是近年来电池制造类企业降低成本的重要措施，但目前来看，电池制造类企业自身降本能力不足以长期应对原材料价格的大幅上涨。在价格传导机制下，下游车企也将逐步上调新能源汽车价格。但从需求侧看，由于"电动化+智能化"所带来的汽车功能提升、充换电等配套设施逐步完善、日常使用成本低于燃油车等优势，预计消费者可以接受新能源汽车价格的上调，新能源汽车在消费端的市场风险可控。在技术革新层面，头部企业技术创新已出现标志性进展。2022 年，宁德时代发布第三代 CTP 产品——"麒麟"电池，其系统集成度创全球新高，体积利用率达到 72%，能量密度可达 255Wh/kg，能够实现整车 1000km 续航，并支持 10 分钟快充（电量从 10%到 80%）；中创新航发布新型 OS 高锰铁锂电池，该产品采用热电分离技术，能量密度达 180Wh/kg，支持整车续航 700km，且较上一代产品安全性更高、贵金属用量更少、维修成本更低；欣旺达发布超级快充动力电池产品 SFC480，该产品最大续航可达 700km，可实现充电 5 分钟续航 200km、充电 10 分钟续航 400km。此外，产业内对固态电池、钠离子电池等新型电池的研究和探索，也有望引起动力电池领域新一轮的技术革命。近年来，宁德时代、比亚迪等头部电池企业保持高强度的研发投入，研发工作不断取得进展，在多种动力电池新技术、新产品问世的情况下，电池的综合性能仍有望继续提升，新能源汽车续驶里程不足、充电速度慢等主要消费痛点正在逐渐被克服。

综合来看，面对新能源汽车补贴政策退坡、动力电池原材料成本上涨等不利因素，近年来，我国新能源汽车和动力电池产业增长动力仍强劲，整车销量、动力电池装机量大幅提高，未来仍有望保持高速增长的态势；中央及各地政府在充换电基础设施建设、路权优先等方面提供积极支持，动力电池头部企业技术创新取得突破性进展，新能源汽车主要消费痛点解决在望，为未来新能源汽车替代燃油车打下了良好基础，也为动力电池产业提供了较大的发展空间。未来，我国新能源汽车和动力电池产业将走向低碳化、高端化和智能化，实现可持续、高质量发展。

产业篇
Industry Reports

B.2
2021~2022年中国新能源汽车动力电池
关键材料产业发展报告

高二平 李子坤 于松华 陈仕谋*

摘 要： 2022年，动力电池的四大关键原材料——正极材料、负极材料、隔膜、电解液产量相较于2021年均有超过60%的增长。2021~2022年，在正极材料方面，磷酸铁锂材料市场份额已经上升至近六成；而为了降低价格，三元材料将朝着高镍、低钴或无钴的方向发展。在负极材料方面，人造石墨市场占有率大于天然石墨，抢占天然石墨资源、降低人造石墨的石墨化成本是负极企业的布局方向。在隔膜方面，湿法隔膜持续占据大部分隔膜市场，且受到磷酸铁锂材料再次主导动力电池市场的影响，与磷酸铁锂

* 高二平，博士，高级工程师，国轩肥东研究院常务副院长，主要研究方向为锂离子电池材料开发及机理；李子坤，博士，教授级高级工程师，贝特瑞新材料集团股份有限公司中央研究院院长，主要研究方向为锂离子电池用正负极材料、新能源材料与前沿技术和产业孵化；于松华，中汽数据有限公司咨询研究员，主要研究方向为动力电池产业分析；陈仕谋，博士，北京化工大学材料科学与工程学院教授，主要研究方向为新能源材料、储能工程。

材料在提升能量密度方面相适配的湿法隔膜迎来价格的小幅上涨。在电解液方面，常用锂盐六氟磷酸锂的成本，占整个电解液生产成本的40%~70%，因此电解液的价格变化趋势与六氟磷酸锂价格变化趋势基本一致。2021~2022年，电解液价格呈下降趋势。

关键词： 正极材料 负极材料 隔膜 电解液

2021年，全国锂离子电池产量达324GWh，其中动力电池产量为220GWh，[1] 而新能源汽车动力电池装机量约为155GWh。按关键材料分，2021年，我国锂离子电池正极材料产量为111万吨，负极材料产量为78万吨，隔膜出货量为51亿平方米，电解液出货量为78万吨。

2022年，全国锂离子电池产量达750GWh，其中动力电池产量为546GWh，而新能源汽车动力电池装机量约295GWh。按关键材料分，2022年，我国锂离子电池正极材料、负极材料产量分别约为185万吨、140万吨，隔膜产量约为130亿平方米，电解液产量约为85万吨，同比增速均达60%以上。[2]

2021~2022年，我国锂离子电池行业加快技术创新和转型升级发展，不断提升先进产品供给能力，总体保持快速增长态势。

一　正极材料

（一）常见正极材料性能对比

锂离子电池的正极材料通常为嵌锂过渡金属氧化物，或者聚阴离子

---

[1] 《2021年锂离子电池行业运行情况》，工信部网站，2022年2月24日，https://www.miit. gov.cn/jgsj/dzs/gzdt/art/2022/art_ 099414053ca84d2c84ecc9b290cbfaa6. html。

[2] 《2022年锂离子电池行业运行情况》，工信部网站，2023年2月23日，https://www.miit. gov.cn/jgsj/dzs/gzdt/art/2023/art_ 722d2ee5cacc4e25baacde44895efa4a. html。

化合物，如 $LiMO_x$ 与 $LiMPO_4$（M 多为过渡金属，如 Co、Ni、Mn、Fe、V 等元素的一种或多种）。目前商用的锂离子电池正极材料主要有钴酸锂（LCO）、锰酸锂（LMO）、磷酸铁锂（LFP）、镍钴锰酸锂（NCM）和镍钴铝酸锂（NCA）等，以及在磷酸铁锂材料和三元材料基础上衍生的磷酸锰铁锂、高镍三元材料、富锂锰基材料等。这些材料的性能差异决定了各类锂离子电池在能量密度、循环性、稳定性、安全性等方面的不同（见表 1）。

表 1 各类锂离子电池的特点

项目	钴酸锂	锰酸锂	镍钴锰酸锂	磷酸铁锂	磷酸锰铁锂
分子式	$LiCoO_2$	$LiMn_2O_4$	$LiNi_xCo_yMn_{(1-x-y)}O_2$	$LiFePO_4$	$LiFe_xMn_{(1-x)}PO_4$
理论比容量（mAh/g）	274	148	278	170	170
实际比容量（mAh/g）	140~150	100~120	160~200	140~155	135~145
平台电压(V)	3.7	3.8	3.65	3.2	3.8~4.1
压实密度（g/cm³）	3.8~4.1	2.7~3.1	3.4~3.8	2.2~2.5	2.3~2.5
循环性能(次)	>300	>500	800~1500	2000~6000	1000~2000
资源稀缺性	贫乏	丰富	较丰富	非常丰富	非常丰富
安全性	差	良好	尚好	好	较好
温度性能	高温较差 低温较好	高温差 低温好	高温较好 低温较差	高温好 低温差	高温差 低温差

资料来源：中国化学与物理电源行业协会。

钴酸锂是商业应用最早的正极材料，具有二维层状结构，比较适合锂离子的脱嵌，工作电压区间为 2.8~4.2V，放电平台电压 3.7V，理论比容量为 274mAh/g，实际应用中比容量为 140~150mAh/g。然而，钴酸锂的倍率性能、耐过充性能不理想，而且价格较高，安全性差。

锰酸锂为尖晶石结构，工作电压区间为 3.5~4.3V，放电平台电压 3.8V，理论比容量为 148mAh/g，实际应用中比容量为 100~120mAh/g。锰酸锂价格较低，倍率性能较好，但循环性能相对较差，尤其是在高温下更明显。

磷酸铁锂具有橄榄石结构，工作电压区间为 2.5~4.0V，放电平台电压 3.2V，理论比容量为 170mAh/g，实际应用中比容量为 140~155mAh/g。磷酸铁锂价格较低，热稳定性好，循环性能好，但低温性能较差。

镍钴锰酸锂（三元材料）具有层状结构，根据 Ni、Co、Mn 含量的差异，三元材料可分别称为 NCM333、NCM523、NCM622 和 NCM811 等，其工作电压区间为 2.8~4.3V，放电平台电压 3.65V，理论比容量约为 278mAh/g，实际比容量为 160~200mAh/g。三元材料比容量较高，但热稳定性较差。

磷酸锰铁锂是由磷酸铁锂掺杂一定比例的锰所得到的一种新型磷酸盐，是磷酸铁锂的升级方向之一。磷酸锰铁锂的理论比容量 170mAh/g，放电平台电压最高可达 4.1V。磷酸锰铁锂相较于磷酸铁锂，具备高电压、高能量密度以及更好的低温性能，但循环性能相对较差，尤其是在高温下更明显。

（二）我国正极材料产业发展情况

根据 EVTank 数据，2021 年中国锂离子电池正极材料出货量为 109.4 万吨，2022 年为 194.7 万吨，同比增长 78%（见图 1）。按材料分，2021 年磷酸铁锂材料出货量为 45.5 万吨，2022 年为 114.2 万吨，同比增长 151%；2021 年三元材料出货量为 42.2 万吨，2022 年为 65.8 万吨，同比增长 56%；2021~2022 年，钴酸锂和锰酸锂出货量均出现较大幅度的下滑，同比降幅均超过 25%（见表 2）。

从市场份额来说，2022 年，磷酸铁锂材料的市场份额已经上升到 59%；三元材料虽然出货量有所上升，但市场份额下降至 34%；锰酸锂和钴酸锂材料的市场份额分别由 10% 和 9% 下降至 4% 和 3%（见图 2）。

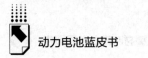

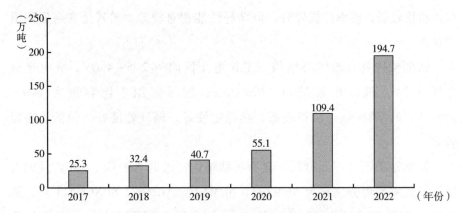

图1　2017~2022年中国锂离子电池正极材料出货量统计

资料来源：EVTank、《中国锂离子电池正极材料行业发展白皮书（2023年）》。

表2　2021~2022年中国锂离子电池不同正极材料出货量

单位：万吨，%

	磷酸铁锂	三元材料	钴酸锂	锰酸锂
2021年	45.5	42.2	10.7	11.0
2022年	114.2	65.8	7.8	6.9
同比增长	151	56	-27	-37

资料来源：EVTank。

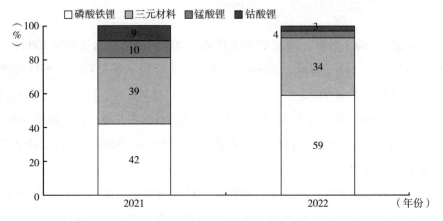

图2　2021~2022年中国锂离子电池不同正极材料市场份额

资料来源：EVTank。

2021~2022年，受益于平板电脑、笔记本、5G手机、蓝牙耳机、智能穿戴设备、电动二轮车这些终端消费需求量增加，正极材料市场需求增长。在新能源汽车领域，正极材料需求同样整体呈快速增长态势，主要原因是新能源汽车需求高速增长，带动磷酸铁锂材料和三元材料需求高速增长；中国企业正极材料扩产速度快于海外企业，中国企业以产能优势进一步提高全球市场占比。

磷酸铁锂材料受动力和储能市场增长带动，成为市场主流。磷酸铁锂材料出货量快速攀升背后，是新能源汽车市场需求爆发叠加储能领域升温，磷酸铁锂电池在这两大应用市场加速渗透。磷酸铁锂电池在乘用车领域持续攻城略地，2021年乘用车领域磷酸铁锂电池出货量增速已超三元锂电池，达到51.7%。磷酸铁锂电池在A00级车型上全面渗透，在C级车型上应用率提升明显。在储能领域，受到碳达峰碳中和政策推动以及基站建设、新能源发电设施建设等项目的带动，国内外储能市场升温提振磷酸铁锂电池需求。磷酸铁锂电池作为国内储能电池企业主流技术路线，主要围绕电网储能（电力辅助服务、可再生能源并网、削峰填谷等）、基站备用电源、家庭光储系统、电动汽车光储式充电站等领域开展储能应用，随着国内电池企业的全球化布局，进一步加速在全球储能市场的渗透。

三元材料出货量仍将增长，并将进一步向高镍化、无钴化以及高电压化发展。尽管在新能源汽车动力电池中，三元材料出货增幅低于磷酸铁锂材料，但目前绝大多数中高端车型仍将采用三元锂电池，三元锂电池未来有望逐渐向高端、高续驶里程、快速充电以及具有特殊要求的车型领域渗透，带动三元材料市场需求进一步增长。此外，在电动船舶应用领域，使用镍钴锰三元材料电池的占比最高，约为60%，这也将进一步带动三元材料市场的发展。

钴酸锂电池在中高端3C电子产品领域的应用需求保持稳定，尤其是中高端智能手机、笔记本电脑、平板电脑等领域的应用需求保持稳定。

2021年，国内三元材料出货量约为42万吨，其中，高镍（8系及以上）三元材料出货17万吨，同比增长181%，主要系海外需求提升带动国

内高镍材料出口提升以及受国内头部电池企业需求提升带动。容百科技高镍
8 系、9 系及 NCA 系列产品合计销量超过 5 万吨，高镍三元材料出货量占总
出货量比例达到 90%；振华新材高镍正极产品销售占比从 2020 年的 5.4%
提升至 2021 年的 38.1%；长远锂科高镍产品出货比例同比大幅增加，销售
占比超 30%。国内三元材料市场竞争激烈，占比排名变换频繁，头部企业
市场份额相差无几，目前三元材料市场尚未形成有绝对优势的龙头企业。图
3 展示的是 2021 年我国三元材料市场格局，行业前五企业市场占有率为
56%；图 4 展示的是 2022 年我国三元材料市场格局，行业前五企业市场占
有率约为 61%，行业市场集中度进一步提高。

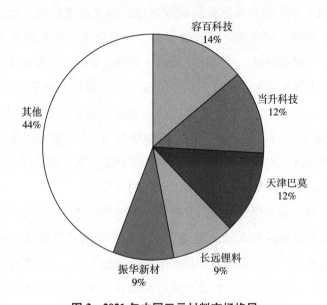

图 3 2021 年中国三元材料市场格局

资料来源：电池百人会。

从产能来看，现阶段国内三元材料产能保持较高增速，但总体开工率仍
处在较低位置。据上海有色网（SMM）统计，2021 年三元材料产量超过 2
万吨的厂家共有 7 家，合计产量可达 24.9 万吨，占总供应量的六成。2021
年我国三元材料产能达到 75 万吨，较 2020 年新增 14.2 万吨，增量主要来

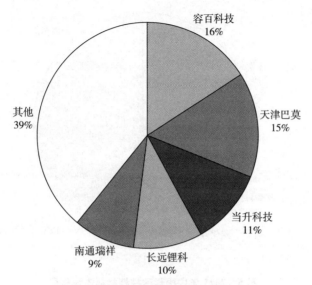

图4　2022年中国三元材料市场格局

资料来源：ICC鑫椤资讯，国盛证券研究所整理。

自容百科技、当升科技、天津巴莫、振华新材、厦钨新能、贝特瑞等企业（排名无先后顺序）。同时，有多家企业宣布了于2022~2025年实施的扩产计划。然而，目前三元材料行业的产能利用率刚逾50%，且整体行业定制化趋势较强，企业间毛利率参差不齐，预计仅有具有良好下游合作关系或上游资源锁定的企业的扩产计划具有一定现实意义。预计到2025年，中国三元材料产能将达到193.8万吨。

2021年，中国市场磷酸铁锂材料出货量达到45.5万吨，较2020年增长接近2.5倍。其中，出货量排名前五的企业分别为湖南裕能、德方纳米、国轩高科、湖北万润和龙蟠科技，5家企业市场份额合计高达69%（见图5）。此外，融通高科、北大先行、江西升华（富临精工）、安达科技、重庆特瑞等企业的出货量排名也较为靠前。

从竞争格局来看，磷酸铁锂材料出货量快速增长，湖南裕能和德方纳米在2021年分别成为整个行业出货量的第一名和第二名。2021年行业前三企业市场份额合计55%，行业前五企业市场份额合计69%，相较于2020年，

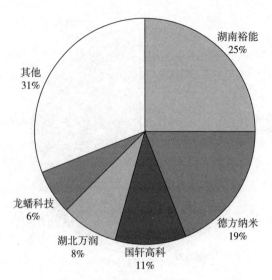

图5　2021年中国磷酸铁锂材料市场格局

资料来源：电池百人会。

行业市场集中度下降，行业第四至第六企业市场占有率提升。原因在于：一是磷酸铁产能不足，高成本产能得以重启，挤占头部企业市场份额，行业集中度下降；二是行业第三至第六企业产能利用率提升，带动市场占有率提升；三是磷酸铁扩产时间较长，验证时间也较长，尾部企业和新入局企业短时间内并没有占据太多市场份额。

随着磷化工、钛白粉等上市公司跨界进入该赛道，磷酸铁锂市场竞争将走向白热化阶段。截至2021年，已有包括中核钛白、龙佰集团等在内的钛白粉厂商，以及川发龙蟒、云天化、兴发集团、川金诺、川恒股份等磷化工企业提前入场布局磷酸铁锂业务，投资额度动辄上百亿元。据不完全统计，仅2021年国内磷酸铁锂规划项目产能就已超过300万吨，叠加2022年的规划项目，合计规划产能已超540万吨。

2022年，湖南裕能和德方纳米依旧占据磷酸铁锂材料行业的第一名和第二名，市场份额合计44%，行业前五企业市场份额则达73%，这说明行业市场集中度有一定程度上升（见图6）。

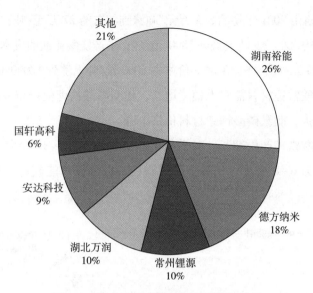

图6 2022年中国磷酸铁锂材料市场格局

资料来源：鑫椤锂电，东兴证券研究所整理。

（三）我国正极材料价格波动趋势

2021~2022年，锂离子电池正极材料上游锂、钴、镍等金属价格大幅上涨，正极材料的价格也随之出现较大幅度上涨，整个正极材料行业在2021年呈现"价量齐升"的繁荣景象并一直延续至2022年。

2021年以来，由于磷酸铁锂电池渗透率提高，需求增长带动磷酸铁锂材料价格上涨，至2022年3月达到最高点（超过16万元/吨），随着头部企业新建产能逐步释放，以及碳酸锂价格回调，磷酸铁锂材料市场由结构性供需紧张变为产能过剩，预计未来价格将进一步下降到14万元/吨左右（见图7）。价格下行主要是由于钛白粉、磷化工企业大幅扩产，对于钛白粉企业来说，其副产品磷酸亚铁经处理后可直接得到磷酸铁。从磷酸铁锂价格走势看，2021年磷酸铁锂材料价格整体呈上升趋势，平均上涨幅度超100%，主要原因如下。

一是上游原材料供不应求，价格上涨，助推磷酸铁锂成本上升。电池级

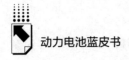

碳酸锂的价格由 2021 年初的 5.3 万元/吨涨到年末的 27 万元/吨；工业级磷酸一铵的价格从 3800 元/吨上涨到 5800 元/吨；副产硫酸亚铁的成本由与运费持平上涨到 500 元/吨；净化磷酸的价格由 5000 元/吨上涨到 12000 元/吨。

二是磷酸铁锂材料需求大幅度增长，优质磷酸铁锂生产企业满产，导致产能供应紧张，刺激磷酸铁锂材料价格上涨。

三是磷酸铁扩产周期长。磷酸铁的扩产周期为 12~18 个月，磷酸铁锂的扩产周期为 6~8 个月，相对于磷酸铁锂，磷酸铁产能较低，造成磷酸铁涨价。

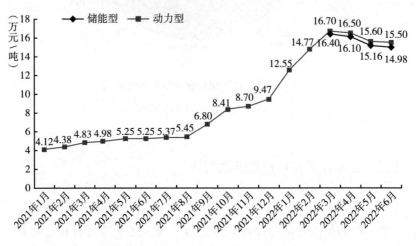

图 7　2021 年 1 月至 2022 年 6 月磷酸铁锂材料价格走势

资料来源：CBC 金属网。

锂盐等原料价格走高，使得三元材料市场价格持续上涨。从原料端看，碳酸锂供不应求价格走高，镍盐、钴盐价格持续居于高位，成本压力推动三元材料价格上涨。三元材料价格波动主要受到镍、钴、锰、锂金属价格及供需结构的影响。2021 年，钴、锂价格波动幅度较大，镍、锰价格变动相对平稳，三元材料价格与钴、锂价格走势基本一致。2022 年第一季度及之前，钴盐价格不断走高，带动用钴量较大的中低镍三元前驱体等成本上行明显，5 系产品与 6 系和 8 系产品价差不断减小，甚至在 2022 年第一季度出现 5 系产品价格高于 6 系产品价格的现象。而随着印度尼西亚冶炼项目放量带动供给增加，镍、钴价格出现明显回落，三者的价格差异再度逐步回归正常水平。从需求端看，搭载高镍动力电池的新能源汽车在海内外陆续发行，电池厂对 8 系以上材料需求向好，高镍三元材料需求即将进入旺季。2021 年至 2022 年第一季度，三元材料价格走势整体受到锂盐价格异常增长影响；2022 年第二季度，随着锂盐价格回落，三元材料价格也有所回落（见图 8）。

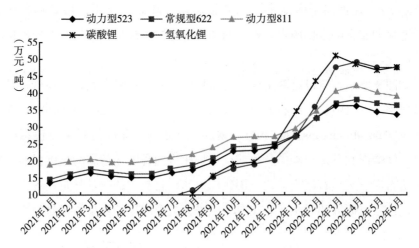

图 8　2021 年 1 月至 2022 年 6 月三元材料价格走势

资料来源：CBC 金属网。

在三元材料成本构成中，钴成本占比较大。为降低锂离子电池成本，三元材料将朝着高镍、低钴或无钴的方向发展。以目前市场产品型号为例，从 NCM523、NCM622 到 NCM811 以及正在研发中的 9 系三元材料，镍含量持续提升，钴含量持续降低，在提升锂离子电池能量密度的同时，有效降低三元材料对钴金属的依赖，满足降低锂离子电池成本和新能源汽车长续驶里程的需求。

目前，国内主要三元材料企业已着手开发镍钴锰铝四元材料等新产品，在降低正极材料制造成本与原材料成本的同时，用于改善产品的综合性能。单晶系材料由于多次烧结以及钴材料使用量的减少，相较于传统三元材料，具有能量密度更高以及成本更低的优势，市场应用逐渐增多。

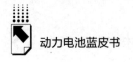

二 负极材料

（一）常见负极材料性能对比

负极材料是锂离子电池的四大关键材料之一，占锂离子电池成本的10%～15%，在锂离子电池中起到能量储存与释放的作用，是影响电池容量、寿命和安全的重要因素。理想的锂离子电池负极材料应具有电极电位较低、高比容量、长循环寿命、低成本以及高安全性等优点。

如图9所示，负极材料主要分为碳材料与非碳材料两大类。碳材料是指碳基体系，主要包括天然石墨、人造石墨、复合石墨、中间相炭微球（Mesocarbon Microbeads，MCMB）、硬碳、软碳等。非碳材料主要包括硅基材料、钛酸锂和其他非碳类。目前，市场化应用程度比较高的是碳材料，其中人造石墨、天然石墨产业化应用较广，非碳材料中的硅基材料是各大负极材料厂商重点研究的对象，有望成为未来大规模应用的新型负极材料之一。

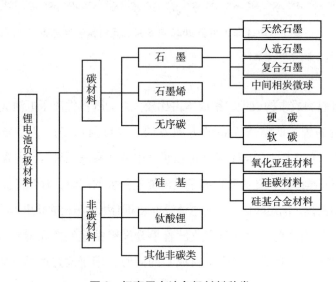

图9 锂离子电池负极材料种类

资料来源：凯金能源招股说明书、中银证券。

不同负极材料锂离子电池的比容量、首次效率、循环寿命、倍率等多个指标具体见表3。

表3　不同负极材料锂离子电池性能比较

性能指标	天然石墨	人造石墨	中间相炭微球	石墨烯	硅基材料	钛酸锂
比容量（mAh/g）	340~370	310~360	300~340	400~600	4200	165~170
首次效率（%）	90	93	94	30	84	/
循环寿命（次）	>1000	>1500	>1000	10	300~500	>30000
工作电压（V）	0.2	0.2	0.2	0.5	0.3~0.5	1.5
快充性能	一般	一般	一般	差	好	好
倍率性能	差	一般	好	差	一般	好
安全性	良好	良好	良好	良好	差	好
优点	技术工艺成熟、成本低	技术工艺成熟、循环性能好	技术工艺成熟、倍率性能好、循环性能好	电化学储能性能优异、充电速度快	理论比容量高	倍率性能好、高低温性能好、循环性能好、安全性能好
缺点	比容量接近极限、循环性能较差、倍率性能较差、安全性较低	比容量低、倍率性能差	比容量低、安全性较差、成本高	技术工艺不成熟、成本高	技术工艺不成熟、成本高、充放电体积变形、导电率低	技术工艺不成熟、成本高、能量密度低
发展方向	低成本化、改善循环	提高容量、低成本化、降低内阻	提高容量、低成本化	低成本化、解决与其他材料配套问题	低成本化、解决与其他材料配套问题	解决与其他材料配套问题

资料来源：中国汽车工业信息网、中银证券。

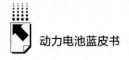

1. 碳材料

（1）天然石墨。天然石墨可分为鳞片石墨和土状石墨，鳞片石墨的内部结构高度结晶有序。典型的鳞片石墨产品纯度可达到99.9%以上，不可逆容量小于50mAh/g。负极材料通常采用鳞片石墨，经球化、提纯、包覆碳化等一系列改性处理后制备而成，具有比较完整的石墨片层结构和很高的石墨化度，适合锂离子脱嵌和穿梭。天然石墨具有比容量高（340～370 mAh/g）、工艺简单和成本低等优势，然而，规则的层状结构导致了明显的各向异性，锂离子嵌入/脱出过程中体积会发生较大变化，导致天然石墨膨胀率较高，倍率性能较差。此外，较多的表面缺陷，使得天然石墨负极材料在工作过程中容易与电解液反应，导致电池循环性能下降。

为改善天然石墨负极材料性能，一般会进行球化、提纯、包覆碳化等一系列改性处理。球化可以减小天然石墨的粒度和比表面积，减少工作过程中与电解液的副反应；在球化的天然石墨表面包覆一层无定形碳材料构造核-壳结构，借助无定形碳良好的溶剂相容性，提高包覆后天然石墨的稳定性；还可以通过元素掺杂等表面改性技术改善天然石墨表面状态，以提高其稳定性。

（2）人造石墨。人造石墨是将易石墨化软碳材料在一定温度下煅烧，之后经过粉碎、成型、分级、高温石墨化等处理制得的石墨材料，易石墨化软碳材料包括石油焦、针状焦、沥青等。石油焦是人造石墨的主要原料，而针状焦由于石墨化性能好等优点成为高端人造石墨的主要原料。单颗粒和二次颗粒人造石墨性能对比见表4。

表4　单颗粒和二次颗粒人造石墨性能对比

指标	单颗粒人造石墨	二次颗粒人造石墨
主要原料	针状焦、石油焦	针状焦、石油焦
比容量（mAh/g）	340～360	330～360
循环寿命（次）	1500～8000	2000～8000
充电倍率（C）	1～3	1～6

资料来源：华经产业研究院整理。

　　人造石墨存在大量孔隙结构，有利于电解液的渗透和锂离子的脱嵌、穿梭，因此人造石墨在循环性能、倍率性能以及与电解液相容性等方面具有优势，但是比容量（310~360 mAh/g）一般低于天然石墨，且石墨化工艺成本较高。人造石墨的生产流程如图10所示，一般包括粉碎、整形、二次造粒（二次颗粒产品工艺环节）、预碳化、石墨化、包覆碳化（高端产品需要）、筛分、除磁、包装。其中二次造粒、石墨化、包覆碳化等工艺技术壁垒较高，是各大厂商差异化竞争的关键环节。

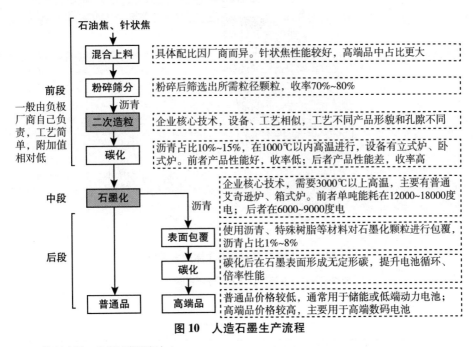

图 10　人造石墨生产流程

资料来源：安信证券研究中心。

　　二次造粒和表面包覆是提升人造石墨性能的关键工序。二次造粒工序壁垒高，黏结剂材料种类多，是生产高端人造石墨的重要工序，可大幅提高动力电池快充性能和循环寿命。表面包覆是在石墨表面包覆一层无定形碳，形成"核–壳"颗粒结构，包覆材料是石墨负极升级必备材料。

　　石墨化是人造石墨制备中的核心工序，决定产品的品质和质量的稳定性。石墨化工序需要高温，能耗较高，占人造石墨成本的 50% 以上

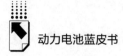

（见图11）。近年来，石墨化成本迅速上涨，成为人造石墨负极材料提产、节能、降耗降本的关键环节。目前负极材料石墨化过程采用的炉型主要有艾奇逊炉、内串炉、箱式炉和连续式炉等（见表5），其中使用最为普遍的是艾奇逊炉。箱式炉发展速度较快，大幅提高了单炉产量，降低了能耗，头部负极材料企业逐步导入；连续式炉具有成本、效率、环保等方面的优势，成为产业化探索新方向。

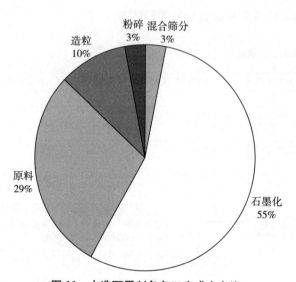

图11　人造石墨制备各工序成本占比

资料来源：隆众资讯、华安证券研究所。

表5　不同石墨化炉优缺点对比

炉型	优点	缺点
艾奇逊炉	工艺成熟、产量大、安全可靠、产品均质性好、操作简单、应用广泛	能耗高、工艺复杂
内串炉	工艺成熟、周期短、安全可靠、产品品质好、适于高品质负极材料生产	产量低，一般 17～22 吨/炉，坩埚成本高
箱式炉	产量高、能耗相对低	生产周期长，一般 40～55 天、均质性差、安全性差
连续式炉	产量高、工艺简单、能耗低、周期短	炉型、工艺尚不成熟，产品质量不稳定

资料来源：石墨时讯，贝特瑞整理。

（3）中间相炭微球。中间相炭微球是中间相沥青中的小球体从沥青母体中分离出来形成的微米级球形炭材料，属于典型人造石墨负极材料。中间相炭微球呈球形片层结构且表面光滑，能够紧密堆积，具有较低的比表面积，可以降低充放电过程中的副反应，降低首次充电过程的库伦损失，具有首周效率高、循环性能优异等优点。但生产成本高、收率低等问题，限制了其在负极材料领域的大规模应用。国内常用的中间相炭微球制备方法为直接缩聚法和乳化法。直接缩聚法是原料在惰性气体下热缩聚，在一定温度和停留时间下制得含有中间相小球的沥青。乳化法为间接法的一种，是原料在严格条件下制得100%的中间相沥青，再经过研磨或分散制得中间相炭微球。

（4）硬碳。硬碳是指在2500℃以上高温下难以石墨化的无定形碳，其结构无序，且石墨片叠层少，存在较多缺陷。晶面间距d002① 比石墨类和软碳材料大，一般为0.35~0.40nm。硬碳材料结构中的碳原子与理想石墨结构中的碳原子只采取sp2杂化方式成键不同，它同时存在sp、sp2和sp3多种杂化方式，因此其形成的六元碳环结构排列堆积不规整，会形成体交联结构，妨碍网面平行生长，使得石墨片层结构很不发达，并存在大量的无定形结构。通常硬碳材料密度较小，表面多孔。

硬碳材料用作锂离子电池负极时，大多具有很高的嵌锂容量和良好的循环性能，其比容量高达400~600mAh/g。但硬碳负极材料因为充放电曲线与石墨及软碳材料差别较大、首次循环的不可逆容量较大、低电位下倍率性能差，主要应用于高功率型锂离子电池。常见的硬碳材料主要有树脂碳（如酚醛树脂、环氧树脂）、有机聚合物热解碳等。国内硬碳负极材料的生产及应用没有形成规模，主要应用形式为复合使用。

（5）软碳。软碳是指在2500℃以上高温处理易石墨化的无定形碳，其微观结构包括无定形结构、乱层结构以及石墨化结构，石墨层间距较大，一般为0.35nm左右，并具有大量的储锂活性位点，具有倍率性能好、储锂容

---

① 碳材料X射线衍射图谱中（002）峰的晶面间距。

量高、与电解液相容性好等优点。与石墨类材料相比，软碳材料首次充放电的不可逆容量较高，无明显的充放电平台电位。但由于软碳与石墨的结晶性比较类似，石墨化度比硬碳材料高，一般认为它比硬碳容易插入锂，即容易充电，安全性更好。常见的软碳有焦炭、碳纤维、非石墨化的炭微球等。软碳同样适用于高功率的应用需求，相较于硬碳，首次库伦效率较高且不可逆容量较小。

2. 非碳负极材料

非碳负极材料主要包括过渡金属氧化物、多元锂合金、锂金属氮化物和过渡金属氮化物、磷化物、硫化物、硅化物等。随着新能源汽车对续驶里程要求的不断提高，锂离子电池负极材料在朝着高比容量方向发展，硅基负极材料理论比容量高达4200mAh/g，成为最有潜力的石墨负极替代材料之一。

由于单质硅的体积膨胀系数过大，在目前商业化应用中，硅基负极材料主要采用掺杂的方式加入人造石墨，主流技术路线为硅碳负极和硅氧负极，材料性能见表6。

表6　不同负极材料性能对比

负极材料	理论比容量(mAh/g)	体积膨胀率(%)	循环寿命	首效(%)
硅碳负极	4200	300	低	70~90
硅氧负极	1800	118	中	70以下
石墨负极	372	12	高	90以上

资料来源：高工产业研究院（GGII），贝特瑞整理。

（1）硅碳负极。硅碳负极是指纳米硅经过碳包覆工艺后制成的复合材料。纳米硅是解决硅基负极材料体积膨胀的重要技术路线，纳米尺寸硅颗粒具有较小的颗粒尺寸和更多的空隙，在充放电过程中能够更快地释放应力，缓解体积膨胀，提高硅碳负极比容量和倍率性能。此外，碳包覆结构能够提升硅碳负极的导电性能，且表面形成的固态电解质界面膜（Solid Electrolyte Interface，SEI）能够抑制电解液的侵蚀，从而提高循环性能。

硅碳负极的比容量和首效较高,首充效率可以达到90%以上,比容量为400~600mAh/g,目前应用较多的是420~450mAh/g比容量的硅碳负极,主要应用于消费电子和电动工具领域。国内硅碳负极生产企业主要有贝特瑞、天目先导、杉杉股份等。

(2)硅氧负极。硅氧负极采用氧化亚硅,相较于单质硅颗粒具有体积膨胀小的优势,因此循环稳定性较好。然而氧化亚硅在充放电过程中会产生非活性物质,导致首效降低,硅氧负极首效提升成为该领域的研究热点。预先在电极中储存锂离子的预锂化技术成为解决这一问题的关键,预锂化后的硅氧负极首效可以达到90%。目前,硅氧负极由于循环性能相对较好主要应用于动力领域。

尽管目前硅基负极材料的产业化应用受到体积膨胀、工艺复杂、成本高等问题的困扰,但随着技术和工艺的不断改进、配套产业链逐渐成熟,以及对电池能量密度提升的迫切需求,硅基负极材料产业化或将迎来快速发展。

(二)我国负极材料产业发展情况

负极材料是锂电材料产业链中最成熟的环节,且产能集中于中国。随着锂离子电池在新能源汽车、储能、消费类电子产品领域的应用迅速扩大,我国负极材料的出货量在2017~2022年整体呈上升趋势。2021年我国负极材料出货量达到77.9万吨,2022年负极材料出货量高达143.3万吨,较2021年增长84.0%(见图12)。2022年,全球负极材料出货量达到155.6万吨,中国负极材料出货量在全球占比已经超过90%。

目前,负极材料的应用领域主要包括动力电池、消费电子和储能设备等锂离子电池领域。在新能源汽车的带动下,动力电池的应用占比居高不下。2021年,我国负极材料在动力电池中应用的占比高达56%,较2020年提升4个百分点;此外,消费电子应用占比达33%,储能设备应用占比达10%。

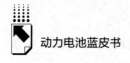

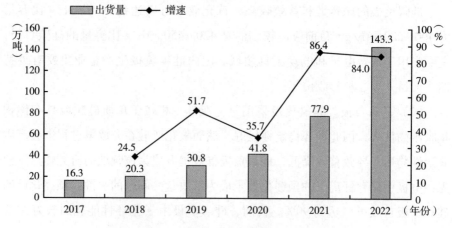

图12　2017~2022年中国负极材料出货量及增速

资料来源：EVTank，伊维智库整理。

　　近年来，随着锂离子电池行业需求进一步扩大，负极材料的需求大幅提升，我国作为负极材料的主要产出国，很多锂离子电池厂商也纷纷加快了在国外的负极产业布局，加大了产业链的垂直整合力度。抢占天然石墨资源、降低人造石墨的石墨化成本是负极材料企业的布局方向。目前，随着快充技术的发展，加上用户的续驶里程焦虑，在动力电池市场的带动下，凸显优势的硅基负极材料将迎来放量拐点，预计国内负极材料产量会持续上升。2021~2022年负极材料按产品类型划分市场占比见图13，人造石墨市场占有率远大于天然石墨。

　　国内负极材料行业集中度较高，竞争格局相对稳定，市场占有率排名前七企业包括贝特瑞、杉杉股份、璞泰来、凯金能源、尚太科技、中科星城和翔丰华。2021年，排名前七企业市场占有率达到78%，2022年排名前七企业市场占有率超过80%，创下新高（见图14）。

　　2021年，贝特瑞、杉杉股份、璞泰来市场占有率稳居前三，尚太科技首超中科星城和翔丰华，跻身前五。2021年，由于石墨化成本上升及产能紧缺，人造石墨供给不足，天然石墨需求量迎来小规模爆发，天然石墨绝对龙头贝特瑞市场占有率达到21%（见图15）。

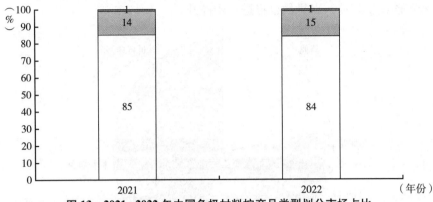

图13 2021~2022年中国负极材料按产品类型划分市场占比

资料来源：GGII。

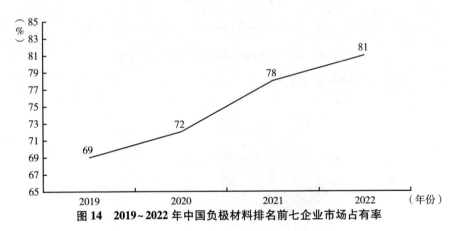

图14 2019~2022年中国负极材料排名前七企业市场占有率

资料来源：鑫椤资讯。

2022年，贝特瑞、杉杉股份、璞泰来凭借研发、客户、生产等优势，持续领跑负极材料赛道（见图16），前三季度产量分别为25.8万吨、12.7万吨、10.4万吨，随着人造石墨产能释放，贝特瑞市场占有率进一步攀升。

预计2023年负极材料市场集中度将进一步提高，主要原因如下。

一是动力电池产业对负极材料具有较高需求，市场需求量持续增长，将带动聚焦中高端市场的头部企业出货量快速增长。

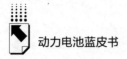

二是截至 2022 年底，行业排名前七企业的产能规划已接近 250 万吨，随着产能逐步释放，出货量也将进一步提升。

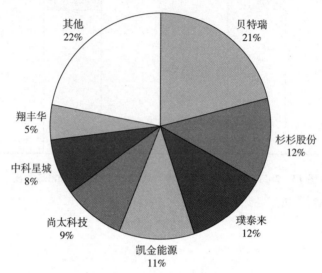

图 15　2021 年中国负极材料企业市场占有率

资料来源：鑫椤资讯。

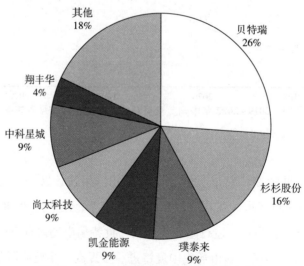

图 16　2022 年中国负极材料企业市场占有率

资料来源：观研天下、鑫椤资讯。

（三）我国负极材料价格波动趋势

2021年，受供需关系、原材料价格等因素影响，负极材料整体价格快速上涨。一方面，由于下游市场需求量爆发，新能源汽车、储能、消费电子等行业对锂离子电池的需求量大幅增长，而现有石墨化产能不足限制了材料供给，负极材料供不应求；另一方面，由于能耗双控等政策影响，石墨化成本上升，叠加原材料涨价等因素，人造石墨和天然石墨价格均较2020年有所上涨。

2022年，天然石墨产品价格波动不大，第二季度中低端天然石墨小幅度涨价后维持原位，高端天然石墨价格在第四季度有所回落（见图17）。2022年下半年，前期规划石墨化产能集中投放，石墨化成本下降导致人造石墨产品价格较之前有所回落（见图18），截至2022年12月中旬，人造石墨产品均价从年初的5.75万元/吨回落至5.51万元/吨，降幅在4%左右。

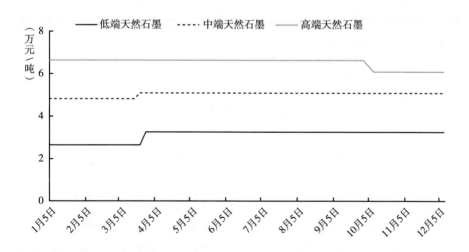

图17　2022年天然石墨产品价格

资料来源：观研天下整理。

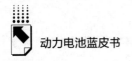

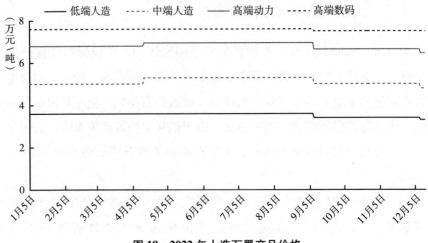

图18 2022年人造石墨产品价格

资料来源：观研天下整理。

2022年，受国际油价波动影响，负极材料上游原材料价格仍维持上涨态势，再加上限电、环保等政策因素影响，产能释放缓慢，负极材料整体价格仍维持高位。随着产能逐步释放、供需关系变化，预计2023年负极材料价格会有较大幅度调整。

三 隔膜

（一）隔膜的优劣决定了锂离子电池的性能

锂离子电池是通过锂离子在电池的正极和负极来回嵌入和脱嵌实现化学能和电能相互转换的装置。当锂离子电池处于充电状态时，正极发生氧化反应，电子沿着外联电路到达负极，同时，正极的锂离子发生脱嵌，经过电解液并透过隔膜嵌入负极，使锂离子电池负极处于富锂状态。而当锂离子电池处于放电状态时，电子通过外联电路流回正极，同时，嵌在负极中的锂离子脱离，通过电解液并透过隔膜再次流回正极（见图19）。隔膜在锂离子电池中的作用主要是分离正负极，防止正负极直接接触造成短路，而隔膜的微孔可使锂离子在正负极之间穿梭，完成锂离子电池内部电化学能量的转换。隔膜性能的优劣决定了锂离子电池的容量、循环次数和安全性能。

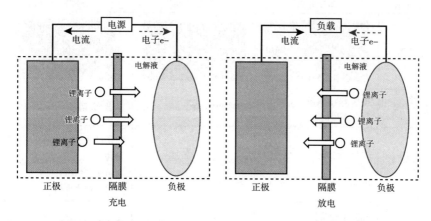

图19 锂离子电池充放电过程中的离子游动方向示意

资料来源：锂电网。

目前市场上主流的隔膜生产工艺为干法单拉、干法双拉和湿法拉伸，由于干法隔膜和湿法隔膜的处理工艺不同，与之所匹配的锂离子电池性能也有差异。干法又称熔融拉伸法，是将高分子聚合物如聚丙烯（PP）或聚乙烯（PE），与添加剂混合制成熔融物，挤出流延后形成片晶结构，再经过加热处理得到硬弹性的聚合物膜，在一定的温度下拉伸形成狭缝状微孔，热定型后得到微孔膜。湿法又称热致相分离法，是把高沸点小分子作为造孔剂添加到聚烯烃中，加热熔融成均匀体系，由螺杆挤出成型，拉伸后用有机溶剂提取出造孔剂，再经热定型等工序得到微孔膜。通过对干法和湿法加工工艺的对比可以发现，干法隔膜成孔效果不如湿法隔膜成孔效果显著（见表7）。干法隔膜一般用于商用车和储能等对电池能量密度要求不高的领域。而湿法隔膜孔隙一致，厚度统一，能够最大限度地使锂离子在正负极之间穿梭，保障了电池能量密度和循环寿命，所以湿法隔膜一般用于乘用车等对电池能量密度要求高的领域。

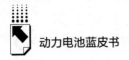

表7　干法隔膜和湿法隔膜优缺点对比

	干法隔膜		湿法隔膜
	单向拉伸	双向拉伸	同步 & 异步拉伸
工艺原理	晶片分离	晶型转换	热致相分离
示例图			
主要产品	单层 PP、PE 隔膜,复合多层隔膜	单层 PP 隔膜	单层 PE 隔膜
优点	微孔尺寸分布均匀,导通性好;能生产单层和多层隔膜	双向力强度高;短路率低;厚度范围广	微孔尺寸和分布均匀,孔隙率高;成品厚度较薄;双向拉伸强度高
缺点	孔隙率较难控制;横向拉伸强度低,使用时横向易开裂;短路率较高	孔径不均匀,稳定性差;受热后双向均热收缩	热稳定性较差,热收缩率较大;PE 低熔点导致闭孔温度低

资料来源：星源材质公告。

　　不同工艺的隔膜质量主要通过一致性、稳定性和安全性三个技术参数指标来体现（见表8），并以此为依据确定不同工艺的隔膜与不同工艺电池的适配性。

表8　干法隔膜和湿法隔膜主要技术参数指标对比

指标	参数	干法隔膜	湿法隔膜	对比
一致性	厚度(μm)	12~30	5~30	湿法隔膜更薄
	孔径分布(nm)	15~40	25~50	孔径范围不同
	孔隙率(%)	30~50	35~55	湿法隔膜孔隙率更高
稳定性	横向拉伸强度(MPa)	<100	130~150	湿法隔膜拉伸强度更高
	纵向拉伸强度(MPa)	130~160	140~160	
	横向热收缩率(120℃条件下)(%)	<1	<6	干法隔膜横向热收缩性更好
	纵向热收缩率(120℃条件下)(%)	<3	<3	纵向热收缩性相当

指标	参数	干法隔膜	湿法隔膜	对比
安全性	穿刺强度（gf）	200~400	300~550	湿法隔膜穿刺强度更好
	闭孔温度（℃）	145	130	干法隔膜热失控性更好
	熔断温度（℃）	170	150	

资料来源：星源材质公告。

结合相关参数整体来看，湿法隔膜性能优于干法隔膜，适用于对电池能量密度要求较高的新型磷酸铁锂电池和三元锂电池，主要适配中高端车型。而基于干法隔膜熔融点高、孔隙率低的特点，其更适用于能量密度较低的锂离子电池，主要适配低端车型和高成本的电化学储能领域。

（二）我国隔膜材料产业发展情况

随着新能源汽车销量持续高增带动动力电池装机量持续提升，作为动力电池四大主材之一的隔膜，产量也持续高增。根据 EVTank 数据，我国锂电隔膜出货量由 2018 年的 22.8 亿平方米增长至 2022 年的 133.2 亿平方米。其中，湿法隔膜出货量超过 100 亿平方米，占我国隔膜出货量的 78.7%（见图 20）。

从全球隔膜市场来讲，2021 年全球隔膜出货量为 108 亿平方米，我国隔膜出货量为 80.6 亿平方米，占全球出货量的 74.6%；2021 年全球隔膜出货量增量为 45.2 亿平方米，其中超 90%的增量是中国企业贡献的。2022 年全球隔膜出货量为 160 亿平方米，较 2021 年增长 48%；2022 年我国出货量为 133.2 亿平方米，较 2021 年增长 65.3%，占全球出货量的 83.3%。2022年全球隔膜出货量增量为 52 亿平方米，而中国企业出货量增量为 52.6 亿平方米，超过全球隔膜出货量增量，说明隔膜产业市场份额更加集中在中国企业手中，我国企业在全球隔膜市场整体影响力也进一步加大。

2022 年，我国隔膜行业排名前六企业（CR6）出货量占总量的 78.6%，较 2021 年下降 2.2 个百分点，行业排名前三企业（CR3）出货量占比

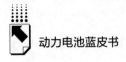
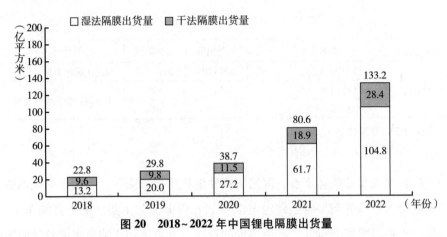

图20 2018~2022年中国锂电隔膜出货量

资料来源：EVTank。

60.2%，较2021年提升6.8个百分点（见图21），头部企业市场份额有所提升，主要原因为头部前三企业产能较2021年均有大幅提升，挤压了二线隔膜企业的市场份额，行业第二梯队企业整体市场份额下降。

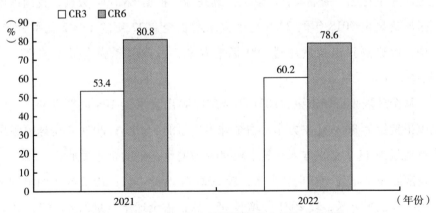

图21 2021~2022年中国隔膜行业市场集中度变化

资料来源：GGII。

（三）2018~2022年隔膜市场变化及成因

2022年，湿法隔膜持续占据大部分市场份额，出货量为104.8亿平方米，同比增长69.9%，占总出货量的79%；干法隔膜出货量为28.4亿平方米，同比增长50%，占总出货量的21%。干法隔膜市场占比持续下降，主要是由于湿法隔膜在新型电池技术上的适配性更佳，同时干法隔膜和湿法隔膜价差逐渐缩小，叠加隔膜成本占动力电池成本较低，电池企业对价格敏感度不高，推动了湿法隔膜出货量的进一步提升。

2017年之前，新能源汽车和动力电池处于发展初期阶段，磷酸铁锂电池一直占据动力电池主流市场，干法隔膜也依靠其高安全性、低成本和简单的生产方式率先获得大规模应用。2016年，干法隔膜出货量占总体出货量的58%，干法隔膜整体主导国内隔膜市场。2016年12月，国家相关部委出台新能源汽车补贴政策，规定新能源汽车能量密度越高，续驶里程越大，相应补贴越高。随着国家部委对高能量密度动力电池的大力扶持，高能量密度的三元锂电池市场占比持续提升。由于湿法隔膜的材料优势能够满足三元锂电池在能量密度及安全性上的严苛要求，叠加湿法隔膜与干法隔膜价差持续收窄，湿法隔膜出货量占比从2016年的43%提升至2022年的79%（见图22）。

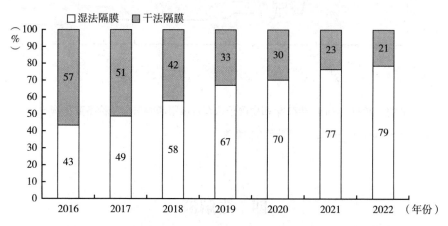

图22 2016~2022年中国隔膜市场干法隔膜和湿法隔膜出货量占比情况

资料来源：EVTank。

2019年后，由于新能源汽车补贴的退坡，三元锂电池价格优势不再，同时刀片电池和CTP等新型电池技术提升了磷酸铁锂电池的能量密度，兼顾了能量密度和价格优势的磷酸铁锂电池再次主导动力电池市场。而湿法隔膜具有孔隙率高和微孔分布均匀等特点，在磷酸铁锂电池提升能量密度方面具有很好的适配性。同时，随着湿法隔膜龙头企业主动降价，2021 年湿法隔膜价格和干法双拉隔膜价格差距进一步收窄（见图 23），干法双拉隔膜和湿法隔膜价差由 2017 年初的 1 元/米^{2}下降至 2021 年底的 0.3 元/米^2，叠加隔膜在动力电池总成本中占比仅为 10%，电池企业对隔膜价格敏感性偏低，促使头部电池企业在磷酸铁锂电池中增加对湿法隔膜的使用，进一步提升了湿法隔膜的出货量，使得 2022 年湿法隔膜价格上涨。

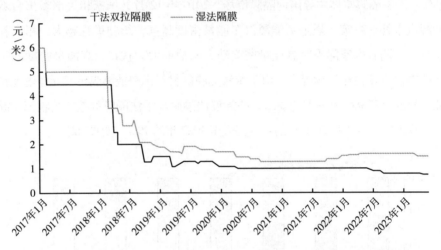

图 23　2017 年初至 2023 年初中国干法双拉隔膜和湿法隔膜价格变化情况

资料来源：鑫椤锂电，太平洋研究院整理。

四　电解液

（一）电解液简介

电解液是锂离子电池的血液，是正负离子自由流动的必要载体，在正负极间起到传导锂离子的作用，为锂离子提供自由脱嵌的环境。电解液成分复杂，配置效果多样。电解液一般由电解质锂盐、高纯度有机溶剂和各类添

剂等按一定比例配置而成。根据所占质量划分，电解质锂盐占电解液比重为
10%~15%，有机溶剂占比约 80%，添加剂占比为 5%~10%，具体配比根据
下游客户需求确定。

目前电解液常用的锂盐为六氟磷酸锂（$LiPF_6$），常用的有机溶剂包括
环状碳酸酯、链状碳酸酯，常用的添加剂包括成膜添加剂、阻燃添加剂、过
充保护添加剂和多功能添加剂等。合格的电解液应具备如下基本特性：良好
的化学稳定性、宽电位范围、良好的导电性能、良好的热稳定性以及对环境
友好。良好的化学稳定性是指电解液不会与正极、负极、隔膜、黏结剂等材
料发生化学反应；宽电位范围是指电解液需要有 0~5V 的电化学稳定窗口。
电解液的导电性能一般需要达到 $1×10^{-3}~2×10^{-3}$S/cm，确保介电常数高、粘
度低、离子迁移阻力小等。电解液的使用温度范围一般在 -40~70℃；此外，
电解液最好可以生物降解，不污染环境。为了获取合格的电解液，需要对各
组分有充分的理解和认识，常用组分的基本情况如下。

1. 锂盐

锂盐的主要功能为在正负极之间传递锂离子，选择锂盐时需综合考虑离
子迁移率、解离常数、溶解性、热稳定性、化学稳定性、SEI 形成能力等指
标，其中 $LiPF_6$ 具有良好的离子迁移率、适中的解离常数、较好的抗氧化性
能和良好的铝箔钝化能力，且可与各种正负极材料适配，综合性能强、成本
较低、技术较成熟，是目前主流的电解液溶质。此外，其他新型锂盐的开发
也受到科研人员的重视。本部分选取了几种常用锂盐，对其优缺点进行对
比，具体见表 9。

表 9　各种锂盐的优缺点对比

锂盐	优点	缺点
$LiPF_6$	在非水溶剂中具有合适的溶解度和较高的离子电导率； 能在铝箔集流体表面形成一层稳定的钝化膜； 能协同碳酸酯溶剂在石墨电极表面生成一层稳定的 SEI	热稳定性较差、易发生分解反应

锂盐	优点	缺点
LiFSI	电导率高、水敏感度低和热稳定性好	对铝箔的腐蚀电位为 4.2V
LiTFSI	较高的溶解度和电导率,热分解温度超过 360℃,不易水解	电压高于 3.7V 时会严重腐蚀铝集流体
LiClO$_4$	溶解度高,离子电导率高,电化学窗口能达到 5.1V 以上;制备简单,成本低,稳定性好	极易与电解液中的有机溶剂发生氧化还原反应,从而造成锂离子电池燃烧、爆炸等安全问题
LiBF$_4$	工作温度区间宽,高温稳定性好,低温性能优,能增强电解液对电极的成膜能力,抑制铝箔腐蚀	离子电导率较低,有很大局限性,常与电导率较高的锂盐配合使用
LiDFOB	成膜性好、低温性能好、与电池正极有很好相容性;能在铝箔表面形成一层钝化膜,并抑制电解液氧化	售价较高
LiBOB	较高的电导率、较宽的电化学窗口、良好的热稳定性、较好的循环稳定性,对正极铝箔集流体具有钝化保护作用	在非质子型溶剂中的溶解度较低,从而导致由其构成的电解液电导率较低,从而限制了基于该锂盐电池的倍率性能
LiPF$_2$O$_2$	较好的低温性能;作为添加剂使用,有利于降低电池界面阻抗,有效提升电池的循环性能	溶解度较低
LiDTI	更好的热力学稳定性;可在 4.5V 电压下稳定存在,具有高锂离子迁移数,能满足商品化正极材料的充放电需求	合成要求高

注:LiFSI 为双氟磺酰亚胺锂、LiTFSI 为双三氟甲基磺酰亚胺锂、LiClO$_4$ 为高氯酸锂、LiBF$_4$ 为四氟硼酸锂、LiDFOB 为二氟草酸硼酸锂、LiBOB 为双草酸硼酸锂、LiPF$_2$O$_2$ 为二氟磷酸锂、LiDTI 为 4,5-二氰基-2-三氟甲基咪唑锂。

资料来源:根据公开资料整理。

从新型锂盐来看,LiFSI 为最有潜力的新型锂盐之一,市场推广应用情况较好。LiFSI 已被宁德时代、LG 化学等企业用于部分电解液配方。但 LiFSI 生产成本远高于 LiPF$_6$,目前价格达近 50 万元/吨。因此 LiFSI 仅作为添加剂在部分电解液配方中与 LiPF$_6$ 混合使用。目前来看,LiPF$_6$ 仍具有不可替代性,其主要的制备方法和优缺点见表 10。

表10 LiPF$_6$的制备方法及优缺点

方法	反应方程式	流程	优点	缺点
氟化氢溶剂法	PF$_5$+LiF+HF→LiPF$_6$	将固体 LiF 溶于装有 HF 溶液的不锈钢容器中配置成悬浮液,将 PF$_5$ 气体以低流量导入反应容器中反应,对反应得到的溶液进行挥发处理,除去气体物质得到 LiPF$_6$	反应在液相中进行,反应迅速且转化率高,适合大规模生产,是目前商业化制备主流方法	HF 具有腐蚀性,给安全生产带来隐患,反应容器需要使用耐氟材料;低温反应能耗较大
气固反应法	PF$_5$+LiF→LiPF$_6$	以 LiF 提供锂源,以 PF$_5$ 等提供磷源,先制得中间体 PF$_5$ 气体,然后将 PF$_5$ 气体通入盛有 LiF 固体的密闭容器中,使两者在高温高压下反应生成 LiPF$_6$	工艺简单、操作步骤少	对设备密封性要求较高,反应转化率较低,很难生成高纯 LiPF$_6$ 产品
有机溶剂法	PF$_5$+LiF→LiPF$_6$	固体 LiF 溶于有机溶剂中制得 LiF 有机悬浮液,然后向其中缓慢通入高纯度的 PF$_5$ 气体,得到 LiPF$_6$	对设备防腐蚀要求降低,有利于安全生产;反应转化率高	反应速度慢,反应中会形成大量杂质,脱除较困难
离子交换法	XPF$_6$+Li+→LiPF$_6$+X	利用含锂化合物与六氟磷酸盐在有机溶剂中发生离子交换反应制备 LiPF$_6$	反应在较低温度下进行,对设备防腐蚀要求低,较为安全绿色	产品纯度不高,需要进一步提纯,原料和生产成本较高,还未实现规模化生产

注:表中 LiF 为氟化锂、HF 为氢氟酸、PF$_5$ 为五氟化磷。

资料来源:根据公开资料整理。

对于传统的 LiPF$_6$,其制备方法为氟化氢溶剂法,该方法反应迅速且转化率高,适合大规模生产。为满足高性能锂离子电池的需求(溶质纯度),提纯是电解液溶质 LiPF$_6$ 必须经历的步骤,目前主流的提纯工艺包括溶剂重结晶法和热真空干燥法。但以上方法皆不能完全移除溶质中存在的杂质,因此新的技术仍在持续开发中,如离子交换法等。新的技术将致力于提供更高

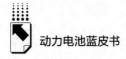

效、更高纯度、更节约能耗的产品。

2. 溶剂

全球电解液溶剂生产主要集中在中国，中国在原材料、人工等领域综合成本较低，因此，我国在电解液溶剂方面具有较强的行业话语权。目前，我国电解液溶剂市场格局呈现集中且稳定的状态，龙头企业凭借先发优势、技术优势及规模优势，占据了绝大部分市场份额，我国70%以上电解液溶剂市场被海科新源、胜华新材、抚顺东科、华鲁恒升四家企业所占据，其中海科新源出货量居全国首位，其次分别为胜华新材、抚顺东科和华鲁恒升，又以华鲁恒升的出货量增长最为迅速。奥克股份、营口恒洋、辽宁港隆、新宙邦等企业也有电解液溶剂外供，但规模并不大。

目前，市面上主流的电解液有机溶剂为碳酸酯类溶剂，如碳酸丙烯酯（PC）、碳酸乙烯酯（EC）、碳酸二乙酯（DEC）、碳酸二甲酯（DMC）和三氟代碳酸丙烯酯（TFPC）等，羧酸酯、亚硫酸酯等新型溶剂有待开发。有机溶剂是电解液溶剂的主流，具备诸多特性，如化学稳定性优异、无毒、熔点和沸点温差大、闪点温度高、粘度低等。

碳酸酯类溶剂拥有电化学稳定性好、介电常数高等优点。环状碳酸酯类溶剂和线性碳酸酯类溶剂各自特性不同，混合使用能够满足特定要求，如电导率、工作温度及环境等。其中，电解液的电导率是衡量电解液性能的重要指标之一，高电导率证明电解液的性能优异。工作温度决定了电池是否能够在极端温度和环境下工作，如南极科考、月球探险等。

3. 添加剂

电解液添加剂对锂离子电池的安全性、寿命等有着重要的影响，是锂离子电池不可缺少的组成部分。目前，添加剂研发总体落后于电解液需求，小众添加剂不仅有专利保护，而且生产难度大。添加剂按照功能主要分为以下几大类。

（1）功能成膜添加剂。其目的是提高电池的循环效率和可逆容量等性能，主要分无机成膜添加剂（SO_2、CO_2、CO 等小分子以及卤化锂等）和有机成膜添加剂（氟代、氯代和溴代碳酸酯等，借助卤素原子的吸电子效应提高中心原子的得电力，使添加剂在较高的电位条件下还原并有效钝化电极表面，形成稳定的SEI）。

（2）导电添加剂。对提高电解液导电能力的添加剂的研究主要着眼于提高导电锂盐的溶解和电离以及防止溶剂共嵌对电极的破坏。按其作用类型可分为与阳离子作用型（主要包括一些胺类和分子中含有两个氮原子以上的芳香杂环化合物以及冠醚和穴状化合物）、与阴离子作用型（阴离子配体主要是一些阴离子受体化合物，如硼基化合物）及与电解质离子作用型（中性配体化合物主要是一些富电子基团键合缺电子原子氮或硼形成的化合物，如氮杂醚类和烷基硼类）。

（3）阻燃添加剂。锂离子电池的安全问题依然是制约其商业化应用发展的重要因素。锂离子电池自身存在许多安全隐患，如充电电压高，而且电解质多为有机易燃物，若使用不当，电池会发生危险甚至爆炸。因此，改善电解液的稳定性是改善锂离子电池安全性的一个重要方法。在电池中添加一些高沸点、高闪点和不易燃的溶剂可改善电池的安全性。

（4）过充保护添加剂。目前，业界、学界已经对采用氧化还原对进行电池内部保护的方法开展了广泛的研究，这种方法的原理是在电解液中添加合适的氧化还原对，在正常充电时这个氧化还原对不参加任何化学或电化学反应，而当电池充满电或略高于该值时，添加剂开始在正极上氧化，然后扩散到负极发生还原反应，从而实现对电池的保护。

（5）多功能添加剂。多功能添加剂是锂离子电池的理想添加剂，它可以从多方面改善电解液的性能，对提高锂离子电池的整体电化学性能具有突出作用，正在成为未来添加剂研究和开发的主攻方向。

常用添加剂按照成分主要分为环状碳酸酯、有机硫酸酯和磺酸酯以及锂盐几大类别。由于添加剂成分复杂、纯度要求高，难仿制，且国家对其环保和安全要求比较高，因此成为电解液主要技术壁垒之一。

（二）我国电解液材料产业发展情况

EVTank统计数据显示，2022年全球锂离子电池电解液出货量突破百万

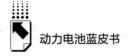

吨，达到104.3万吨，同比增长70.4%。中国电解液出货量同比增长75.7%，达到89.1万吨（见图24），在全球电解液出货量中的占比增长至85.4%。

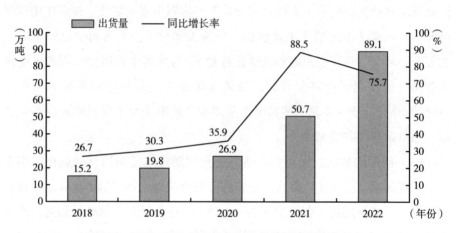

图24 2018~2022年中国电解液出货量及同比增长率

资料来源：EVTank。

从中国主要电解液企业来看，2022年，天赐材料以32万吨的出货量排名第一，出货量超过10万吨的企业还包括新宙邦和比亚迪。从中国电解液企业竞争格局来看，相比于2021年，2022年发生了较大的变化，天赐材料的行业龙头地位进一步稳固，市场份额由2021年的28.8%提升到2022年的35.9%；国泰华荣行业第三的位置被比亚迪取代；昆仑化学、中化蓝天、法恩莱特和珠海赛纬4家企业之间的竞争处于焦灼状态（见图25）。

从细分领域出货量情况来看，根据GGII统计数据，2021年，我国电解液市场占比最大的是动力电池电解液，占比为57%。2022年，动力电池领域电解液需求占比达到68%，其次为储能领域需求，占比19%，表明动力电池和储能电池市场增势强劲。

由于电解液溶剂生产工艺难度大，具有较高的技术壁垒，因此行业内企业数量较少，具备规模化生产能力的企业更是少之又少；同时在环保政策不

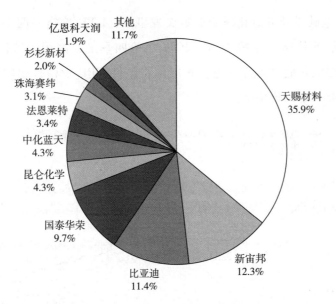

亿恩科天润 1.9%
其他 11.7%
杉杉新材 2.0%
珠海赛纬 3.1%
法恩莱特 3.4%
中化蓝天 4.3%
昆仑化学 4.3%
国泰华荣 9.7%
比亚迪 11.4%
天赐材料 35.9%
新宙邦 12.3%

图 25　2022 年中国锂离子电池电解液主要企业市场份额

资料来源：EVTank。

断趋严之下，电解液溶剂新建工厂或改造原生产线扩大产能的难度较大，审批手续和建设周期较长，进一步对新入局者形成了壁垒。

（三）电解液价格波动趋势

电解液主要由锂盐（溶质）、溶剂、添加剂三部分组成，各部分成本占比为溶剂占比 30%、锂盐占比 40%~50%、添加剂占比 10%~30%。电解液的定价机制为"成本加成"。$LiPF_6$ 成本占整个电解液生产成本的 40%~70%，因此电解液的价格变化趋势与 $LiPF_6$ 基本一致。

如图 26 所示，2022 年第一季度电解液价格基本持稳运行，主因是原料端 $LiPF_6$ 价格高位持稳，对电解液成本支撑强劲，3 月中旬起，随着 $LiPF_6$ 价格的下跌，电解液价格也随之下调。2022 年第二季度受多地疫情影响，电解液企业的生产与出货受阻，该季度也是 2022 年电解液价格下跌最快速的时期。2022 年第三季度，电解液价格波动运行，由于原料

$LiPF_6$上游电碳以及五氯化磷企业的突发事故，$LiPF_6$价格一度小涨，成本支撑下电解液价格也小幅上涨。2022年第四季度，由于下游需求萎缩，终端企业多以年底去库存为主，叠加主要原料$LiPF_6$价格持续回落，电解液成本支撑不足，价格下滑。

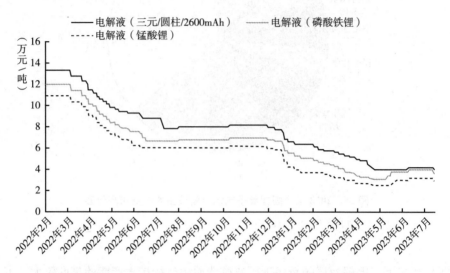

图26 2022年2月至2023年7月中国电解液价格走势

资料来源：百川盈孚，太平洋研究院整理。

2020~2021年，电解液上游原材料及电解液产品价格均出现大幅提升。电解液上游原材料供不应求，$LiPF_6$价格从12万元/吨上升至35万元/吨，涨幅达191.7%，溶剂DMC/EC、添加剂VC价格均大幅上涨，电解液价格受到传导。2021年上半年磷酸铁锂电解液价格从4万元/吨上升至7.5万元/吨，涨幅达87.5%；2021年上半年三元锂电解液价格从4.75万元/吨上升至10.5万元/吨，涨幅达121.1%。但是，2022年3月以来，随着新增产能逐步投产，原料$LiPF_6$价格大幅回落，电解液价格跟着回落。目前，磷酸铁锂电解液市场主流价格为4.5万~5.5万元/吨；锰酸锂电解液市场主流价格为3.5万~4.5万元/吨；三元动力型电解液市场主流价格为6.3万~7.5万元/吨；三元圆柱型电解液市场主流价格为5.9万~6.9万元/吨。

近年来电解液上游原材料价格分解分析如下。

1. 锂盐

锂盐成本占电解液总成本的比例最高。在电解液成本构成中，2021年锂盐成本占电解液总成本的比例最大，为45%，对电解液价格影响较大；而溶剂和添加剂成本占比分别为25%和20%，其他成分成本占比10%。2020年，$LiPF_6$价格不到7万元/吨，但到了2021年底，$LiPF_6$价格超50万元/吨，供给紧缺持续，电解液龙头企业受益于一体化布局盈利能力大幅改善。$LiPF_6$价格在2022年初更是飙升至约60万元/吨的高点。两年时间涨幅超过700%。2022年，受疫情影响，原料$LiPF_6$价格大幅回落，2022年第二季度市场均价为32.87万元/吨，相比3月价格高点下滑42.8%。2023年3月23日，$LiPF_6$的价格已跌至12.1万元/吨，相距巅峰时期的价位，跌幅近80%。

2. 溶剂

全球电解液溶剂生产主要集中在中国，加之中国在原材料、人工等领域综合成本较低，中国电解液溶剂具有较强的行业话语权。智研咨询数据显示，2018~2022年全球电解液溶剂出货量不断扩大，2018年出货量不足20万吨，至2022年出货量达92.4万吨，年均增长率达49%。2022年以来，受产能持续释放的影响，我国电解液溶剂价格不断下滑，其中，电池级DMC价格从2021年底的2万元/吨下滑至2022年12月的0.62万元/吨。2023年2月，电池级DMC价格跌破0.6万元/吨，为0.58万元/吨，电池级EMC、电池级EC、电池级DEC、电池级PC价格分别下滑至0.97万元/吨、0.51万元/吨、0.97万元/吨、0.81万元/吨。未来全球新能源汽车及储能产业市场前景依然广阔，利好锂离子电池及上游原材料发展，电解液溶剂出货量将呈继续扩张之势，预计到2025年全球电解液溶剂出货量将超200万吨，2030年将超560万吨。

在全球电解液溶剂市场，海科新源市场占比30%，石大胜华市场占比28%，合计超55%，是为市场双寡头。此外，三菱化学与宇部兴产等企业生产的电解液溶剂主要为自用，外销量少，全球具备外供能力的企业主要就是

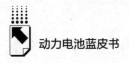

海科新源与石大胜华。从具体电解液企业溶剂需求来看，石大胜华的核心客户主要集中在国外，海科新源的客户多集中在国内。随着头部企业的扩产以及全球化布局的加快，未来溶剂市场的行业集中度有望进一步提升。

3. 添加剂

由于添加剂成分复杂、纯度要求高，难仿制，且国家对其环保和安全要求比较高，因此成为电解液主要技术壁垒之一。目前，添加剂研发总体落后于电解液需求，而小众添加剂不仅有专利保护，而且生产难度大。添加剂在磷酸铁锂电池电解液和三元锂电池电解液中的成本占比分别为 10% 和 20%～25%。三元锂电池电解液中添加剂的成本占比相较磷酸铁锂产品更高，主要系三元锂电池热稳定性较差，需要增加电解液添加剂种类和用量来提升安全性。随着下游电池产品能量密度提升的需求带动三元锂电池的高镍高电压化，多功能添加剂作为最经济、可有效提升电池性能的材料，在锂离子电池及电解液产业中的重要性将继续提升。此外，VC 作为重要的电解液添加剂，其价格上涨也会拉动电解液价格的上升。

B.3

2021~2022年中国新能源汽车动力电池资源材料产业发展报告

张宇平　滕欣余　于松华*

摘　要： 锂、钴、镍、锰是锂电池的资源材料，中国均有一定的储量。2021~2022年，受终端新能源汽车及储能行业持续发力影响，锂资源产品消耗量快速增长，下游磷酸铁锂和三元材料的产量持续创新高，对碳酸锂、氢氧化锂的需求跳跃式增长，加之锂盐供应量增长较慢，锂盐价格持续上涨。2021年钴价略有上升，2022年钴价震荡下跌，主要原因是需求预期下降，钴市投机资金撤离、水分消除，供需平衡基本维稳，钴价上涨空间不足，下跌压力有限。2021~2022年，动力电池进一步向高镍化发展，原本供应偏紧的硫酸镍价格持续上涨，推动了镍价走高。2021~2022年，电解锰价格在暴涨一轮后，迎来大幅回落。

关键词： 锂资源　钴资源　镍资源　锰资源

---

* 张宇平，博士，高级工程师，格林美股份有限公司副总经理，主要研究方向为废旧动力电池资源高效绿色循环利用技术与技术路线发展规划；滕欣余，中汽数据有限公司咨询研究员，主要研究方向为动力电池产业发展分析；于松华，中汽数据有限公司咨询研究员，主要研究方向为动力电池产业分析。

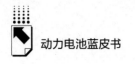

一 锂发展报告

（一）锂资源量及产量

锂是目前世界上已知原子半径最小、质量最轻与电离电势最大的稀有碱土金属元素，是锂电池不可缺少的原材料，具有长期需求刚性。从产业链来看，上游包括矿石锂和卤水锂两种天然矿产资源锂。中游主要是从矿产资源中提取锂元素，生产碳酸锂（Li_2CO_3）、氢氧化锂（LiOH）、氯化锂（LiCl）等锂化工产品，其中，矿石提锂方法主要分为石灰石烧结法、硫酸焙烧法、硫酸盐焙烧法、氯化焙烧法等，技术成熟，能生产出高品质的锂盐产品；盐湖卤水提锂方法主要分为吸附法、煅烧浸取法、萃取法和膜法等，吸附法提锂技术具有成本低、锂收率高、无污染等优点，是目前我国盐湖卤水提锂产能最大的技术路线之一。下游锂产品应用于电池、陶瓷和玻璃、润滑剂等生产制造领域。

全球可以开发利用的锂矿资源总量丰富且供应充足，美国地质调查局（USGS）数据显示，2022 年全球已探明的锂资源量增至 8856 万金属吨，但是分布极其不均匀。如图 1 所示，南美锂三角（玻利维亚、阿根廷和智利）总储量就达到 5047.92 万金属吨，在全球占比高达 57%，紧随其后的是美国、澳大利亚和中国，分别占比 10%、8% 和 6%。

中国锂资源储量丰富，兼具矿石锂和卤水锂两种类型，主要集中在青海、西藏、四川、江西 4 个省区，此外在湖南、新疆、河南、福建、陕西 5个省区亦有产出。其中，西藏和青海为盐湖卤水型，四川甘孜州和阿坝州锂辉石资源储量丰富，江西宜春地区主要生产锂云母。按锂矿床类型划分，中国主要锂矿床类型为内生硬岩型和外生卤水型。其中，内生硬岩型锂矿包括花岗伟晶岩型、花岗岩型、云英岩型与碳酸盐黏土型锂矿，外生卤水型锂矿细分为盐湖卤水型及地下卤水型锂矿。目前已经开发利用的锂矿资源中，以花岗伟晶岩型、花岗岩型与盐湖卤水型为主，这 3 种锂矿床规模较大，其他类型规模相对较小（见表 1）。

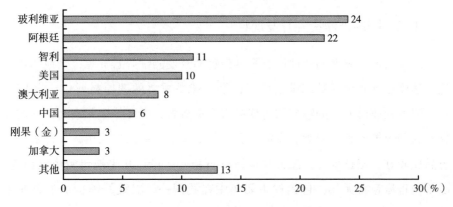

图1　全球锂资源储量分布和占比情况

资料来源：USGS，财信证券整理。

表1　中国锂矿床主要类型

矿床大类	矿床亚类	主要成矿带	典型矿床
内生硬岩型锂矿	花岗伟晶岩型	阿尔泰、东天山、西昆仑、松潘—甘孜、秦岭锂成矿带	新疆阿尔泰可可托海、富蕴柯鲁木特、东天山镜儿泉、西昆仑大红柳滩；四川康定甲基卡、金川李家沟、马尔康党坝、石渠扎乌龙、道孚容须卡；河南卢氏南阳山、蔡家沟、官坡；陕西商南凤凰寨、太白安沟梁
	花岗岩型	华南锂成矿带	江西宜春钽铌矿414、雅山；湖南临武尖峰岭；广西恭县栗木
	云英岩型		湖南道县湘源正冲
	碳酸盐黏土型	—	云南滇中
外生卤水型锂矿	盐湖卤水型	柴达木锂成矿带	青海柴达木盆地察尔汗、大柴旦、西台吉乃尔、东台吉乃尔、大浪滩、一里坪、南翼山、勒斜武担、西金乌兰盐湖
		藏北锂成矿带	西藏藏北扎布耶、当雄错、班戈错、结则茶卡、拉果错、仓木（麻米）错、龙木错、鄂雅错盐湖
	地下卤水型	四川盆地、潜江凹陷锂成矿带	四川自贡；湖北潜江

注：碳酸盐黏土型锂矿（云南滇中地区）为2019年5月由中国科学院地球化学研究所温汉捷研究员提出的新沉积型锂矿床类型，经科研示范性勘查，该科研示范区中氧化锂（Li_2O）品位为0.10%~1.02%，探获Li_2O（334）资源量约为3.4×10^5吨。

资料来源：张苏江等《中国锂矿资源现状及其可持续发展策略》，《无机盐工业》2020年第7期。

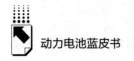

（二）国内外锂资源开发现状

放眼全球，澳大利亚锂矿有全球最容易开发的锂辉石资源，当地矿业发达、法律法规齐全、基础设施良好，是全球最重要的锂原材料供应基地之一。澳大利亚已开采的锂矿均为伟晶岩型锂辉石，主要伴生元素为钽，部分含有铁和锡等元素。澳大利亚锂矿分布相对集中，矿山均采用露天开采，矿石品质较好，根据统计，澳大利亚锂辉石精矿产量已几乎被包销协议锁定，散单销售量寥寥无几，包销权主要集中在我国一、二线的锂盐加工企业手中。澳大利亚锂矿项目信息见表 2。

表 2　澳大利亚锂矿项目信息汇总

公司	矿山	现有锂精矿产能(万吨/年)	扩产规划
Talison Lithium	Greenbushes	162	第三期化学级锂精矿扩产计划（CGP3）项目预计将于 2024 年底或 2025 年初投产试车，新增年产 52 万吨化学级锂精矿产能；第四期化学级锂精矿扩产计划（CGP4）项目预计将于 CGP3 项目后再启动，新增年产 52 万吨化学级锂精矿产能。从中长期的角度来看，Greenbushes 锂矿产能有望达到 266 万吨/年，折合约 35 万吨 LCE（碳酸锂当量）
Mineral Resources Ganfeng Lithium	Marion	60	锂精矿产能 60 万吨/年，赣锋锂业包销 50%，代加工 50%，预计将锂辉石精矿产能进一步扩产至 90 万吨/年
Albemarle Mineral Resources	Wodgina	75	项目第一条线、第二条线分别于 2022 年 5 月和 7 月复产，第三条线预计将于 2023 年中复产，每条线各 25 万吨/年锂精矿产能
Pilbara	Pilgangoora-Pilgan	36~38	项目一期技改完成之后锂精矿产能提升至 36 万~38 万吨/年；二期产能将扩至 80 万~85 万吨/年；三期正在进行可行性研究
Pilbara	Pilgangoora-Ngungaju	18~20	项目于 2021 年 10 月成功复产交付第一批锂精矿产品，2021 年全年锂精矿出货量为 337429 干吨，较 2020 年增长了 90.33%

公司	矿山	现有锂精矿产能(万吨/年)	扩产规划
Allkem	Cattlin	20	项目年产 20 万吨锂精矿,受制于当地劳动力和设备短缺,产能利用率下降
SQM/Wesfarmers	Holland	—	项目设计产能 5 万吨/年电池级氢氧化锂,预计将于 2024 年投产
Core Lithium	Finniss	19.7	项目一期建设年产 19.7 万吨锂辉石精矿产能,预计将于 2023 年上半年开始交付,雅化集团每年包销至少 7.5 万吨锂辉石精矿+赣锋锂业每年包销 7.5 万吨锂辉石精矿
Liontown Resources	Kathleen Valley	—	项目最终将建设年产约 70 万吨锂精矿产能,项目一期年产约 50 万吨锂精矿,并于 2022 年第四季度开始进行项目设计,预计于 2024 年第二季度投产
Bald Hill	Alita Resources	15.5	待复产状态
Global Lithium	Marble Bar	—	勘探开发中
Essential Metals	Pioneer Dome	—	勘探开发中

资料来源:各家公司公告、安泰科、国信证券经济研究所整理,报告发布日期:2023 年 7 月 14 日。

非洲拥有丰富的锂资源,主要分布在刚果(金)、津巴布韦、马里、加纳和纳米比亚等国(见表3)。非洲大陆拥有丰富的锂辉石和透锂长石资源,矿石品位高,但整体由于前期勘探不足、资金支持缺乏以及配套基础设施相对落后,锂资源开发速度缓慢,目前在产成熟的矿山只有津巴布韦的 Bikita,很多项目处于待建或者前期可行性研究阶段。由于非洲存在大量未勘探地区,未来增储空间很大,过去几年,中资企业大规模进入非洲大陆的锂矿项目,非洲锂矿开发全面提速。随着中国企业加大对非洲锂资源开发的投入以及诸多项目陆续建成投产,预计非洲将成为中国锂盐企业下一轮产能扩张的主赛道,同时,非洲锂矿将成为全球锂资源供应的重要组成部分。

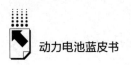

表 3 非洲锂矿项目信息汇总

公司	矿山	国家	矿石量 (百万吨)	扩产规划
AVZ/Zijin/ Dathomir/Cominere	Manono	刚果 (金)	401	项目将建设年产 75 万吨锂精矿产能
Firefinch/赣锋锂业	Goulamina	马里	108.5	项目现规划一期产能 50 万吨/年锂精矿,预计将于 2024 年投产;二期产能可扩建到 80 万吨/年锂精矿。赣锋锂业包销比例为项目产出的 50%,且满足一定条件后可增加包销比例至 100%
Kodal Minerals	Bougouni	马里	21.3	项目将建设年产 23.8 万吨锂精矿产能,目前处于开发过程中
华友钴业/TIMGO	Arcadia	津巴布韦	72.7	项目将形成 23 万吨/年透锂长石精矿+29.7 万吨/年锂辉石精矿产能,折合约 5 万吨/年 LCE,项目建设周期 1 年,预计将于 2023 年第一季度产出精矿
盛新锂能/Liujun	萨比星锂钽矿	津巴布韦	—	萨比星锂钽矿项目总计有 40 个稀有金属矿块的采矿权证,其中 5 个矿权的主矿种 Li_2O 资源量 8.85 万吨,平均品位 1.98%,其他 35 个矿权处于勘探前期准备工作阶段。根据初步规划,萨比星锂钽矿项目设计原矿生产规模 90 万吨/年,折合锂精矿约 20 万吨/年,预计将于 2023 年第一季度建成投产
中矿资源	Bikita	津巴布韦	54.52	Bikita 矿山原有 70 万吨/年选矿能力,中矿资源自 2022 年 2 月收购管理矿山后充分释放其已有生产能力,实现满产。此外中矿资源完成矿山的收购后继续对 Shaft 项目(透锂长石)和 SQI6 项目(锂辉石)进行开发,于 2022 年 6 月启动 120 万吨/年选矿生产线的改扩建工程和 200 万吨/年选矿生产线建设工程。两个项目完成达产后,公司化工级透锂长石精矿(Li_2O 4.3%)产能将扩大至 18 万吨/年,以及混合精矿(锂辉石、锂霞石等,Li_2O 4.3%)约 6.7 万吨/年;锂辉石精矿(Li_2O 5.5%)约 30 万吨/年、锂云母精矿(Li_2O 2.5%)9 万吨/年、钽精矿 0.03 万吨/年
雅化集团 控股公司 KMC	Kamativi	津巴布韦	18.22	雅化集团计划 2022 年至 2023 年第一季度继续完成 15000 米钻孔,以进一步增加项目资源量,并在 2023 年 3 月 31 日前完成 JORC 资源报告、最终可行性研究报告及 Li_2O 储量确认工作,预计 2024 年 6 月 30 日前完成矿建工作

续表

公司	矿山	国家	矿石量 (百万吨)	扩产规划
Abyssinian Metals	Kenticha	埃塞俄比亚	—	Kenticha锂矿整体技术、运营团队来自澳大利亚银河锂业,一期20万吨/年的锂精矿产线将在2023年第二季度开始交付
Atlantic Lithium	Ewoyaa	加纳	30.1	项目将建设年产23.8万吨锂精矿产能,目前处于开发过程中
Lepidico	Karibib	纳米比亚	11.87	项目将建设4900吨氢氧化锂产能,选矿厂预计于2023年底建成投产,冶炼厂预计于2024年中建成投产

资料来源:各家公司公告、安泰科、国信证券经济研究所整理,报告发布日期:2023年7月14日。

如表4所示,美洲锂矿主要分布在巴西、加拿大等国,其中巴西是目前除澳大利亚外全球锂辉石精矿的主要产出国,美洲在产的项目主要有加拿大的Tanco、巴西的Mibra,且各项目均有扩产计划。

表4　美洲锂矿项目信息汇总

公司	矿山	国家	矿石量 (百万吨)	扩产规划
AMG	Mibra	巴西	20.3	产能9万吨/年,2023年4月扩产至13万吨/年
Sigma	Grota do Cirilo	巴西	85.7	产能53.1万吨/年,一期于2022年底开始生产,二期于2024年开始生产
Sayona	NAL	加拿大	101.92	产能16.3万吨/年,2023年第一季度产出首批锂精矿
Allkem	Jame Bay	加拿大	40.3	产能32.1万吨/年,2023年第一季度开始建设,2024年开始运营
中矿资源	Tanco	加拿大	4.6	具有12万吨/年选矿产能,2023年扩产至18万吨/年选矿产能

资料来源:各家公司公告,信达证券研发中心整理。

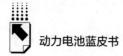

南美盐湖锂资源储量丰富且卤水中锂离子含量普遍较高，原始卤水中锂离子含量最高可达到4000mg/L，也富集钾、硼、镁、铷和铯等伴生元素。如表5所示，南美分布有阿塔卡玛（Atacama）、霍姆布雷托（Hombre Muerto）等主要富锂盐湖，构成了"南美液体锂钾成矿区"。但是，南美盐湖开发难度较大，存在环评审批、高海拔、淡水资源、配套基建等多种因素的限制。近年来，南美盐湖开发提速，越来越多的中资企业收购南美盐湖资源，而中国盐湖卤水提锂技术先进，有望通过新工艺的实施来加快南美盐湖提锂的开发进程。

表5 南美盐湖项目信息汇总

盐湖项目	股东	国家	资源量（万吨 LCE）	产能规划
Atacama	SQM/天齐锂业	智利	5746	项目目前年产18万吨碳酸锂；最新的扩产规划是2023年产能要扩到21万吨
Atacama	ALB	智利	793	La Negra Ⅰ/Ⅱ现有年产4.5万吨碳酸锂产能，La Negra Ⅲ/Ⅳ将新增年产4万吨产能
Hombre Muerto	Livent	阿根廷	192	项目现有年产2万吨碳酸锂和9000吨氯化锂产能；预计2022年底新增1万吨碳酸锂产能，2023年底新增1万吨碳酸锂产能，2025年底再新增2万吨碳酸锂产能
Salar de Olaroz	Allkem	阿根廷	1617	项目一期年产1.75万吨碳酸锂；项目二期计划新增2.5万吨碳酸锂产能，预计将于2022年下半年投产，其中1万吨将用作日本Naraha氢氧化锂工厂的原料
Sal de Vida	Allkem	阿根廷	685	项目一期年产能1万~1.5万吨，预计将于2023年下半年投产，中长期产能3.2万吨/年
Cauchari-Olaroz	赣锋锂业/LAC	阿根廷	2458	项目一期年产4万吨电池级碳酸锂产能预计将于2022年底或2023年初正式投产放量
Mariana	赣锋锂业	阿根廷	812.1	项目一期年产2万吨氯化锂产能预计将于2024年上半年投产
PPG	赣锋锂业	阿根廷	1106	项目一期规划建设年产3万吨碳酸锂产能，预计将于2025年投产，之后根据资源情况可进一步扩产至年产5万吨碳酸锂

盐湖项目	股东	国家	资源量（万吨 LCE）	产能规划
3Q	紫金矿业	阿根廷	763	项目一期年产 2 万吨碳酸锂产能预计将于 2023 年底建成投产，另外项目具备扩产条件，运用蒸发技术，年产能可进一步提升至 4 万~6 万吨
SDLA	西藏珠峰	阿根廷	204.9	项目设计产能年产 5 万吨碳酸锂，预计将于 2023 年上半年逐步建成投产
Arizaro	西藏珠峰	阿根廷	远景超 1000	项目预计将于 2024 年上半年建成投产
Hombre Muerto	POSCO	阿根廷	1350	年产 2.5 万吨氢氧化锂产能，预计将于 2024 年上半年建成投产
Centenario Ratones	Eramet/吨 singshan	阿根廷	934	年产 2.4 万吨碳酸锂产能，预计将于 2024 年第一季度建成投产

资料来源：各家公司公告、安泰科，国信证券经济研究所整理，报告发布日期：2023 年 7 月 14 日。

聚焦国内，我国锂资源种类丰富，其中以四川锂辉石矿、江西宜春锂母矿、青藏高原的盐湖卤水为主。四川锂矿资源禀赋好，锂辉石矿分布集中，主要分布于金川—马尔康成矿区和康定—道孚成矿区，代表锂矿区有"甲基卡"和"可尔因"（见表6）。四川锂矿石品位较高，平均品位为 1.30%~1.42%，与全球最重要的原材料供应地澳大利亚锂辉石矿品位相当，并且伴生或共生多种有益组分可综合利用，但受制于海拔较高、生态环境脆弱等因素，整体开发建设进度缓慢。

表6 四川省主要锂辉石矿山汇总

矿区	矿床	所属企业	矿区面积（km²）	生产规模（万吨/年）	Li_2O 资源量（万吨）	Li_2O 品位（%）
甲基卡	甲基卡 134 号脉	融捷股份	1.142	105	41.2	>1.42
	措拉	天齐锂业	2.070	120	25.6	1.30
	德扯弄巴	兴能集团	1.146	100	21.32	1.34

续表

矿区	矿床	所属企业	矿区面积（km²）	生产规模（万吨/年）	Li$_2$O 资源量(万吨)	Li$_2$O 品位(%)
可尔因	业隆沟	盛新锂能	4.370	40.5	11.15	1.30
	党坝	众和股份	2.722	85	66	1.33
	李家沟	川能动力、雅化集团	3.878	105	51	1.30

资料来源：各家公司公告、国信证券经济研究所。

　　江西省是我国的锂矿资源大省，拥有亚洲储量最大的锂云母矿。江西宜春地区现探明可利用氧化锂总储量约250万吨，具有"亚洲锂都"美誉，其中宜春钽铌矿可开采氧化锂储量丰富。如表7所示，宜春锂云母矿资源集中分布于宜丰—奉新矿区，包括宜丰县花桥乡、同安乡及奉新县上富镇等。同时，宜春市的矿山含有大量未详勘地区，未来还具有很大的增储潜力，但锂云母矿资源氧化锂品位较低、资源有限，产量增速整体较低。依托丰富的锂云母资源，宜春市建立了国内首个锂电新能源高新技术产业化基地，并将沿着"锂矿资源—碳酸锂—锂电池材料—锂电池—锂电汽车"的全产业链全力推进。近年来，国内云母提锂企业逐步形成成熟的云母提锂技术，其中硫酸盐焙烧分解置换工艺的突破，较好地解决了石灰石烧结法、硫酸焙烧法等传统提锂方式生产电池级碳酸锂时存在的工艺流程长、能耗高、对生产设施要求高等问题，实现了从锂云母矿中高效、经济提取电池级碳酸锂的目标。此外，该工艺可以实现锂云母资源的综合利用，在提锂过程中可以同时生产出可循环利用或对外出售的副产品，从而进一步提升经济效益。

表7　江西省主要锂云母矿山汇总

矿床	所属企业	矿区面积（km²）	生产规模（万吨/年）	矿石量（万吨）	Li$_2$O 资源量（万吨）	Li$_2$O 品位（%）
宜春钽铌矿（414）	江西钨业	5.2175	231	13855	50.40	0.38
白市村化山瓷石矿	永兴材料70% 宜春时代30%	1.8714	100	4507	—	0.39

续表

矿床	所属企业	矿区面积（km²）	生产规模（万吨/年）	矿石量（万吨）	Li_2O 资源量（万吨）	Li_2O 品位（%）
白水洞高岭土矿	宜春国轩51%永兴材料49%	0.7614	25	731	2.62	—
狮子岭锂瓷石矿	江特电机	0.1114	60	1403	8.02	0.55
袁州区新坊钽铌矿	江特电机	0.0739	60	382	—	0.5~0.7
宜丰县花桥大港瓷土矿	九岭锂业	0.5000	150	9192	—	0.51
宜丰县茜坑矿	江特电机	10.3800	300	11000	51.22	0.46
割石里矿区水南段瓷土矿	宜春国轩	0.2600	300	5507	18.18	0.33
枧下窝矿区陶瓷土矿	宁德时代	6.4400	1000	96025	265.678	0.28

资料来源：各家公司公告、国信证券经济研究所。

如表8所示，我国锂盐湖主要集中在青海和西藏，发展潜力巨大。据统计，青海锂盐湖中已编入矿产储量的有10个，西藏锂盐湖中达到边界工业品位的有80个，其中大型以上的有8个。但是，青海锂盐湖受制于钾肥、淡水、天然气等资源不足，产能扩张较难。西藏受制于锂盐湖资源开发利用红线，只能选择原卤提锂工艺，因此技术进步是其产能释放的关键。

表8　中国锂盐湖产能和工艺路径汇总

单位：万吨/年

盐湖	企业	工艺	锂盐产能
察尔汗盐湖	蓝科锂业	吸附法	3
察尔汗盐湖	藏格锂业	吸附法	1
西台吉乃尔盐湖	青海国安	煅烧浸取法	1
西台吉乃尔盐湖	恒信融	膜法	2

续表

盐湖	企业	工艺	锂盐产能
东台吉乃尔盐湖	东台锂资源	膜法	2
一里坪盐湖	五矿盐湖	膜法 & 吸附法	1
大柴旦盐湖	兴华锂业	萃取法	1
大柴旦盐湖	青海博华	萃取法	0.1
大柴旦盐湖	中天硼锂	煅烧浸取法	0.1
巴伦马海盐湖	锦泰钾肥	吸附法+膜法	1
扎布耶盐湖	西藏矿业	太阳池结晶法	0.5
结则茶卡和龙木错	西藏国能矿业	萃取 & 吸附法	0.5

资料来源：百川盈孚、各公司公告、SMM、青海省商务厅、国信证券经济研究所。

（三）锂产品发展情况

现阶段，我国已经形成现代锂工业生产体系，产品覆盖碳酸锂、氢氧化锂、氯化锂、金属锂等，矿石提锂技术全球领先，且在盐湖卤水提锂领域拥有多种技术工艺，资源开发—工艺提锂—产品生产—应用回收等产业链条完整，形成了江西宜春锂电产业园、湖南长沙宁乡锂电产业园、四川遂宁锂电产业园、江苏常州金坛锂电产业园等具有国际竞争力的锂电产业园。据统计，2021年，我国锂盐产量约48万吨LCE，占全球总产量的73%，其中，氢氧化锂产量同比增长105%；2022年，我国碳酸锂产量达39.50万吨，同比增长32.46%，氢氧化锂产量达24.64万吨，同比增长29.48%（见表9）。同时，我国也是全球最大的锂原料进口国和氢氧化锂出口国。据统计，2021年，我国碳酸锂进口量同比增长61.7%，进口产品主要来自智利和阿根廷，进口量分别为6.37万吨和1.57万吨；出口氢氧化锂7.36万吨，同比增长30%。2022年，我国进口锂精矿约284万吨，主要来自澳大利亚、巴西、津巴布韦、加拿大等国，同比增长约42%；净进口碳酸锂12.57万吨，同比增长72%；净出口氢氧化锂9.03万吨，同比增长29%（见表10）。

表9 2020~2021年中国锂产品产量对比

产品名称	2022年		2021年		2020年
	产量(万吨)	同比增长(%)	产量(万吨)	同比增长(%)	产量(万吨)
碳酸锂	39.50	32.46	29.82	59.47	18.7
氢氧化锂	24.64	29.48	19.03	105	9.27
氯化锂	2.22	-27.21	3.05	32.61	2.3
金属锂	/	/	0.4	14.29	0.35

资料来源：中国有色金属工业协会锂业分会。

表10 2020~2022年中国锂产品进出口情况对比

产品名称	年份	进口量	出口量	净进/出口
碳酸锂	2022	/	/	净进口12.57万吨
	2021	8.10万吨	7840吨	净进口7.32万吨
	2020	5.01万吨	7488吨	净进口4.26万吨
氢氧化锂	2022	/	/	净出口9.03万吨
	2021	3599吨	7.36万吨	净出口7.00万吨
	2020	526吨	5.66万吨	净出口5.60万吨
金属锂	2021	52.82吨	649.02吨	净出口596.20吨
	2020	44.92吨	596.04吨	净出口551.12吨

资料来源：海关数据，中国有色金属工业协会锂业分会整理。

2015年以来，我国锂产业保持高速发展，产能和产量大幅提升，企业投融资项目持续增加，特别是在新能源汽车和储能产业等方面起到了很好的保障作用。近年来，我国新能源汽车产业迎来重大发展契机，在政策驱动下，新能源汽车市场实现从无到有的迅速发展。据统计，2021年，我国新能源汽车销量达352.1万辆，2022年为688.7万辆，同比增长超90%，未来，在政策推动、产品供给增加以及配套设施完善等多方面利好因素下，新能源汽车市场将延续增长态势，预计2025年，新能源汽车销量将超千万辆，新能源汽车渗透率将超过30%。因此，锂作为新能源汽车动力电池的重要原材料，在新能源汽车产业的发展带动下，我国锂产业发展长期向好。

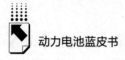

同时，在"双碳"目标推动下，储能成为我国实现"双碳"目标的重要支撑技术，储能产业的发展与成熟对于加快构建以新能源为主的电力系统具有重要意义，国家已发布多项鼓励政策促进储能产业发展。电化学储能技术是新型储能的主要形式，截至 2022 年底，我国电化学储能累计装机量达 12496.80MW，是 2016 年的 51 倍多（见图 2）；2022 年，我国电化学储能新增装机量 6967.64MW，是 2016 年新增装机量的 68 倍多，市场规模迅速扩大（见图 3）。未来，在政策红利、技术进步以及新能源电力系统高速发展的带动下，中国储能产业发展潜力巨大，预计至 2060年，我国储能装机规模将达 600GW，其中电化学储能将在 2030 年之后迎来快速增长，2060 年装机规模将达到 372GW。储能电池是电化学储能电站的关键设备，因此储能产业的发展潜力能给我国锂产业发展注入一针强心剂。

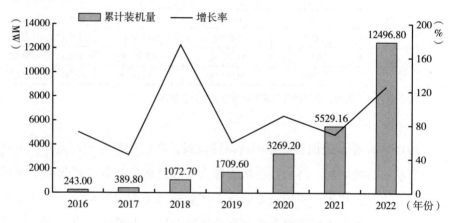

图 2　2016~2022 年中国电化学储能累计装机量及增长率

资料来源：中关村储能产业技术联盟（CNESA）。

在新能源汽车、储能等多个应用领域的带动下，2022 年，我国锂电池正极材料产量 201.7 万吨，其中磷酸铁锂产量达 119.6 万吨，同比增长160.51%（见表 11）。

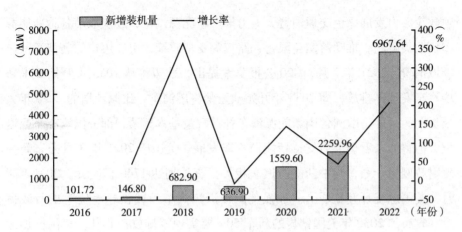

图3 2016~2022年中国电化学储能新增装机量及增长率

资料来源：中关村储能产业技术联盟。

表11 2020~2022年中国锂电池正极材料产量对比

正极材料	2022年		2021年		2020年
	产量（万吨）	同比增长（%）	产量（万吨）	同比增长（%）	产量（万吨）
钴酸锂	7.8	-22.7	10.1	19.53	8.45
三元材料	65.6	48.92	44.05	102.62	21.74
磷酸铁锂	119.6	160.51	45.91	188.74	15.90
锰酸锂	8.7	-21.69	11.11	19.72	9.28
合计	201.7	81.43	111.17	100.78	55.37

资料来源：中国有色金属工业协会锂业分会。

（四）锂市场及价格

2021年以来，新能源汽车产业规模实现超预期高增长，储能电池高速发展，小动力、电动工具、智能穿戴等终端消费市场稳步发展，锂电产业已进入快速成长期。随着全球范围内"双碳"目标的不断明确，各国新能源利好政策频出，有望进一步促进新能源产业和锂市场的迅速发展。其中，我国于2020年9月提出二氧化碳排放力争于2030年前达到峰值，努力争取2060年前实现碳中和，明确了碳达峰及碳中和的时间表，同时通过颁布多

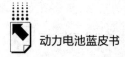

项政策大力发展绿色交通消费，大力推广新能源汽车，逐步取消各地新能源车辆购买限制，推动落实免限行、路权等支持政策，引导用户的新能源汽车领域消费。2021年7月，G20公报草案提出，欧盟将从2035年开始要求新增汽车实现零排放，即2035年开始欧盟禁售燃油车，比原计划的2050年大幅提前。另外，欧洲各国新能源汽车补贴政策基本延续，部分国家有小幅退坡，但整体来看仍大力支持新能源汽车发展。美国于2021年3月公布新一轮财政刺激计划，其中新能源汽车相关投资计划达1740亿美元；2021年8月，美国总统拜登签署了"加强美国在清洁汽车领域领导地位"的行政命令，宣布到2030年美国销售的新车50%要实现零排放；此外，美国已加大新能源汽车补贴力度，刺激车企开发新能源汽车，并为满足定向要求的纯电动汽车提供基本税收抵免。EVTank数据显示，在全球范围内的鼓励政策下，2022年全球新能源汽车销量达到1082.4万辆，同比增长61.6%。据中国汽车工业协会统计分析，2022年中国新能源汽车产销分别完成705.8万辆和688.7万辆，同比分别增长99.10%和95.60%，连续8年销量位居全球第一。全球新能源汽车市场已经从政策驱动转向市场拉动的新发展阶段，呈现市场规模、发展质量双提升的良好局面。

在全球新能源汽车的高景气下，锂电池出货量高速增长，EVTank研究数据显示，2022年，全球锂电池总体出货量达957.7GWh，同比增长70.29%。从结构来看，全球汽车动力电池出货量为684.2GWh，同比增长84.42%；储能电池出货量为159.3GWh，同比增长140.27%；小型电池出货量为114.2GWh，同比下降8.71%。其中，2022年，中国锂电池出货量达到660.8GWh，在全球锂电池总出货量中的占比达到69%，相较于2021年的59.4%，中国锂电池出货量在全球占比进一步提升。随着全球新能源汽车渗透率的持续提升以及"双碳"目标的逐步推进，汽车动力电池和储能电池的需求量将持续以较高速度增长，而2030年之前，其他电池体系仍难以实现大规模产业化发展，锂电池仍将是主流技术路线。因此，锂资源也将在中长期内持续处于高需求状态。

受终端新能源汽车及储能行业持续发力影响，2021年以来，电池原材料产品消耗量快速增长，下游磷酸铁锂和三元材料的产量持续创新高，对碳酸锂、氢氧化锂的需求跳跃式增长。受国内市场新增产能释放不及预期、上游锂辉石供应紧俏制约产量等影响，锂盐供应增加较慢。在锂盐供应相对紧张及产业需求上升的双重刺激下，锂盐价格持续上涨，电池级碳酸锂价格由 2021 年初的 5.3 万元/吨涨至年末的 27.75 万元/吨，已超过前期高点；进入 2022 年，电池级碳酸锂价格加速上涨，第一季度电池级碳酸锂价格涨至高点 53 万元/吨，3 个月涨幅近 100%，第四季度电池级碳酸锂价格更是创历史新高，达到近 60 万元/吨。锂盐价格的上涨带动上游锂精矿价格持续上涨，锂精矿价格由 2021 年初的 405 美元/吨涨至 2021 年末的 2560 美元/吨，截至 2022 年末，价格已突破 6000 美元/吨（见图 4）。

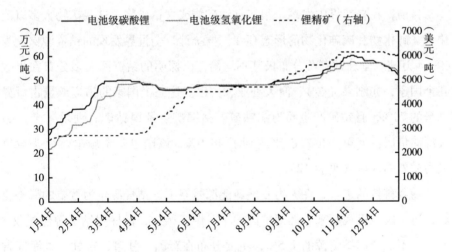

图 4　2022 年锂盐及锂精矿价格变化趋势

资料来源：亚洲金属网、相关公司年度报告。

2023 年第一季度以来，电池级碳酸锂价格接连击穿 50 万元/吨、40 万元/吨、30 万元/吨关口，较上年高点价格已接近"腰斩"。电池级碳酸锂价格回调对新能源汽车产业链中下游的发展产生积极影响，不仅减轻了电池企业的生产经营压力，也为新能源汽车和储能产业提供了发展空间。

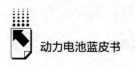

二　钴发展报告

（一）钴资源量及产量

钴资源是经济社会发展的必要物质基础之一，钴具有优越的物理和化学性质，耐腐蚀、耐磨性好、铁磁性强、强度高，这些性质使钴资源在多领域应用（如电池、高温合金及硬质合金等）。21世纪以来，随着新能源、绿色环保等战略性新兴产业的兴起与飞速发展，锂电池成为钴消耗最大的领域，目前钴在新能源领域的应用具有不可替代性，其重要性不言而喻。自然资源部在《全国矿产资源规划（2016—2020年）》中将钴列入"战略性矿产目录"。

目前，在自然界中发现了很多种钴矿物或含钴矿物，这些矿物大多以硫化物、砷化物和硫砷化物的形态存在。据统计，全世界发现的钴资源储量为699.4万吨。全球钴资源分布极其不均衡，已探明的钴资源大多分布在少数几个国家，如刚果（金）、澳大利亚和古巴。这三个国家的钴资源量占世界总量的70%，且钴矿产主要为铜钴矿、钴铜矿以及镍钴矿。刚果（金）钴资源储量居世界第一位，占比达到了48.6%，该国也是全球冶炼巨头竞争最为激烈的区域（见表12）。

随着科技的进步，在大力发展新能源号召下，钴资源作为重要的战略金属，再一次被重视起来。然而中国的钴资源较稀缺，已探明钴资源储量仅8万吨，不足全球钴资源的1.5%，主要分布在新疆、甘肃、吉林、青海等省区。中国钴资源不仅储量基础小，还存在钴矿品位不高、成分复杂、处理难度大的问题。自身钴资源匮乏加之国内钴消费的迅猛增加，造成了中国钴资源缺口极大的局面，使得目前国内钴消费主要依赖进口，对国外依赖度较高。根据中国有色金属工业协会统计，2012~2022年，中国钴资源进口量从4.1万吨迅速增加至10.32万吨，一跃成为世界上最大的钴资源进口国和消费国。

表 12   全球钴资源分布情况

国家/地区	储量(万吨)	占比(%)	钴品位(%)	类型
刚果(金)	340	48.6	0~0.37	砂岩型铜钴矿
澳大利亚	100	14.3	0~0.03	岩浆型铜镍硫化物矿
古巴	50	7.1	0.08~0.14	红土型镍钴矿
菲律宾	29	4.1	0.08~0.14	红土型镍钴矿
赞比亚	27	3.9	0~0.37	砂岩型铜钴矿
加拿大	27	3.9	0~0.03	岩浆型铜镍硫化物矿
俄罗斯	25	3.6	0~0.03	岩浆型铜镍硫化物矿
马达加斯加	13	1.9	0~0.37	砂岩型铜钴矿
中国	8	1.1	0~0.03	岩浆型铜镍硫化物矿
新喀里多尼亚	6.4	0.9	0.08~0.14	红土型镍钴矿
南非	2.9	0.4	0~0.37	砂岩型铜钴矿
美国	2.1	0.3	0~0.03	岩浆型铜镍硫化物矿
其他	69	9.9	—	—
总计	699.4	100		

资料来源：美国地质调查局。

从图 5 可以看出，2022 年全世界钴产量为 13.6 万吨，相比于 2021 年，下降 15% 左右；从图 6 可以看出，世界上最大的钴生产国为刚果（金），2015~2022 年刚果（金）钴产量占全世界比重均大于 50%，2021 年甚至达到了 74% 左右，在全球钴供给方面，刚果（金）一家独大。2020 年，受新冠疫情影响，世界钴产量受到了冲击，但是随着疫情得到控制和解决，经济开始复苏，各行业也在迅速回暖，钴消费量逐步提升，产量也在慢慢回升。中国的钴平均年产量为 6000 吨，主要来自金川公司，并且每年钴产量保持稳定，几乎不变。

从图 7（a）可以看出，2012~2022 年世界精炼钴产量总体增加，2021 年世界精炼钴产量为 15.4 万吨，2022 年为 17.0 万吨，增长 10.39%。中国和日本是钴消费大国，世界精炼钴产量能保持稳健增长，很大一部分原因就是靠这两个国家拉动。2020 年以来，新冠疫情对各行业都造成了冲击，世界精炼钴产量也受到了影响。从图 7（b）可以看出，2012~2022 年，中国精炼

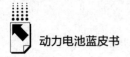

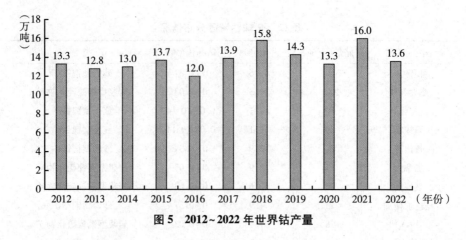

图 5　2012~2022 年世界钴产量

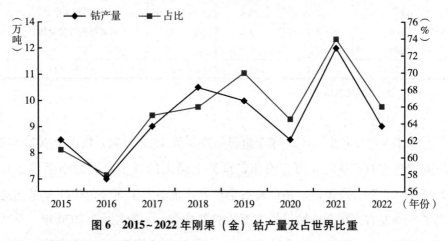

图 6　2015~2022 年刚果（金）钴产量及占世界比重

资料来源：美国地质调查局。

钴产量总体保持增长态势，2012~2016 年总体增长较为缓慢，甚至 2016 年产量较 2015 年降低了 0.4 万吨。但之后的 2017~2022 年增长较为迅速，年均增长率达 15.2%。中国精炼钴的原料主要依赖进口，且以湿法冶炼过程中的中间料为主。总的来说，中国的精炼钴产量仍保持增长的态势，中国已经成为世界上最大的精炼钴生产国。2021 年，我国的精炼钴产量达到 12.8 万吨，同比增长 24.3%；2022 年，我国的精炼钴产量达到 14.0 万吨，再创历史新高，同比增长 9.4%。

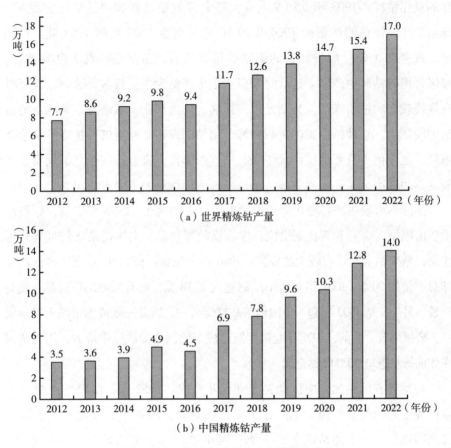

图7　2012~2022年世界及中国精炼钴产量

资料来源：安泰科。

（二）国内外钴资源开发历史

钴矿物的应用有着悠久历史，公元前埃及人就曾使用钴蓝作为陶瓷制品的着色剂，中国从唐朝起也在陶瓷生产中广泛应用钴的化合物作为着色剂。[①] 1753 年，瑞典化学家布兰特首次分离出钴，1780 年伯格曼将钴确定为一种元素。德国和挪威最早生产了少量的钴，1874 年开发了新喀里多尼

————————————

① 参见行业标准《钴精矿》修订编制说明。

亚的氧化钴矿。1903 年，加拿大安大略北部的银钴矿和砷钴矿（方钴矿）开始生产，使钴的产量由 1904 年的 16 吨猛增至 1909 年的 1553 吨。1920 年，现刚果（金）加丹加省的铜钴矿带开发后，钴产量一直居世界首位，摩洛哥用砷钴矿生产钴，这段时期以火法生产钴为主。日本、法国、比利时有规模较大的钴精炼厂，分别处理菲律宾、澳大利亚、摩洛哥、赞比亚的富钴中间产物。这种钴资源国进行粗炼，用钴的发达工业国进行精炼的钴冶金格局，至今仍占重要地位。近年来，钴资源丰富国家也相应建立了规模较大较完整的钴冶金工厂。现在湿法冶金已成为提取钴的主要方法。①

国际钴市场在过去的几十年中发生了巨大的变化，1978 年以前，钴资源主要由刚果（金）和赞比亚供应，作为铜的副产品，出售价格比较低廉。近年来，精炼钴的产量有较大的提高。1980 年全球钴厂商共计 10 家，产量占全球总产量的 90%，2001 年全球钴厂商达到了 18 家，并且所有的厂商都在提高产量。另外，从 1993 年起，美国出售战略储备钴，因此一度成为市场上钴金属的主要供应者。此前，1991 年起俄罗斯已成为欧洲主要的钴供应者，因为该国在此前每年进口 3000 吨钴金属。

与世界各国相比，中国的钴工业起步较晚。1952 年，江西省南昌市五金矿业公司用简易鼓风炉熔炼钴土矿产出钴铁。1956 年，按此工艺建设了江西冶炼厂，产出的钴铁送至上海三英电冶厂（上海冶炼厂前身）处理。广东梅县也以同样工艺用钴土矿熔炼出钴铁送潮州冶炼厂处理生产工业氧化钴。中国钴行业真正的蓬勃发展是在 2000 年后，民营企业从非洲进口钴矿进行湿法冶金，生产氧化钴、氯化钴、草酸钴等钴盐。②

目前，世界上大约 70% 的钴是用湿法冶金生产的，与火法处理相比，湿法冶金具有能耗低、金属回收率高、产品纯度高等优点，在采用湿法浸出时，主要有酸浸法和氨浸法。

---

① 《钴的发现及产业发展史》，金属百科网，2023 年 10 月 3 日，http：//baike. asianmetal. cn/metal/co/history. shtml。

② 《钴的发现及产业发展史》，金属百科网，2023 年 10 月 3 日，http：//baike. asianmetal. cn/metal/co/history. shtml。

酸浸过程一般用硫酸或盐酸，然后对浸出液进行氧化除铁和氟化物除钙镁等工序，最后通过萃取回收其中的钴。该工艺流程成熟，具有金属浸出率高、原料适用范围广等优点，但该过程除了铜、钴、镍等有价金属外，铁、锰、钙、镁等金属也会随之浸出，导致后续净化流程长、设备腐蚀严重且废液处理耗碱量大。而采用氨浸法处理时，只有铜、钴、镍通过与氨形成配合物进入溶液，铁、锰、钙、硅等杂质则大部分不与氨反应，进入渣中，大大缩减了后续的净化过程。

氨浸法作为一种常用的湿法冶金工艺，具有流程短、废液少等优势，在各类钴资源的回收过程中广泛应用。在实际氨浸过程中，应根据原料特点，选择合适的氨—铵盐浸出体系，并在浸出过程中根据需要加入相应的还原剂或氧化剂，以保证较高的浸出率。虽然氨浸法已经得到广泛研究，但在一些复杂红土矿的氨浸时，还存在浸出率低、浸出渣夹带高等缺点，因此在氨浸过程中，可通过预浸、多段浸出等方法提高钴的浸出率，降低杂质影响。而从氨浸液中回收制备钴产品是研究的重点，未来可从钴的应用出发，在对氨浸液中的镍和钴进行综合回收时，直接制备三元材料的前驱体或针对氨浸液难萃取的问题，开发高效、廉价、具有选择性的萃取剂。

（三）钴产品发展情况

钴是一种有光泽的钢灰色金属，是重要的稀有金属和战略资源，因其物理和化学性能非常优越而被广泛应用于航空航天、化工催化剂、医疗、陶瓷等领域。近年来，由于新能源产业的崛起，钴开始被应用于动力电池领域，且一度成为热门金属，尤以钴与镍、锰组成三元材料受到人们的青睐。

由图8可知，在钴消费的热门领域中，电池领域最为火热，占比达到了62.38%。除此以外，钴在高温合金、硬质合金以及催化剂方面的应用占比也相对较高，合计达到了23.76%，这主要得益于钴优异的理化性能。

2015~2022年，世界钴消费量呈逐步增长态势。2022年，全球钴消费量为19.7万吨，同比增长12.6%（见图9）。其中，动力电池领域首次超越消费电池，成为最大的钴消费部门，总计消费钴5.9万吨，占全球消费量的30%。

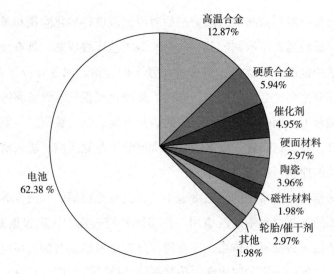

图 8　全球钴消费领域分布

资料来源：前瞻产业研究院。

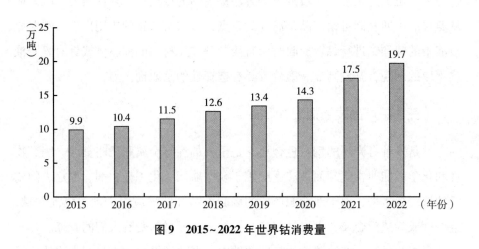

图 9　2015~2022 年世界钴消费量

　　未来，随着移动电子产品、新一代电动汽车的销售增长，全球钴消费量将呈现上升趋势。锂电池相比于传统电池，具有体积小、重量轻、比能量高等优点，因而得到了大力的发展，早期广泛应用于手机、个人计算机等诸多电子领域，应用前景非常可观。随着新能源产业的崛起，作为绿色环保风向标的新能源汽车行业发展迅速，新能源汽车销量持续走高，增长率十分可观，对钴的需求也显著增加，从而带动钴消费量继续保持增长态势。

由图 10 可知，中国 80%的钴消费来自电池领域，这主要得益于新能源汽车行业的快速发展以及人们对于电子产品的需求量增加。中国是世界上最主要的锂电池供应国，中国锂电产品不仅供应国内市场，还逐步走向海外。

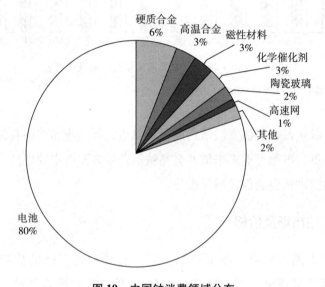

图 10　中国钴消费领域分布

资料来源：前瞻产业研究院。

与世界钴消费量变化趋势相似，中国钴消费量也呈逐年增长的趋势。2021 年，由于新冠疫情得到一定的控制，各行业复工复产，钴消费量增长主要来自电子产品必不可少的锂电池生产以及新能源汽车制造领域。其中，四氧化三钴（钴酸锂前驱体）主要用于 3C[①] 锂电池生产，2022 年，中国四氧化三钴表观消费量 7 万金属吨（见图 11），中国钴产品消费量达 14.1 万金属吨。

①　3C 即计算机（Computer）、通信（Communication）、消费类电子（Consumer Electronics）。

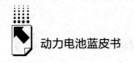

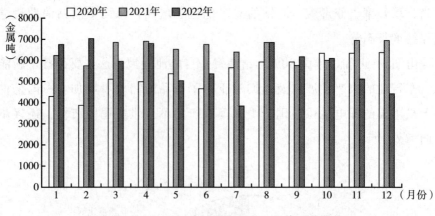

图11   2020～2022年中国四氧化三钴表观消费量

资料来源：中信期货研究所。

目前，各国都在提倡发展清洁能源，以达到碳达峰和碳中和的目的。因此，可以预见，电池行业未来依然会在钴消费量方面占主导地位，并且锂电池领域的钴需求量也会保持增长态势。

（四）钴市场及价格

钴主要为铜、镍矿产伴生资源，50%的钴来源于镍的副产品，44%的钴来自铜及其他金属的副产品，只有6%的钴来自原生钴矿，其生产规模在很大程度上受铜、镍矿产开发影响。目前，世界精炼钴生产主要集中在刚果（金）、加拿大、赞比亚、澳大利亚、俄罗斯、中国等国家。自然灾害、地缘政治、社会稳定和投机资本都会造成钴价大的波动。历史上，钴的价格经历了多次大起大落，最近30余年，钴价经历了3次大的起伏。

1. 第一阶段（1987～2000年）

刚果（金）钴矿产量急速下降，造成全球钴矿供应短缺，钴价飙升，虽然其间美国军方钴需求量减少，美国也减少了钴资源的收储，钴价有些波动，但到1995年，钴的年均价格仍达到了阶段高点5.83万美元/吨，其后美国政府开始抛售其战略储备的钴资源，钴价开始回落。2000年钴年均价格回落到 2.33 万美元/吨。

2. 第二阶段（2001~2010年）

进入 21 世纪，锂电池开始广泛应用于 3C 产品，加上中国经济高速发展，带动了全球钴消费量的高速增长。2003 年钴价开始回升。2007 年，刚果（金）政府禁止出口未经加工的钴矿石，并在一段时间内禁止钴精矿出口，以鼓励刚果（金）国内发展钴下游加工业。这一决定导致全球钴矿石和钴精矿供应减少，钴价暴涨，2008 年钴的年均价格达到 6.84 万美元/吨。随后在 2008 年国际金融危机冲击之下，钴需求陷入停滞，加之自由港 TFM 项目投产短期带来大量增量，钴的供需平衡被打破，出现严重过剩，加速了钴价下跌，2010 年钴的年均价格下跌到 3.97 万美元/吨。

3. 第三阶段（2011年至今）

2011 年以后，中国经济增长速度放缓，全球经济疲软，3C 产品终端消费受到抑制，铜、镍价格连续 5 年低迷，钴供应过剩，价格低迷，钴矿企业普遍减产。其中，嘉能可旗下的 Katanga 铜钴矿于 2015 年停产维修。到 2016 年，全球钴年均价格跌至 2.62 万美元/吨。

从 2016 年开始，全球新能源汽车产业快速发展，新能源汽车用动力电池对钴用量的强劲需求和未来预期，极大地刺激了钴价的上涨。到 2018 年 3 月，伦敦金属交易所（London Metal Exchange，LME）钴期货价格达到 9.48 万美元/吨。从 2018 年 4 月开始，由于供应和囤货过剩，加之顾虑中国的新能源汽车政策退坡等，钴价开始大幅下跌，截至 2019 年 6 月初，LME 钴价跌到 3.2 万美元/吨，较 2018 年钴价最高点跌幅达到 66%。而刚果（金）政府政策的不确定性（新矿业法的实施等）以及不稳定的时局，势必给未来钴的价格带来更多的扰动。钴逐渐进入了又一轮大周期，2016~2017 年钴供给不足，供给端的收储、囤货和增加库存等造成一轮价格暴涨，2018 年下半年企业快速扩产和高库存造成了供大于求，价格暴跌。2021 年 4 月至 2022 年 4 月钴价略有上升，之后钴价震荡下跌（见图 12），但钴价较往年同期仍处相对高位，在钴矿开采及冶炼成本基本不变的情况下，钴市仍有利润空间。2022 年钴价下跌主要原因是需求

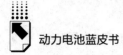

预期下降，钴市投机资金撤离致水分消除，供需平衡基本维稳，钴价上涨空间不足、下跌压力有限。

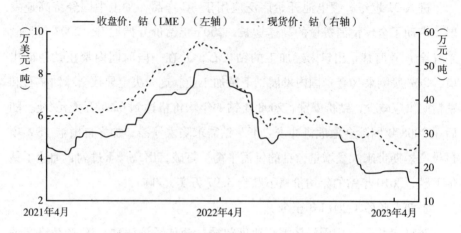

图 12 2021 年 4 月至 2023 年 4 月钴价变化

资料来源：Wind 数据库，东海证券研究所整理。

三 镍发展报告

（一）资源储量高，全球分布集中

镍是地球上储量较为丰富的金属之一。在陆基资源中，镍金属主要来源于红土镍矿和硫化镍矿。其中，硫化镍矿资源量为 1.05 亿吨，平均镍品位为 0.58%，产出的镍金属占比为 27.4%；红土镍矿资源量为 1.26 亿吨，平均镍品位为 1.28%，产出的镍金属占比为 72.6%。根据 USGS 数据，2022 年全球已探明镍矿储量超过 1 亿吨，镍矿储量排名前五的国家依次为印度尼西亚（2100 万吨）、澳大利亚（2100 万吨）、巴西（1600万吨）、俄罗斯（750 万吨）、新喀里多尼亚（710 万吨）。全球镍矿资源分布较为集中，排名前五的国家（CR5）镍矿储量占预计总量的 71.0%（见图 13）。

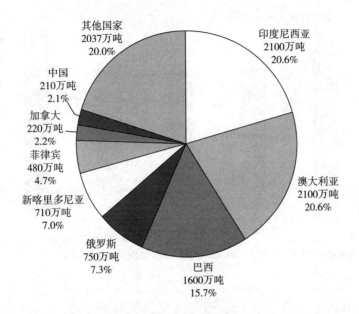

图13　2022年全球镍矿储量分布

资料来源：USGS。

（二）镍矿产量稳定，储量丰富

2021年全球镍矿总产量为273万吨，同比增长8.8%。分国家来看，2021年全球镍矿产量主要集中在印度尼西亚、菲律宾、俄罗斯，产量分别为104.0万吨、38.7万吨和20.5万吨，排名前三的国家（CR3）产量占比达65%。

2022年全球镍矿总产量为330万吨，同比增长20.9%（见图14）。2022年，随着动力电池高镍化发展和下游新能源汽车销量高速增长，镍金属需求大幅上升。分国家来看，2022年全球镍矿产量依旧主要集中在印度尼西亚、菲律宾、俄罗斯，产量分别为160万吨、33万吨和22万吨，CR3产量占比达65.2%，但对应采储比分别为21年、13年、30年，总体不及巴西和澳大利亚（见图15）。

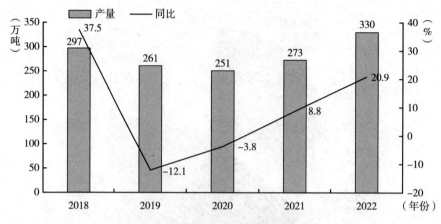

图 14　2018~2022 年全球镍矿产量变化

资料来源：USGS，*Mineral Commodity Summaries*（2019~2023 版）。

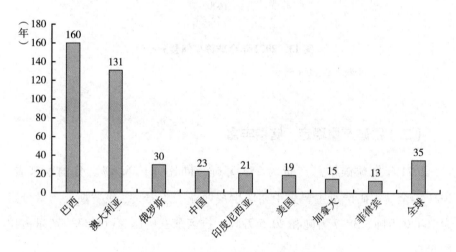

图 15　全球镍矿主要开采国采储比

资料来源：USGS。

（三）硫化镍矿经济价值高，红土镍矿储量占优

镍矿资源主要分为硫化镍矿和红土镍矿两大矿种。从储量来看，红土镍矿约占镍矿总量的 55%，而硫化镍矿约占镍矿总量的 45%。分地区来看，红土镍矿主要分布在赤道附近的古巴、新喀里多尼亚、印度尼西亚、菲律

宾、巴西、哥伦比亚和多米尼加等国，而硫化镍矿主要分布在南北回归线附近的加拿大、俄罗斯、澳大利亚、中国和南非等国。

硫化镍矿是以硫化镍为主的镍矿，同时含有铜、钴等伴生矿，经过选矿后，硫化镍精矿的品位可达到6%~12%。硫化镍精矿中还含有6%~10%的铜、钴等有价金属和一定量的贵金属。硫化镍矿的经济价值比较高，这是由于硫化镍精矿主要是以硫化铁形式存在，热值在2091~4182兆焦耳/吨，熔炼能耗低，提炼成本低，所以起初对镍矿的开发以硫化镍矿为主，持续的大规模开发导致硫化镍矿的储量和品位逐渐降低，资源越来越少，开采成本也越来越高。

由于红土镍矿是在热带或者亚热带气候条件影响下，由超基性岩在地壳浅层经长期风化、淋滤和沉积而形成的，具有矿床大、埋藏浅、综合利用价值高但分带性现象明显的特点，不同矿层处理需要不同的冶炼工艺，利用难度较高。

从矿产资源开发成本角度来讲，红土镍矿可分为上层褐铁矿和下层残积层两个矿石层大类，上层褐铁矿适合湿法生产氢氧化镍钴（MHP），下层残积层适合火法生产镍铁。根据镍矿含量和地质结构，红土镍矿可分为四个带层。

一是褐铁矿带，一般位于矿床上部，土质较为疏松，矿物类型以针铁矿为主，受到风化和淋滤液作用，常伴其他矿物。褐铁矿镍含量较低，一般为0.4%~1.2%，工业矿层通常位于该带中下部。

二是黏土带，一般位于褐铁矿带和腐岩带之间，以斜绿泥石、蛇纹石为主，常伴生绿脱石、石英等。黏土带一般镍含量为1%~3%，最多可达10%。

三是腐岩带，又称腐殖土带，此带层中镁含量下降，镍、铁含量升高。有些硅酸盐也由层状逐渐变为无序化，这时腐殖土一般含镍1%~3%，最大可至10%。如果其中富有镍胶状的叶利蛇纹石充填，其镍含量可至10%~22%，腐岩带一般为理想的开采带。

四是风化基岩带，一般直接形成于原生基岩层之上，主要矿物由原基岩的矿物组成决定，往往沿着裂痕和节理会有铁、锰氧化物和硅酸镍矿内嵌，含镍量不会超过0.5%。

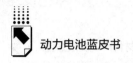

（四）镍矿开发历史和现状

镍矿开发历史主要分为三个阶段，每一个阶段的发展变化都是由下游需求变化所带动的。2007 年以来，随着中国不锈钢需求的大幅提升，全球镍需求进入上行通道。2017 年后，新能源汽车时代到来，动力电池几经革新，高镍化发展初现端倪，镍在动力电池领域的需求显著提升。在下游需求变化的同时，上游供应格局经历了三个发展阶段，提炼技术路线也经历了两次革新，供给端和需求端的变化相辅相成，共同促进了全球镍金属市场的发展。

1. 第一阶段（2007 年以前）：硫化镍矿—电解镍（镍板）—不锈钢

在需求端，根据咨询机构 WoodMac 数据，1996 年和 2007 年由不锈钢需求提升带动的镍金属需求量分别为 59.3 万吨和 85 万吨，分别占当年镍需求总量的 61.1% 和 63.7%，年均增长率为 3.33%。2007 年以前，不锈钢需求提升是镍金属需求增长的主要驱动力量。在供给端，矿石供应以硫化镍矿为主，采用火法冶炼工艺，主要路线为"硫化镍矿—电解镍（镍板）—不锈钢"，通常采用一步法，将镍板等纯镍与其他原料如纯铁、低碳废钢等放入电炉内化料生产制备不锈钢。2007 年以前，由于不锈钢的需求持续提升，叠加 LME 低库存，镍价总体攀升。

2. 第二阶段（2007~2017 年）：红土镍矿—镍铁—不锈钢

在需求端，根据 WoodMac 数据，全球不锈钢镍需求量由 2007 年的 85 万吨增长至 2017 年的 148.1 万吨，分别占当年镍需求总量的 63.7% 和 67.7%，年均增长率为 5.7%。其中，中国不锈钢镍消费量由 2007 年的 25.3 万吨增长至 2017 年的 96.8 万吨，分别占当年全球不锈钢镍消费量的 29.7% 和 65.4%，年均增长率达 14.4%。中国不锈钢需求的大幅提升导致了硫化镍矿的供给不足，供需失衡的状态推动了电解镍价格的持续攀升。

在电解镍供给端成本高昂、利润丰厚的背景下，镍行业迎来一次新的变革。镍行业通过改变技术路线，推行一体化生产工艺，直接在钢厂建镍铁生产车间，利用回转窑电炉（Rotary Klin Electric Furnace，RKEF）生产技术将冶炼好的镍铁水直接送至炼钢车间，节省了电炉熔炼的时间和费用，打通了由红土镍矿到不锈钢的技术和成本壁垒。在需求端的强力带动下,储量丰富的红土镍矿打入了不锈钢的供应体系,大幅降低了不锈钢行业的生产成本,镍价也开启了10年的总体下跌之路。

3. 第三阶段(2017年之后):红土镍矿—高冰镍—硫酸镍

自打通"红土镍矿—镍铁—不锈钢"的路径后,丰富的镍铁取代了镍板在不锈钢领域的主导地位,而镍资源也逐渐形成了二元供应的格局,红土镍矿主要为下游不锈钢生产企业提供原材料,而硫化镍矿形成了"硫化镍矿—电解镍—金属镍/硫酸镍"路径。

随着下游新能源汽车产销量的大幅提升,动力电池转向高镍化发展,硫酸镍的需求大幅提升。而硫化镍矿资源禀赋下降,导致供给增速无法匹配硫酸镍需求的爆发式增长。同时,不锈钢生产企业采用镍板调整钢水中镍的含量,确保不锈钢产品质量符合要求。此外,不锈钢生产企业通过调控镍板和镍铁之间的用量来平衡两者之间的价格变化,从而降低不锈钢生产成本。如此导致原本供应偏紧的硫酸镍价格持续上涨,推动了镍矿价格的走高(见图16)。

在新能源汽车行业蓬勃发展的背景下,上游镍矿生产商开发出"红土镍矿—高冰镍—硫酸镍"的技术路线,再次通过开发红土镍矿来减轻硫化镍矿的供给压力。同时,丰富的红土镍矿资源可以匹配未来由新能源汽车增长带动的硫酸镍需求,对强势的镍价产生了一定的压制效果。

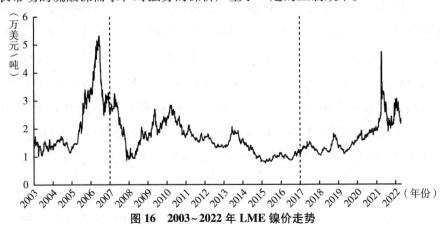

图16　2003~2022年LME镍价走势

资料来源:LME。

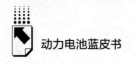

四 锰发展报告

（一）锰资源量及产量

全球锰资源丰富，锰矿储量约 5.71 亿吨，但分布地域差异性较大。南非锰矿资源储量（约 1.5 亿吨）约占世界锰矿资源总量的 26.27%，居世界之首；乌克兰锰矿资源储量约 1.4 亿吨，仅次于南非；澳大利亚锰矿资源储量排名世界第三，全球的优质锰矿石多出自澳大利亚，该国已探明的锰矿资源储量为 9700 万吨，占全球的 17%。

2011 年以来，全球锰矿产量呈现波动增长态势。2022 年，全球锰矿产量（金属量）约为 2000 万吨，主要生产国为南非、加蓬、澳大利亚等，其中加蓬产量首次超过澳大利亚。中国锰矿资源分布不均衡。数据显示，2022 年中国锰矿产量（金属量）达 645 万吨，其中产量居前的省区分别为广西、贵州、湖南。锰矿石主要用于钢铁行业，90% 以上用于硅锰合金和锰铁合金生产。其余锰矿主要用于电解二氧化锰、硫酸锰等产品的生产。[①] 值得注意的是，从 2022 年中国锰矿石消费情况看，锂电池领域的锰消费量已经明显增加，占比超过 1%。

我国锰矿存在富锰矿石贫瘠、开采难度大、品位低等缺点，这导致我国锰矿产量无法满足国内冶金、炼钢等行业的需求。近 10 年来，随着冶金工业、炼钢行业的飞速发展，我国对锰矿石特别是富锰矿石的需求也在急剧增长，因此我国锰矿石进口量同步节节攀升。1983~2013 年，我国锰矿石进口量增长 34.24%。由于多年的开采，中国锰矿产量自 2010 年后呈整体下降态势。从海关进口数据看，2022 年中国进口锰矿石及其精矿 2989 万吨，按 35% 的最低品位计算，2022 年中国进口锰矿石

① 《2022 年中国锰矿产量达 645 万吨，对外依存度仍维持高位》，中国新闻网广西网，2023 年 4 月 10 日，http://www.gx.chinanews.com.cn/mt/2023 - 04 - 10/detail - ihcnfhwu7061649.shtml。

及其精矿折合锰金属量仍在 1050 万吨左右，实际进口量折合锰金属量或在 1150 万吨，约占当年全球锰矿产量（金属量）的 58%，对外依存度已经超过 88%。

（二）国内外锰资源开发现状

中国锰矿资源较少，仅占全球总储量的 6.67%。我国锰矿床具有规模小、品位较低、共伴生组分复杂以及开采成本高等特征，导致我国锰资源可利用率较低，锰矿也成为我国短缺矿种之一。我国锰资源主要分布在贵州和广西，两者储量合计占比超过 60%。

受成矿条件所限，国内富锰矿紧缺的现状短期内难以改变，充分利用海外富锰资源将有助于实现我国资源互补。随着一些高精尖勘探技术的应用，矿床深部和外围探矿将有利于在发掘新矿方面实现突破。但随着贸易保护主义及单边主义的抬头，海外市场也充满挑战，甄别锰矿潜力区将有助于国内锰矿企业"走出去"。

非洲与大洋洲是目前我国海外主要的锰资源来源地，也是全球主要的富锰矿集中地，尤其是非洲，成矿地质条件优越，已连续多年成为我国第一大进口锰来源地。南非、加纳和加蓬锰矿规模大且品位高，易于实现工业开采，且这些国家矿业投资占比高，适合国家级锰企进驻。刚果（金）、赞比亚和纳米比亚锰矿规模小，但矿点多且品位高，投资小且见效快，有利于我国中小型民企介入。而对于澳大利亚和巴西，由于其锰资源被国际矿业巨头牢牢把持，大型国企进入难度很大，中小型企业则受困于环保、人力成本等因素难以盈利。因此，非洲将是我国海外锰资源开发最重要的潜力区。

钢铁工业是我国锰矿资源的主要消耗产业，其用量占比达 88%。其他锰矿石消费领域主要涉及三大类锰系产品：第一类是锰系铁合金；第二类是锰的氧化物；第三类为锰盐。

中国锰矿石采选生产企业有 600 家以上，包括国有锰矿、乡镇锰矿、民营锰矿。由于占储量 80% 的大型、中型矿只能进行地下开采，而地下开采投资大、周期长、成本高，因此，受到资源条件的制约，以中小锰

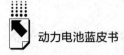

矿山为主的开采规模都比较小。不锈钢产量是决定我国锰矿采选量和成品矿产量的主要因素，国家对不锈钢产业的政策调整也会对锰行业产生深远的影响。

我国钢铁产业迅猛发展，锰矿石的消费量也逐年增加，这使得国内锰矿石的开采已经远不能满足需求，由此导致锰矿石的进口规模逐年增加。全球矿产资源越来越集中，进口锰矿价格大幅上涨，使得贫锰矿、难选锰矿的利用受到广泛关注。我国锰矿资源贫乏，矿石品位逐年降低，近年来品位9%~11%的锰矿也被许多电解锰企业开发利用，而且我国锰矿石中碳酸锰占比大，高磷高铁高硅，品质较差，根本不能满足国内生产锰系铁合金的需求。

富锰渣法是处理贫锰矿和铁锰矿常用的一种火法选矿工艺，它是将不能直接用于冶炼的高铁高磷难选锰矿石在高炉或者电炉内进行选择性还原，本质上是一种节约资源、有效综合利用难选贫铁锰矿的选别工艺。在我国，高铁高磷锰矿占锰矿储量的40%以上，富锰渣法是符合我国国情的锰矿石富集方法。富锰渣是在保证铁、磷等元素充分还原的前提下，抑制锰的还原，从而得到的一种高锰低磷、锰铁比大的原料性中间产品。

据统计，我国每年富锰渣产量在20万~25万吨，根据原料的不同，富锰渣的成分差异也较大，其用途主要有以下几个方面。

一是用作生产锰硅合金的原料。在普通的锰硅合金冶炼时，一般配用20%~70%的富锰渣，目的在于调节入炉原料的锰铁比和磷锰比，由于一般富锰渣二氧化硅含量较高，因此最主要的用途是冶炼硅锰合金。

二是用作火法生产金属锰。采用电硅热法生产金属锰时，原料全部为锰大于40%、铁小于1%、磷小于0.03%的富锰渣，还原剂为高硅锰硅合金。

三是用作生产电炉锰铁和低碳锰铁的配料。由于矿石中的锰铁比和磷锰比达不到冶炼的要求，一般选择配入一定比例二氧化硅含量较低的富锰渣进行冶炼。

四是用作冶炼高炉锰铁的配料。矿石贫化趋势越来越严重，矿石中锰铁比和磷锰比达不到冶炼高炉锰铁的要求，造成锰铁的锰含量偏低，因此在冶炼过程中配入一定量的富锰渣可以提高锰铁中锰的含量。

五是用作湿法冶金的原料。近年来，由于低贫锰矿的利用研究越来越受到大家的关注，富锰渣作为低品位锰矿火法富集后产物，在湿法冶金领域也备受关注。

（三）锰系产品发展情况

锰系产品主要包括锰系合金、锰系氧化物和锰盐。我国主要的锰系合金产品为锰铁合金、硅锰合金、金属锰等，这类产品是锰矿石深加工的主体产品，90%的锰矿石用于生产此类产品；其中，锰铁合金、硅锰合金主要利用进口高品位氧化锰矿加工。锰系氧化物主要产品为电解二氧化锰、化学二氧化锰、四氧化三锰。其中，电解二氧化锰广泛应用于干电池的活性材料、精细化工中的氧化剂以及锰锌铁氧体软磁材料的原材料等。锰盐主要产品为硫酸锰、碳酸锰、草酸锰等，其中硫酸锰广泛用于医药、食品、饲料、造纸、催化剂等行业，近年来硫酸锰更是车用动力电池三元材料的重要前驱体。

目前，我国是全球锰铁合金、硅锰合金、电解锰、电解二氧化锰、硫酸锰等产品的最大生产国和消费国。2011年以来，全球锰矿产量呈现波动增长态势。据华经产业研究院数据，2020年我国锰矿消费量为4206.65万吨，其中锰矿生产量1031.9万吨、进口量3166.55万吨。2021年，全球锰矿产量约为2000万吨，较2020年增加110万吨，同比增长5.8%。由于国内锰矿石品位低，平均含量仅为14%，进口锰矿石品位高，因此我国锰矿对外依存度超过88%。2022年我国锰铁整体产量较2021年略有下降，第一季度受节日等影响，不少厂家选择停产检修，产量不高，第二季度需求有所恢复、产量略有上升，整体上下半年需求较差，尤其是大厂中低碳锰铁产量略有缩减，中低碳锰铁产量整体处于低位（见图17）。2022年，广西部分厂家转产高碳锰铁，内蒙古因限产、电费等因素，有部分厂家迁出。

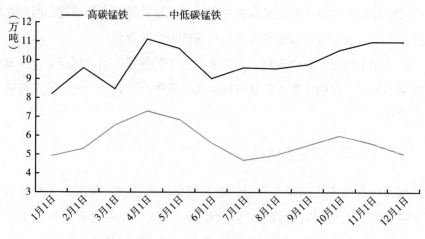

图 17 2022 年中国锰铁产量

资料来源：我的钢铁网，www.mysteel.com。

（四）锰市场及价格

经历了 2021 年电解锰价格暴涨后，2022 年以来电解锰价格大幅回落。2021 年上半年，国内电解锰价格维持在 17000 元/吨；下半年由于国内加大"能耗双控"力度，电解锰主产区广西、贵州、云南等地电力短缺，产量急剧下降，加上电解锰创新联盟的停产升级任务，国内电解锰市场出现严重短缺，价格快速上行，至 11 月最高达到 44250 元/吨。2021 年，国内电解锰均价为 25700 元/吨，同比增长 122%。由于 2022 年钢铁行业低迷弱行，中国锰系产品价格整体震荡下行，且走势分化。

一是锰矿价格前高后低，全年均价同比小幅上行。2022 年，锰矿价格总体呈前高后低走势，天津港进口澳大利亚 45% 品位锰矿的年均价格为 45.1 元/吨度（见图 18），同比上升 17.5%；钦州港进口南非 36% 品位锰矿的年均价格为 36.0 元/吨度，同比上升 6.2%。

二是硅锰价格随钢价相对弱行，全年均价同比持平。作为锰系产品中占比最高的商品，受钢材市场整体弱行影响，2022 年硅锰价格震荡下行。以内蒙古为例，硅锰（$Mn_{60}Si_{14}$）出厂的年均价（含税）为 7013 元/吨，与

2021年持平。

三是电解锰价格前高后低，全年均价同比下降10%以上。由于电解锰纯度高，其绝大部分产量仍被应用于钢铁生产，其他部分进入电池行业。近年来，在钢铁和电池生产领域，锰金属发挥着极其重要的调节器作用。2021年，电解锰价格受电池材料领域的影响一路高歌猛进，而2022年在钢铁市场的带动下又相对弱行发展。2022年，我国电解锰市场全年均价为20796元/吨，同比下降11.2%；年内最高价格是最低价格的1.74倍。

四是硫酸锰价格在新能源领域需求刺激下小幅攀升。2022年，中国硫酸锰全年均价同比上升5.7%至8364元/吨。

全球锰金属供应相对充足。根据2022年USGS的统计数据，全球锰矿产量（金属量）约2000万吨，其中，南非、澳大利亚、加蓬、中国、乌克兰的产量合计占比就超过81%。南非作为全球最大的可采锰矿资源国，资源储量在全球占比约为43%，锰矿石年产量在全球占比均值达37%，是全球最大的原生锰（金属量）资源供应地。从数据上看，目前全球锰金属资源的开发与生产足以满足各国的需求。

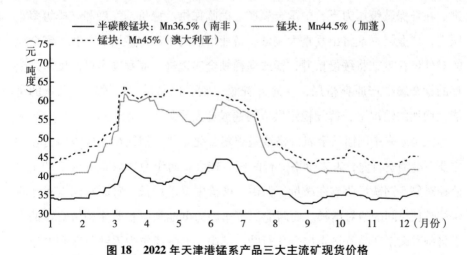

图18 2022年天津港锰系产品三大主流矿现货价格

资料来源：五矿经研院。

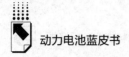

中国锰金属对外依存度居高不下。由于80%左右的锰金属被直接应用于冶金行业，根据冶金工艺的行业标准估算，仅中国粗钢生产就需要锰矿约1380万吨。多年的开采使得我国本不充足的相对优质锰矿资源开发殆尽。近年来，在冶金、化学、电子、新能源动力电池等行业对锰的需求量不断增加的压力下，中国锰矿产量无法满足国内市场需求，需要从国外进口大量的锰矿，这也成就了我国全球锰矿第一进口大国的地位。

未来，中国锰金属市场发展或呈如下走势。

一是粗钢产量受限，锰消费总量难有增长。2020年，中国粗钢产量达到创纪录的10.65亿吨，之后在国家实际压减粗钢产量的要求下，我国年产粗钢量下降至2022年的10.18亿吨，粗钢产量的"天花板"已经设定。而随着中国建设社会主义现代化国家和扩大内需的中长期战略的实施，中国对粗钢的消费将保持较长时间的绝对高量。由于锰在钢铁中的应用是无法替代的，预计未来锰的消费总量难有较大幅度增长。同时，全球锰资源相对丰富，长期供需过剩的局面难以出现，整体市场运行相对平稳。

二是中国的锰资源对外依存度或长期保持极高水平，锰或向稀缺金属迈进。在环保政策压力下，中国金属矿业面临保供、稳价、发展和减排等多重压力，产业格局或将出现重大调整，行业发展的不确定性增加，我国锰金属的对外依存度或将缓慢抬升，锰或向稀缺金属迈进。而我国本已高度对外依存的锰金属矿产原料格局，在海外资源"临时性断供、短供"常态化的可能性增加的情况下，持续稳定供应问题或愈发严重。

三是未来中国锰系金属价格或呈震荡分化走势。钢铁行业作为锰行业的主要下游消费行业，未来价格上行的压力较大。而作为"双碳"政策的主要监控对象，钢铁行业或在减量、保供、稳价中寻求增长，对原料的需求还将保持较长时间的绝对增长。而新能源汽车动力电池领域和储能领域对锰的需求将刺激锰系产品价格走出分化行情。其中，电解锰作为钢铁行业和电池行业用锰的"调节池"，将越来越有效地发挥钢铁市场与电池市场间的双向供需调节作用。

B.4

2021~2022年中国新能源汽车动力
电池回收利用产业发展报告

赵小勇 李荐 王利华 李红杰 张胜英*

摘　要： 近年来，我国早期投运的新能源汽车已逐步进入报废阶段，动力电池退役量持续攀升。为加强新能源汽车动力电池回收利用管理，规范行业发展，推进资源综合利用，我国陆续出台多项政策标准。动力电池可用剩余容量下降至20%~80%时，会进入梯次利用阶段，梯次利用主要应用于储能、基站备电、低速电动车等领域。目前，梯次利用企业主要集中在电池退役量大、技术资源优势明显的京津冀、长三角、珠三角等地区。当动力电池可用剩余容量下降至20%以下时，会进入再生利用阶段，将电池进行拆解，提取镍、钴、锰、锂等有价金属。动力电池回收是实现产业链可持续发展的必由之路，能够产生较大的经济效益，促进节能减排，助力实现碳中和目标。

关键词： 新能源汽车　动力电池　梯次利用　回收利用

---

* 赵小勇，高级工程师，天津赛德美新能源科技有限公司董事总经理，主要研究方向为废旧动力蓄电池资源化利用；李荐，博士，教授，天津赛德美新能源科技有限公司技术总监，主要研究方向为锂/钠离子电池关键材料与器件的制备及回收再生；王利华，博士，副教授，天津赛德美新能源科技有限公司技术顾问，主要研究方向为锂/钠离子电池关键材料与器件的制备及回收再生；李红杰，天津赛德美新能源科技有限公司质量经理，主要研究方向为废旧动力蓄电池资源化利用；张胜英，天津赛德美新能源科技有限公司质量总监，主要研究方向为废旧动力蓄电池资源化利用。

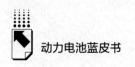

一　政策标准动态

（一）相关政策

2022年9月16日，工信部举行了"新时代工业和信息化发展"系列主题新闻发布会第八场，主题为"推动工业绿色低碳循环发展"。针对新能源汽车产业快速发展，动力电池退役量逐年上升的情况，工信部相关负责人表示，一是加快出台一批动力电池回收利用国家标准、行业标准，加快研究制定新能源汽车动力电池回收利用管理办法，加大监管约束力，强化电池流向管理，压实各方主体责任；二是加大退役电池柔性拆解、高效再生利用等关键技术攻关和推广应用力度，搭建供需对接平台，提升行业技术水平；三是开展动力电池回收利用试点工作总结，遴选推广一批动力电池回收利用成熟经验和典型项目，鼓励商业模式创新，强化产业链上下游对接，引导各方高质量推进回收体系建设；四是持续实施废旧动力电池综合利用行业规范管理，实行"有进有出"的动态调整机制，培育壮大梯次和再生利用骨干企业，推动资源要素向优势企业集聚。2016年底至2022年底我国动力电池回收政策见表1。

表1　2016年底至2022年底中国动力电池回收政策一览

时间	颁布主体	政策	主要内容及影响
2022年11月	工信部、国家市场监督管理总局	《关于做好锂离子电池产业链供应链协同稳定发展工作的通知》	从推进锂电产业有序布局、保障产业链供应链稳定、提高公共服务供给能力、保障高质量锂电产品供给、营造产业发展良好环境五方面着力,保障锂电产业链供应链协同稳定
2022年7月	生态环境部	《报废机动车拆解企业污染控制技术规范》	规定了报废机动车拆解总体要求,企业基础设施和拆解过程污染控制要求,污染物排放要求,环境管理要求以及环境监测与突发环境事件应急预案要求

时间	颁布主体	政策	主要内容及影响
2022年1月	工信部等八部委	《加快推动工业资源综合利用实施方案》	完善废旧动力电池回收利用循环体系,完善管理制度,强化新能源汽车动力电池全生命周期溯源管理,推动产业链上下游合作共建回收渠道,构建跨区域回收利用梯次。推进废旧动力电池在备电、充换电等领域安全梯次应用。在京津冀、长三角、粤港澳大湾区等重点区域建设一批梯次和再生利用示范工程。培育一批梯次和再生利用骨干企业,加大动力电池无损拆解、自动化拆解,有价金属高效提取等技术的研发推广力度
2021年11月	工信部	《锂离子电池行业规范条件(2021年本)》	鼓励锂电企业加强技术创新、提高产品质量、降低生产成本。对锂电池的工艺技术、质量管理、产品性能做了规范性的引导,同时强调企业安全生产与管理,加强资源综合利用和环境保护,鼓励企业履行卫生和社会责任
2021年7月	国家发改委	《"十四五"循环经济发展规划》	研究制定汽车使用全生命周期管理方案,构建涵盖汽车生产企业、经销商、维修企业、回收拆解企业等的汽车使用全生命周期信息交互系统,加强汽车生产、进口、销售、登记、维修、二手车交易、报废、关键零部件流向等信息互联互通和交互共享
2020年1月	工信部	《新能源汽车废旧动力蓄电池综合利用行业规范条件(2019年本)》	对综合利用企业开展梯次利用和再生利用,提出了诸多规范性要求,内容涉及企业布局与项目选址、技术、装备和工艺、资源综合利用及能耗、环境保护要求、产品质量和职业教育
2019年11月	工信部	《新能源汽车动力蓄电池回收服务网点建设和运营指南》	新能源汽车生产及梯次利用等企业应按照国家有关管理要求通过自建、共建、授权等方式建立回收服务网点,并且要注重安全环保问题,给出了回收服务网点作业规程
2019年9月	工信部	《新能源汽车废旧动力蓄电池综合利用行业规范条件》(修订征求意见稿)	从事梯次利用的综合利用企业,应对废旧动力蓄电池性能做综合判断,进行分类处置,同时对金属回收率提出了要求
2018年7月	国家发改委	《汽车产业投资管理规定》(征求意见稿)	动力电池回收利用领域重点发展动力电池高效回收利用技术和专用装备,推动梯级利用、再生利用与处置等能力建设
2018年7月	工信部等七部委	《关于做好新能源汽车动力蓄电池回收利用试点工作的通知》	推动汽车生产企业落实生产者责任延伸制度,建立回收服务网点,充分发挥现有售后服务渠道优势,与电池生产、报废汽车回收拆解及综合利用企业合作构建区域化回收利用体系

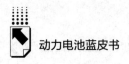

续表

时间	颁布主体	政策	主要内容及影响
2017 年 9 月	工信部	《乘用车企业平均燃料消耗量与新能源汽车积分并行管理办法》	推出了乘用车企业平均燃料消耗量积分核算,乘用车企业新能源汽车积分核算,积分并行管理以及监督管理办法
2017 年 7 月	国家质检总局	《电动汽车用动力蓄电池产品规格尺寸》《汽车动力蓄电池编码规则》《车用动力电池回收利用　余能检测》	对动力蓄电池产品规格尺寸、蓄电池编码规则、回收利用余能检测推出了推荐性标准,让新能源汽车在全生命周期都有标可依
2017 年 1 月	国家发改委	《关于促进储能技术与产业发展的指导意见》	拓展电动汽车等分散电池资源的储能应用化,完善动力电池全生命周期监管,开展对淘汰动力电池进行储能梯次利用的研究
2016 年 12 月	工信部	《新能源汽车动力蓄电池回收利用管理暂行办法》(征求意见稿)	国家支持开展动力蓄电池回收利用的科学技术研究,引导产学研协作,鼓励开展梯级利用和再生利用,推动动力蓄电池回收利用模式创新,并明确设计、生产及回收责任

目前,电池回收的进程逐渐提速。2022 年 11 月,工信部在回答政协第十三届全国委员会第五次会议《关于积极推进新能源车锂电池回收的提案》时表示,近年来,我国新能源汽车产业快速发展,动力电池退役量逐年增加,做好动力电池回收利用工作,对于提高资源利用效率、保障新能源汽车产业持续健康发展具有重要意义。工信部会同有关部门围绕完善管理制度、实施信息化溯源、加强技术创新、完善标准体系等方面开展了一系列工作。下一步,将会同有关部门重点做好以下工作:强化法规制度建设、推进协同监管、加强政策支持。

（二）标准动态

为加强新能源汽车动力电池回收利用管理,规范行业发展,推进资源综合利用,国家陆续出台多项政策。特别是 2018 年以来,政策密集发布,动力电池回收逐步规范完善。截至 2022 年底,动力电池回收利用全生命周期国家标准体系逐步建成（见表 2）。

表2 新能源汽车动力电池回收利用国家标准一览

序号	类别	第一段	第二段	第三段	第四段	进展状态	技术内容简介
1	通用要求	电动汽车用动力蓄电池产品规格尺寸	—	—	—	发布	规范车用动力蓄电池单体、模块和标准箱规格尺寸
2		汽车动力蓄电池编码规则	—	—	—	发布	规定汽车动力蓄电池编码的对象、代码结构组成、代码表示方法和数据载体
3		车用动力电池回收利用	通用要求	—	—	下达计划	动力电池退役、拆卸、回收、包装、储运、梯次利用、再生利用及最终处置一般性要求
4	管理规范 GB/T 38698	车用动力电池回收利用	管理规范	第1部分	包装运输	发布	规范退役电池包、模组、单体的分类,并根据同类型规范其包装及道路运输的过程
5		车用动力电池回收利用	管理规范	第2部分	回收服务网点	已报批	规范回收服务网点的建设、作业及安全环保要求
6		车用动力电池回收利用	梯次利用	第1部分	余能检测	发布	判断退役电池包/模组/单体剩余容量,是否具有可梯次利用性
7	梯次利用 GB/T 34015	车用动力电池回收利用	梯次利用	第2部分	拆卸要求	发布	规范电池包从电动车上拆卸移除,避免高压触电风险
8		车用动力电池回收利用	梯次利用	第3部分	梯次利用要求	发布	判断退役电池包/模组/单体剩余容量、内阻、循环寿命等参数可梯次利用性
9		车用动力电池回收利用	梯次利用	第4部分	梯次利用产品标识	发布	梯次利用产品粘贴特殊标识,便于消费者自由选择新品或梯次利用产品
10		车用动力电池回收利用	再生利用	第1部分	拆解规范	发布	规范电池包和模组的拆解行为,提升安全性,促进退役电池包和模组综合利用
11	再生利用 GB/T 33598	车用动力电池回收利用	再生利用	第2部分	材料回收	发布	规范电池破碎后材料高效循环利用效率、减少废气量
12		车用动力电池回收利用	再生利用	第3部分	放电规范	发布	规范回收电芯外接电路放电法和盐水浸泡放电法,避免回收处理起火事件

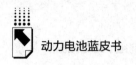
二 动力电池梯次利用产业发展现状

（一）产业现状

动力电池梯次利用是将剩余容量较高、整体满足使用需求的退役动力电池适当修复、统一标准后，投放至低要求的电池领域进行二次使用。当动力电池容量衰减至初始容量的 80% 以下时，便不再适用于对电池容量要求较高的车载动力电池领域，随之转入梯次利用阶段（20%~80%）。一般退役动力电池剩余容量在 60%~80% 范围内时梯次利用价值较高。

1. 储能领域梯次利用发展现状

我国新能源汽车动力电池梯次利用处于示范研究阶段，主要在储能领域探索。国家电网在北京大兴、郑州、张北等地建设了储能系统。多家动力电池相关企业，如比亚迪、北京普莱德、北汽，纷纷建立兆瓦级退役电池梯次利用示范电站，具备调节用电峰谷、平滑光伏发电、提高电网利用率的作用。而江苏南京江北储能电站在 2022 年 5 月完成设备试验验收，已投入使用，这是我国首个也是全球最大规模的新能源汽车动力电池梯次利用电网侧储能电站，共利用"旧电池"总容量 75 万 kWh，存储容量 193.6MWh，可储存约 19 万 kWh 电量。2020 年，北汽鹏龙新能源与易事特集团签署战略合作协议，打造智慧能源应用场景的退役动力电池梯次利用示范项目。

根据国家能源局发布的相关数据，截至 2022 年底，全国已投运新型储能项目装机规模达 8.7GW，平均储能时长约 2.1 个小时。2021 年，国家发改委、国家能源局印发的《关于加快推动新型储能发展的指导意见》指出，预计到 2025 年，国内新型储能装机规模将增至 30GW。

2. 基站备电领域梯次利用发展现状

2018 年 7 月，工信部等七部委组织开展新能源汽车动力蓄电池回收利用试点工作，在中国铁塔开展梯次利用示范工程。中国铁塔于 2015 年开始，陆续在 12 个省份 3000 多个基站开展梯次利用电池替换铅酸电池试验，充分验证了锂离子动力电池梯次利用安全性和技术经济性可行。2018年，中国铁塔已停止采购铅酸电池，从比亚迪等20家企业采购梯次利用电池。据中国铁塔公示，截至2018年底，已在全国31个省份约12万个基站使用梯次利用电池约1.5GWh，替代铅酸电池约4.5万吨，成为全国梯次利用行业的领头者。据中国铁塔测算，其在网蓄电池总数为240万组，总容量为22GWh，如全部以梯次利用电池替代，预计可消纳退役电池超过25万吨。同时，中国铁塔与一汽、东风、江淮、比亚迪、蔚来等众多新能源车企签署了战略合作协议，这些合作协议主要服务于新能源汽车退役电池的回收利用。

3. 低速电动车领域梯次利用发展现状

继储能、基站备电等使用场景后，低速电动车成为动力电池梯次利用主流发展领域之一，当前已在多种车型上进行探索使用。星恒电源为我国早期探索退役动力电池梯次利用于低速车领域的企业之一，当前已实现对自产电芯的梯次利用创新研究，至2017年底星恒电源累计实现了对17.68万支电芯的修复。梯次利用电池产品主要应用于电动自行车、电动三轮车及低速四轮车等轻型车领域的售后市场，用于替换原有的铅酸电池及故障锂电池。杭州易源科技有限公司自2018年起运用退役的磷酸铁锂电池模组，开发应用于快递三轮车，并与国内物流快递系统智慧物流运营台浙江天邮达成战略合作，在全国范围内开展新能源快递物流电动车及配套梯次利用电池产品的批量投放。中天鸿锂是目前在低速车领域开展梯次利用的典型企业，旗下的"中天动力"品牌采用互联网共享租赁的模式，将动力电池梯次利用模块应用于顺丰、京东等物流企业的快递物流，美团、饿了么等的外卖送餐车，在全国30多个城市设置梯次产品客服中心、换电站。宇通重工与宇通集团旗下的傲蓝得环保科技公司合作，在生产的环卫三轮洒水车、三轮扫街车和四轮垃圾装载车等低压电动车辆上，装配梯次利用电池产品取代现有铅酸电池，现已有200台车辆投入郑州市内的环卫示范运营。

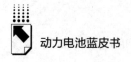

（二）应用形式

动力电池梯次利用是资源综合利用的新兴领域，梯次利用企业主要集中在电池退役量大、技术资源优势明显的京津冀、长三角、珠三角等地区。动力电池的梯次利用一般分为拆解、余能检测、筛选和重组4个环节。通过筛选拆解、统一标准、重新组合等流程，可以继续充分利用退役电池剩余寿命，进一步降低动力电池全生命周期成本，主要应用于储能（电网调峰调频、削峰填谷、风光储能、铁塔基站）及低速电动车等领域。梯次利用属于轻度报废，电池本身没有报废，进行梯次利用可以缓解回收压力、降低环境污染、提升经济效益，并对可再生能源的发展起到帮助作用。

目前，汽车上使用最多的动力电池为磷酸铁锂电池和三元材料电池。梯次利用的电池多为磷酸铁锂电池，磷酸铁锂电池容量随循环次数的增多呈缓慢衰减趋势，从汽车上退役下来的磷酸铁锂电池仍有较多循环次数。

（三）技术发展

梯次利用技术工艺愈发完善，车用动力电池梯次利用原始工艺流程包括电池拆解、电池筛选、电池重组、系统集成等。退役电池包通过外观评估以及一致性检测，就可以直接以整体形式用于低性能要求的场景；若未通过则需要将电池包拆解为电池模组或电池单体，并再次进行电池筛选，电池重新成组后进入低性能要求的场景（见图1）。

梯次利用电池应用于低性能领域是可行的，但是由于退役动力电池电芯的性能参数差异较大，如何确定简单、合适、可靠并具备一定普适性的分选条件是目前需要解决的技术难题。学界、业界需要从"离散整合技术"和"全生命周期追溯技术"角度加强研究，平摊电池全生命周期成本。

（四）发展趋势

动力电池梯次利用已被确定为储能系统建设的一种具有成本效益且可持续的替代方案。随着新能源汽车的更广泛应用，预计未来将产生大量废旧动

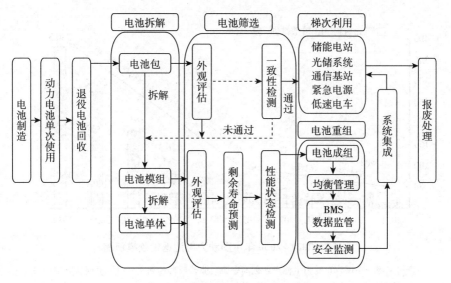

图1　动力电池梯次利用工艺流程

资料来源：资产信息网、千际投行、同芯顺（iFinD）。

力电池。因此，储能领域的梯次利用有望成为动力电池梯次利用行业发展的
方向之一。

三　动力电池再生利用产业发展现状

（一）产业现状

拆解回收是将已经报废的动力电池集中回收，通过工艺技术回收电池中
的镍、钴、锰、铜、铝、锂等金属，再将这些金属循环利用，制造动力电池
包，并应用在新能源汽车上。当动力电池容量下降到初始容量的40%以下
时，一般选择进入拆解回收阶段。

动力电池再生利用行业目前处于高速发展阶段。新能源汽车的动力电池
使用年限一般为5~8年，有效寿命为4~6年。照此标准计算，2013~2014
年我国首批推广生产的新能源汽车动力电池已逐步进入退役期。我国动力电
池退役规模预测见图2。

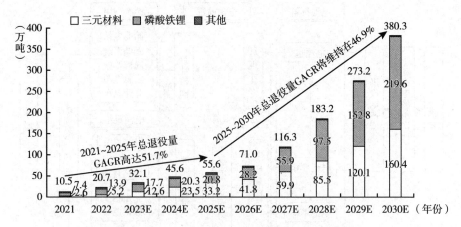

图 2　2021～2030 年中国动力电池退役规模预测

资料来源：中国汽车动力电池产业创新联盟、弗若斯特沙利文公司、中创新航招股书、天风证券研究所。

（二）应用形式

锂电材料企业回收模式是以锂电材料企业为主导，通过回收废弃电池中锂、钴、镍等关键有价材料资源，形成产业闭环，从而实现降本的商业模式。动力电池拆解回收工艺流程见图 3。

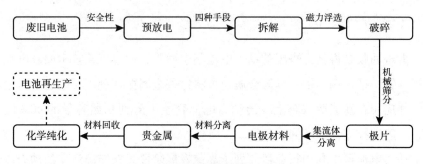

图 3　动力电池拆解回收工艺流程

资料来源：资产信息网、千际投行。

（三）技术发展

根据对国内动力电池回收产业相关企业专利数量的统计，截至 2022 年 10 月 11 日，排名前列的企业有上汽集团、宁德时代、天奇股份、福龙马、超频三、格林美、博世科、圣阳股份、厦门钨业（见表 3）。

表 3　截至 2022 年 10 月 11 日中国动力电池回收产业企业专利数量

单位：件

证券代码	证券名称	企业专利数量合计	发明专利
600104.SH	上汽集团	5694	2008
300750.SZ	宁德时代	3724	3251
002009.SZ	天奇股份	1664	1146
603686.SH	福龙马	591	138
300647.SZ	超频三	527	121
002340.SZ	格林美	471	312
300422.SZ	博世科	417	154
002580.SZ	圣阳股份	394	386
600549.SH	厦门钨业	361	290

资料来源：资产信息网、千际投行。

电池回收是新能源汽车产业的重要组成部分，退役的动力电池如果处置不当、随意丢弃，不仅会给社会带来环境影响和安全隐患，还会造成资源的浪费。

1. 湿法回收技术

在动力电池回收方法中，湿法回收是动力电池最常用且最成熟的技术。湿法回收是指使用化学溶剂将镍、钴、锰、锂等金属离子从正极材料转移到浸出液中，再通过离子交换、吸附和共沉淀等方式，将金属离子转化成无机盐或氧化物，如碳酸锂、硫酸镍、硫酸钴等。该项技术工艺较为复杂，但金属回收率高、纯度高。

2. "物理法"回收技术

"物理法"回收技术（精确拆解+材料修复）是通过自动化拆解、精确

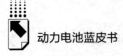

分离、全组分回收生产线，将废旧动力电池电芯中各组分精准分选分离、洁净分类、全部回收。过程中无高温和化学处理，无固废产生，分选出的正极材料和负极材料进入物理法修复工序。物理法修复是根据正负极材料各自的合成工艺及独特的使用环境，采用成分调整、高温焙烧、粒度控制技术对其进行直接修复，修复的材料可直接用于电池生产制造。

3. 生物淋滤—液膜萃取回收技术

生物淋滤—液膜萃取回收技术逐渐成熟。生物淋滤是指利用特定微生物或其代谢产物的氧化、还原、络合、吸附或溶解作用，将固相中某些不溶性成分（如重金属、硫及其他金属）分离浸提的一种技术。液膜萃取是模拟生物膜并综合运用生物化学、物理化学和有机化学等有关理论的新技术。液膜萃取技术综合了固体膜分离和溶剂萃取分离技术的特点，具有有机相用量少、反应速率快、分离效率高、操作简单和选择性强的特点。

（四）主要模式

1. 生产者责任制下的回收模式

欧美、日本等发达国家在电池回收方面建立的回收体系具有良好的成效，因此基本沿用此前的回收经验，形成了由动力电池生产企业承担电池回收主要责任的制度机制。生产者责任制的回收模式将动力电池生产商对于电池的环境责任扩展到电池的整个生命周期，即电池的生产、使用、回收以及报废处置等过程，退役的动力电池沿新品电池的物流路线逆向返回。

该模式以动力电池企业为主导，卡位回收处理，提高原料的上游议价能力，降低电池生产成本，成为该类商业模式的原动力。但是该模式逆向物流回收动力电池的路径长，可能由于国别、地域的差异不利于追责，并且由于交转次数和运输次数多，回收成本提高，不利于电池回收。

2. 整车企业为主体的回收模式

整车企业为主体的回收模式是指因消费者使用不当等导致动力电池先于新能源汽车报废时，维修或更换的电池由整车企业承担回收责任，整车企业将电池交至动力电池处理单位的回收模式。该模式下，整车企业承担电池回收责任。

四　主要影响因素及产业发展对策

（一）主要影响因素

（1）宏观经济波动的影响。新冠疫情以来，全球经济面临下行压力，国际关系发生变化，再生利用公司所处精细化工行业，受到经济形势变化、宏观政策调整、市场运行起伏的影响。

（2）产业政策变化的影响。新能源产业政策的调整和变化，将会直接影响新能源汽车市场的发展，进而影响动力电池回收及其上游锂电池材料市场，对行业的经营业绩造成影响。

（3）锂电池行业波动风险。行业回收的锂电池材料属于新能源领域，2021年以来新能源汽车需求增加导致行业整体景气度提升，但受国家新能源补贴政策调整、安全环保政策与监管日趋严格、价格波动明显等因素的整体影响，锂电池材料行业景气度能否长期持续仍存在一些不确定性。加之市场竞争加剧，相关产品价格存在一定波动。未来动力电池回收技术存在被其他技术替代的可能，从而对行业的电池回收业务产生不利影响。

（4）市场竞争加剧。行业门槛资质管理严苛，"白名单"成为入场券，拿到入场券才意味着具备动力电池回收的资质，这也造成如今一"券"难求的局面，各路企业竞争激烈。同时，外资企业来势汹汹，国内企业应加强市场联合和技术攻关。我国动力电池产业链公司旗下动力电池回收"白名单"企业数量见图4。

（5）环保及安全生产风险。随着国家环保治理的不断深入，如果未来政府对精细化工企业实行更为严格的环保标准，行业需要为此追加环保投入，生产经营成本会相应提高；行业也可能因设备故障、人为操作不当、自然灾害等不可抗力事件，导致安全环保方面的事故。一旦发生安全环保事故，行业将可能面临政府有关监管部门的处罚，甚至被责令整改或停产，进而严重影响行业正常的业务经营。

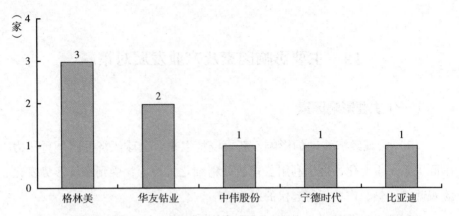

图 4　中国动力电池产业链公司旗下动力电池回收"白名单"企业数量

资料来源：工信部网站。

动力电池回收行业产品为精细化工材料，部分原材料、产成品具有易燃、易爆的特点，产品生产过程中涉及高温、高压环境，对操作要求高，如管控不当，存在导致安全事故的风险。

（6）产能消化风险。当前新能源汽车产业发展过程中，上下游的绑定越来越紧密。近年来，行业紧跟下游客户的产能扩张计划，加快了自身产能的扩张步伐。若未来行业下游储能等领域的发展不及预期，将可能导致新增产能不能完全消化的风险，从而影响企业效益。动力电池回收行业常见风险因子见表4。

表 4　动力电池回收行业常见风险因子

风险因子	风险因子	风险因子
违规违法遭受处罚或吊销资质，重大案件被起诉或败诉，监管函、欺诈造假、资产冻结	创始人或高管丑闻和犯罪接受调查、立案	业绩恶化、大订单丢失、亏损预告、不能及时年报、不能兑付债务
重大恶性产品服务安全事件	利空传闻，舆情恶化、极度泡沫	估值下调和评级下调；从重要成分指数中剔除
政策恶化、政策利空、取消补贴、征收更高税收和更严监管	理财失败、对外担保恶性连带、控制人变更、股权质押爆仓，对赌失败	自然灾害、战争和不可控事件发生

续表

风险因子	风险因子	风险因子
解禁抛售、控盘崩溃、高管大额减持	宏观环境恶化,金融市场暴跌;对应商品价格大跌	裁员、破产、实施 ST 或退市
行业恶化、新技术和行业替代	首次公开募资(IPO)、融资、增发、资产出售、并购借壳等终止或失败	

注：ST 是指沪深证券交易所对连续出现 2 年亏损的上市公司股票交易进行特别处理（Special Treatment），在"特别处理"的股票简称前冠以"ST"。监管机构对亏损公司实行"ST"制度既是对亏损上市公司警告，也是对投资者风险提示。

资料来源：资产信息网、千际投行、iFinD。

（二）产业发展对策

1. 动力电池退役潮来临，电池回收空间广阔

目前，退役动力电池已初步形成规模，我国新能源汽车动力电池累计退役量已超过 20 万吨，预计到 2025 年将达到 50 万吨以上。退役动力电池初步规模化为回收行业发展奠定了基础。新能源汽车产销量快速增长，势必产生大量退役动力电池。当动力电池性能发生衰减时，其后续处理变得尤为重要。如何促进动力电池高效循环利用、打造动力电池循环经济体系、弥补产业短板，已经成为行业热议的焦点。2019~2023 年中国废旧动力电池回收市场规模见图 5。

2. 原材料价格飙升，催动动力电池回收快速发展

随着新能源汽车产销量迅速增长，动力电池短期产能释放无法匹配需求，动力电池原材料供给出现失衡，锂、镍等重要金属原材料的价格均出现了不同程度的上行。高昂的原材料价格不断催动动力电池回收行业快速发展，即使近期原材料价格有所回落，但仍保持高位，促使新能源汽车各环节厂商纷纷下场参与竞争，提前布局动力电池回收产业链条。

SMM 现货报价显示，2022 年以来，碳酸锂现货报价除了在 2022 年 4 月因疫情影响下游消费而被短暂按下暂停键以及临近年底受下游消费疲软影响

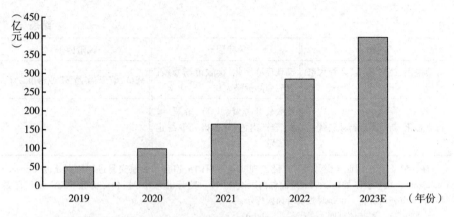

图5 2019~2023年中国废旧动力电池回收市场规模预测

资料来源：资产信息网、千际投行、iFinD。

小幅下滑之外，其余时间多处于接连攀升的状态，尤其是 2022 年 9~11 月涨势最为明显。2022 年 11 月 9 日，电池级碳酸锂现货报价一举冲上 56.75万元/吨的历史高位。虽然临近 2022 年底价格有所回调，但 2022 年 12 月 30日电池级碳酸锂 51.2 万元/吨的均价，依旧较 2021 年底的 27.5 万元/吨上涨 23.7 万元/吨，涨幅高达 86.18%。原材料涨价，为电池回收行业提供了机会，动力电池回收利用可以大幅降低对于一次资源的需求，逐步实现二次资源完全自给。

而 2023 年以来，碳酸锂价格持续下跌，这对于产业链末端的长期影响并不大，但是短期的影响还是存在的，主要是高价回收电池，导致在产业链末端运行成本不变的情况下，销售收入降低。

3. 动力电池回收相关政策利好行业发展

《新能源汽车产业发展规划（2021—2035 年）》指出，支持动力电池梯次利用产品在储能、备能、充换电等领域创新应用，加强余能检测、残值评估、重组利用、安全管理等技术的研发。

4. 碳中和方向明确，动力电池回收助力可持续发展

现阶段电池产业快速发展，早期的电池产品正在逐渐进入准退役阶段，电池回收是实现产业链可持续发展的必由之路。动力电池主要材料中虽然不含汞、镉、铅等毒害性较大的重金属元素，但在正极、电解液等多种材料中含有钴、镍、铜、锰、有机碳酸酯等具有一定毒害性的化学物质，部分难降解的有机溶剂及其分解和水解产物会对大气、水、土壤造成严重污染并对生态系统产生破坏。另外，动力电池中含有大量可回收的高价值金属，如锂、钴、镍等，回收后能够产生较大的经济效益，促进节能减排，助力碳中和目标的实现。

热 点 篇
Hot Issue Reports

B.5

2021~2022年中国新能源汽车
企业安全体系发展报告

耿磊　郭涟漪　阴皞*

摘　要： 为有效引导新能源汽车的安全发展，政府部门和相关机构将新能源汽车的安全风险防控作为重要抓手，陆续出台了多项安全法规政策与技术标准，同时，整车和关键零部件企业的安全风险防控技术日趋成熟，为行业安全平稳发展提供了保障。当前，主管部门对新能源汽车企业提出了安全体系建设的新要求，企业应不断提升安全保障能力，围绕管理机制、产品质量、监测与运营、售后和维护、问题应对和事故应急等建立多层次、系统性的安全体系，推动新能源汽车产业高质量发展。

---

* 耿磊，中汽数据有限公司安鉴所技术总监，主要研究方向为汽车检测标准法规认证、交通事故深度调查；郭涟漪，中汽数据有限公司咨询研究员，主要研究方向为新能源汽车企业安全体系建设；阴皞，中汽数据有限公司咨询研究员，主要研究方向为新能源汽车企业安全体系建设。

关键词： 新能源汽车 安全控制策略 安全体系建设

近年来，新能源汽车产业、汽车产品、汽车市场及衍生服务在我国迅速发展，新能源汽车产销量占汽车产销总量的 20%~25%，对汽车产业、社会生活和经济发展均产生重要影响。

新能源汽车在中国的快速发展，既得益于国家、政府部门、社会组织和行业专家多年来的不懈努力，也是广大产品技术人员、企业家、技术机构等艰辛奋斗的结果。与此同时，在产品技术和应用方面，也带来了关乎安全、质量、稳定性、性能变迁等多方面的不确定因素，由此造成近年来多起火灾及延伸的事故，社会反响强烈。

为有效引导新能源汽车产业的发展，抑制并减少新能源汽车安全风险，政府部门和相关机构将新能源汽车安全风险防控作为重要抓手，陆续出台了多项法规政策，新能源汽车生产企业和关键零部件企业也创新开发了多方面的安全风险防范和抑制技术措施，极大地提升了产品安全性，保障了新能源汽车运行的稳定性。

一 政策标准

2017 年前后，随着新能源汽车火灾事故的增加，运营行业及用户提高新能源汽车安全性和稳定性的呼声也越来越高。由此，政府主管部门和行业机构多方联手，共同推动企业、行业机构以及其他各方面提高对新能源汽车安全的重视程度，陆续出台了涉及高压电安全、热失控安全、充电安全、使用操纵安全等各方面的政策和标准法规，将工作重心由新能源汽车示范运行推广转为产品技术提升、安全风险的防范。

（一）新能源汽车安全风险防控政策发展

为切实加强新能源汽车安全管理，促进新能源汽车产业健康可持续发

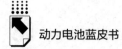

展，保障社会公共安全和人民生命财产安全，工业和信息化部装备工业发展中心于 2019 年 6 月、2020 年 6 月两次发布关于开展新能源汽车安全隐患排查工作的通知，重点对已售车辆、库存车辆的防水保护、高压线束、车辆碰撞、车载动力电池、车载充电装置、电池包、机械部件和易损件开展安全隐患排查工作。

2019 年 3 月，国家市场监管总局发布《关于进一步加强新能源汽车产品召回管理的通知》，组织有关单位加强新能源汽车安全研究，建立新能源汽车火灾事故深入调查分析机制，及时分析评估相关投诉和事故信息，组织缺陷技术咨询和调查；加强对新能源汽车召回监管和违法违规行为的调查，加强与有关部门的沟通与合作和信息共享。2019 年 10 月 9 日，国家市场监管总局网站公布了《市场监管总局质量发展局关于进一步规范新能源汽车事故报告的补充通知》，规定应在事故发生后 12 小时内向国家市场监管总局质量发展局报告事故基本信息，如造成人员伤亡或重大社会影响的，报告时间缩短为 6 小时。同时，事故发生后，应主动排查同型号、同批次或使用同样零部件的车辆是否存在火灾安全隐患。发现存在火灾安全隐患的，生产者应根据相关规定尽快实施召回。

2022 年 4 月，工业和信息化部、公安部、交通运输部、应急管理部、国家市场监管总局联合发布了《关于进一步加强新能源汽车企业安全体系建设的指导意见》（以下简称《指导意见》），提出新能源汽车企业要构建系统、科学、规范的安全体系，全面增强在安全管理机制、产品质量、运行监测、售后服务、事故响应设置、安全培训等方面的安全保障能力，提升新能源汽车安全水平（见图 1）。同年 6 月，工业和信息化部发布《关于组织开展 2022 年度道路机动车辆生产企业及产品监督检查工作的通知》，提出对新能源汽车生产企业的安全管理机制、运行监测、事故响应处置等方面的安全保障能力开展一致性检查。

新能源汽车管理政策重点逐步从隐患排查、产品召回、事故调查，转为前期安全体系建立，从源头全面提高企业的安全管理水平，以预防事故的发生。

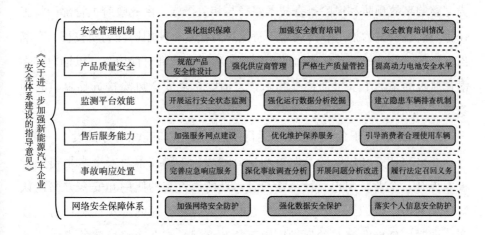

图 1 《关于进一步加强新能源汽车企业安全体系建设的指导意见》关键项

资料来源：中汽数据绘制。

（二）新能源汽车行业安全发展演变

新能源汽车行业安全发展演变过程可分为先期、中期与后期。

1. 先期以事故调查和真因分析为主

首先是注重对新能源汽车事故中产品安全及技术方面的深度调查。在事故现场处置、消防（应急管理）部门等初步进行事故认定之外，主管部门和行业（安全）技术机构更加注重对于诱发事故的深度影响因素、造成事故的真因等开展深度调查。

调查方式是组织相关专业机构（如鉴定机构、技术研究机构）和行业组织联合对重大事故、复杂事件、社会焦点事件等进行多层次、全方位的调查，参与方包括生产企业、应用企业等，并进行事故现场、事故复现仿真、事故车残留物和比照物测试等，挖掘导致事故的深层原因并共同研究风险防范和事故抑制措施。

2. 中期以风险排查和事故预防为主

在事故调查逐渐深入、获得多方面经验积累等基础上，探索和形成了较

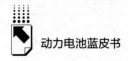

为完整的事故预防和风险排查技术路径与相关措施，由此政府主管部门将工作重心前置调整为推进和开展对于特定风险技术、使用历程周期较长、车辆出现损伤、部分使用条件恶劣的车辆的全面排查和针对性检查，以期对存在潜在风险的车辆予以早期检查和筛查，消除车辆安全风险接近临界点时的隐患。

3. 后期重点在于企业和技术、运行监控、服务和应急等体系建设

在事故调查和风险防范取得明显成绩后，车辆技术及安全水平得到了极大提升，企业、用户、社会参与者对新能源汽车的使用和安全方面的认知达成共识，认识到了新能源汽车在技术和应用方面的特殊性和针对性技巧。同时，新能源汽车的偶发原因事故和多因素综合影响导致的事故依然发生，因此政府主管部门和社会组织开展了以新能源汽车企业为主，对于全周期和全过程的安全风险防范的研究，提出了新能源汽车安全体系建设的要求。

"体系建设"明确企业要建立涉及设计直至车辆停止使用的全过程安全方面的体系，形成系统性、全覆盖、各方参与的多层次支撑体系，从根源上研究和制定风险防范措施，消除安全隐患（见图2）。

（三）新能源汽车安全技术标准

国家在不断完善新能源汽车的安全技术标准，提高新能源汽车、动力电池的性能水平。当下标准重点是补充和完善安全措施和测试方法，比如热失控抑制、热扩散约束、火灾的早期预警、车辆使用中冲击、电池包受损等，以及电池包、电控系统、充放电安全，主动放电/能量限制等（见表1）。

GB 18384—2020《电动汽车安全要求》强化了整车防水、绝缘电阻及监控要求，以降低车辆在正常使用、涉水等情况下的安全风险；同时优化了绝缘电阻、电容耦合等测试试验方法，以提高试验检测精度，保障整车高压电安全。结合电动汽车高电压、大电流的基本属性，为防止人员误操作或高压部件失效而引发的人员触电风险，规定了高压接触防护安全要求。针对功能安全防护要求，提出如果车载可充电储能系统（REchargeable Energy

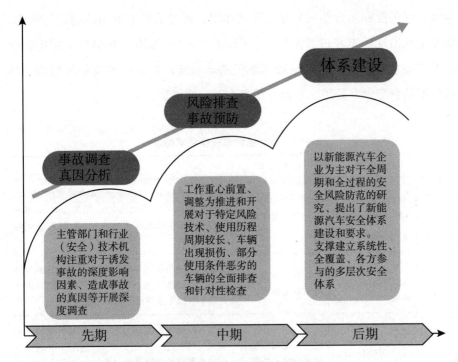

图 2 新能源汽车行业安全发展演变

资料来源：中汽数据绘制。

Storage System，REESS）将要发生热失控安全事件，应通过一个明显的信号（声或光信号）装置向驾驶员提示。

GB 38031—2020《电动汽车用动力蓄电池安全要求》强调了在设计电动汽车用锂电池单体、电池包或系统时，优先选择安全性高的材料；尽量避免使用容易出现绝缘失效、热失控或燃烧起火的材料；此外，如果无法实行，就需要制定保护措施，减少或消除危险发生的可能性。同时，增加了热失控、热扩散等术语的解释，还有各种测试要求的变化，比如锂电池包或系统的振动试验。有关测试对象为锂电池包或系统热管理的内容主要是"8.2.5 湿热循环、8.2.7 热稳定性、8.2.8 温度冲击"，除去原有的外部火烧，增加了热扩散内容。

电池管理系统（BMS）的主要目的是保证电池系统的设计性能，从安

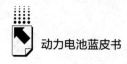

全性、耐久性和动力性三个方面提供作用，通过监控电池系统的运行状态，防止电池出现过充和过放的情况。GB/T 38661—2020《电动汽车用电池管理系统技术条件》规定电池管理系统基本功能，包括监测或获取数据、故障诊断信息记录及处理、自检、信息交互、实时通信等。

表1　新能源汽车安全技术标准

序号	标准号	标准名称	标准内容
1	GB 18384—2020	电动汽车安全要求	规定了人员触电、功能安全、动力蓄电池、碰撞、阻燃等防护要求，车辆充电口、报警和提示、事件数据记录、电磁兼容等要求，以及相关的试验方法
2	GB 38031—2020	电动汽车用动力蓄电池安全要求	规定了电池单体安全要求、电池包和系统的安全要求以及试验方法。适用于电动汽车用锂离子电池和镍氢电池等可充电储能装置
3	GB/T 38661—2020	电动汽车用电池管理系统技术条件	规定了电动汽车用动力蓄电池管理系统的技术要求、试验方法、检验规则等。适用于电动汽车用动力蓄电池和镍氢动力蓄电池的管理系统，以及其他类型动力蓄电池

资料来源：中汽数据整理。

二　新能源汽车行业发展现状

（一）新能源汽车的火灾情况

目前，社会上尚无全面、权威、全覆盖的关于新能源汽车火灾的公开数据，已经产生的数据来源和准确性存疑。

1. 产品方面

不同渠道公开的数据涉及新能源车辆的范围不同，有些火灾数据涵盖了电动二轮车、助力车、四轮休闲车、四轮低速车等；有些数据针对特定类型车辆，如乘用车、商用车（客车、物流车）等。

2.火灾原因方面

由于火源和火势蔓延的记录及证据的限制，对于火灾成因的认定也有较多的缺陷。很多报告在统计方面导致火灾事故的叙述和认定存在模糊和不确定的情况，如外部原因、车辆其他原因（非三电因素）、充电相关原因（充电桩和充电部件）、电池包原因、其他高压电部件原因等。

3.电池包自身原因方面

在电池包自身原因方面，经过深度调查和测试分析，也存在不同场景和不同原因导致火灾的情况，涉及不同部件，如电芯（一致性、杂质）、高压元器件（保险、继电器、手动维护开关）、热管理系统、电池包物理结构、低压元器件（传感器、采集板）、插接件、绝缘隔热部件、控制策略（充放电倍率、安全阈值、临界状态控制、热失控抑制）等。

（二）企业安全控制策略

在新能源汽车操控和使用安全、热管理和充放电控制等方面，汽车企业和电池包（电芯及 BMS 关键零部件）企业的发展殊途同归。

新能源汽车企业遵从汽车用户的市场需求和产品的使用条件，研究和分析车辆的工况和环境等约束条件，形成车辆的操控和控制策略，首要因素是满足用户的使用需要，将驾驶需求和使用特点转换为整车的测试、验证、仿真等评价指标，并以此逐级展开对总成、系统、部件等方面的设计。而以电池包（电芯、BMS）为代表的关键零部件供应商以自身产品的性能和安全裕度等方面的技术界限为主要考虑因素，在满足整车企业整体要求的基础上，强调系统/总成的安全边界阈值，强化充电表、放电表、能量回馈、环境约束等方面的设计要求。

随着产能和市场的发展，在整车需求和电池系统安全方面，整车企业和电池包等关键零部件企业的技术和设计协同日益密切，向更加开放和共享、安全裕度和边界趋于一致的方向进步，在供应商选择和配套方面也采取更加密切、稳固、长效的合作机制。

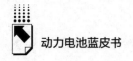

（三）动力电池安全控制策略

以动力电池系统为代表的三电关键系统和零部件重点企业，为适应整车企业级产品的需要，逐步调整和优化产品技术路线和控制策略，在提升电池包性能的同时，扩展和完善安全风险抑制和隐患消除措施，在BMS控制策略方面细化算法，包括电池荷电状态（SOC）策略（充电后期控制、主动均衡/被动均衡）、运行监控（电芯一致性和离散度偏差、高倍率调整）、电池健康度（State of Health，SOH）评估、高低温环境适应等。

三　新能源汽车安全技术进展

新能源汽车安全及风险防控技术主要包括整车控制、三电关键系统部件控制、重要工况策略、停车/下电控制、热失控和热扩散控制等。

（一）整车控制

随着新能源整车控制技术的日益成熟，智能网联车辆技术的逐步渗透，新能源汽车和智能网联汽车产品趋向同台化、共融共进化。

结合新能源汽车驾驶习惯、操控工况、使用条件等方面的研究，新能源汽车的控制策略也日趋精细化、特征化，以适合不同用途、不同地域、不同操控习惯、不同充电和休整工况的需要。

（二）三电关键系统部件控制

电池系统的产品发展主要集中在电芯前瞻技术研究以及电池系统（电池包、BMS等）整体优化技术方面。电芯前瞻技术研究包括固态电池、高镍电池、优化结构电芯、成熟电芯技术性能提升、生产加工的自动化和智能化、电芯成组技术（模块技术、模组技术）等。电池系统整体优化技术是指为迎合整车需要（结构、布置、功能、性能、安全、控制），企业之间更加深入地进行协同设计、更加开放关键数据信息、深度融合整车工况和电池系统工况策略。

当下，安全风险防范技术包括电芯的一致性和稳定性设计与加工、模块和模组的隔热/吸热/绝缘/热胀性、电解液挥发抑制、热管理系统、热监控和早期风险抑制、电池系统内部降温灭火措施等。

四　新能源汽车行业安全体系建设进展

根据主管部门对新能源汽车企业安全体系的要求，为适应产品技术和应用运行方面的需要，新能源汽车企业正在建设包含管理、运营、主要环节、售后和维护、问题应对和事故应急等多层面的安全体系。

（一）新能源汽车企业安全体系建设共性问题

1. 关于《指导意见》政策的顶层设计不到位

《指导意见》为新能源汽车企业提供安全体系建设指南，但多数企业针对政策的宣贯存在问题，组建的工作架构与各业务板块的联动不足，工作较为零散，缺乏明确的工作计划；公司上下对政策的理解不透彻，内部没有加强学习宣贯，高层参与度不足。

2. 重点内容的贯彻落实不到位

一是针对产品质量，新能源汽车产品设计文件的原理性、概述性强，无法体现具体的技术路线和性能，不能指导不同需求产品具体开发设计；供应商评审采用传统燃油汽车的模式，未突出新能源汽车关键系统部件的独特要求，与供应商之间没有做到信息共享。二是针对监测平台，部分企业安全隐患排查、数据核查等功能缺失，监测平台与售后服务的系统接口未打通，不能实现流程化信息化联动，部分功能结合应用场景有待优化。三是针对售后服务，部分企业未设置独立的动力电池检测维修区域，未结合车辆使用年限、行驶里程、故障报警信息开展隐患抽样检测等。四是针对应急响应，大多数新能源汽车企业以被动应急救援为主，缺乏主动的应急响应工作机制。

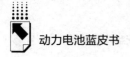

3. 对安全审查重视程度不足

《关于组织开展 2022 年度道路机动车辆生产企业及产品监督检查工作的通知》要求的新能源汽车生产企业审查重点，包括企业安全管理机制、运行监测、事故响应处置等方面的安全保障能力，监督企业贯彻落实《指导意见》要求。《指导意见》也明确要求"积极宣扬先进典型，适时曝光负面案例"。但部分新能源汽车企业安全保障能力不足，也并未依据政策实现整改。

（二）新能源汽车企业安全体系建设能力提升路径

新能源汽车企业安全体系建设能力提升路径如图 3 所示。

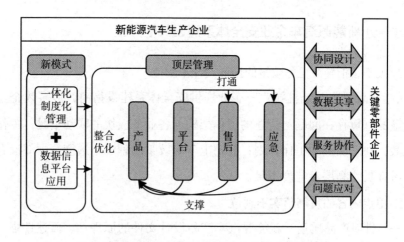

图 3　新能源汽车企业安全体系建设能力提升路径

资料来源：中汽数据绘制。

1. 加强新能源汽车企业安全体系顶层管理

《指导意见》为企业提供了在新能源汽车安全体系建设方面的指南，企业应不断按照《指导意见》给出的方向和重点领域，在公司内构建高层主导、全方位、多方参与的体系建设方案并予以实施。完善公司安全体系顶层管理，建立安全体系管理框架，加强工作的统筹领导，完善安全管理工作机制，不断加强制度化建设，明确从决策层到执行层的各方职责。

2.整车和关键系统部件企业的协作链打通

结合新能源汽车安全、运行、操控、稳定性等多方面研究的深化，整车企业和关键系统部件企业需要进行更加深入的协同设计、数据共享、服务协作、问题共同应对等合作，携手共进、齐心协力实现整车和电池系统安全和质量水平的整体优化提升。

3.注重内部各环节的流程化管理

在基本构建完成新能源汽车安全体系的同时，企业应注重内部纵向和横向等流程和环节方面的整合和优化，在关联部门之间、项目推进节点之间全面贯彻安全理念和强化风险防范措施，推进工作流程的顺畅化、系统化，聚焦全过程的安全管控。例如，打通平台与售后、应急等相关系统接口，畅通数据流、业务流，实现对数据的充分分析、研究和使用。

4.数据化和信息化不断加强

结合传统企业关联模式，在现有质量管理体系（现代企业管理）的架构下，融入大数据、信息化、系统化等方面的新方向、新趋势，建立一体化的制度管理和数据信息平台应用新模式，发挥经验型管理和数据信息新技术应用有机结合的新管理模式的优势。

5.实现前后端体系保障能力融合发展

重视前端主动应急响应工作机制、后端售后服务及事故分析调查工作机制的建立和实施，发挥售后应急服务在整个产品质量安全保障体系中的作用。

6.加强政策条款监督落实，重视相关部门的审查

针对安全体系建设政策开展集中宣贯，应覆盖部门及相关人员，营造良好的安全环境与氛围，对相关部门的审查工作严阵以待。

B.6

2021~2022年中国新能源汽车动力电池安全预警研究现状及趋势分析

何绍清　郝雄博　雷南林　蔡君同*

摘　要： 新能源汽车发生热失控事故的过程具有突发性，不易对起火点进行定位及分析发生过程，想要尽量避免车辆发生热失控，需要对动力电池潜在的故障进行剖析，包括关键材料、电芯设计、电芯制造、系统集成、滥用失效及服役老化六大类潜在故障，并需要分析原因、演化、传播以及最终是如何威胁系统正常运作的。同时，在电池故障机理研究基础上，开展电池失效预警技术研究，在包括热失控在内的种种危害问题发生前，对可能的失效进行预诊断报警，并结合预警结果开展问题排查，排除电池安全隐患，进而提升新能源汽车使用安全性，推动行业发展。

关键词： 动力电池　安全预警　算法

近年来，随着经济社会的快速发展，新能源汽车行业迎来了蓬勃发展，2022年，我国新能源汽车累计产量705.8万辆，同时销量也达到688.7万辆，同比分别增长99.1%和95.6%，市场占有率达到25.6%。消费者对电

---

* 何绍清，高级工程师，中汽数据（天津）有限公司基础研究部前瞻技术研究室主任，主要研究方向为新能源汽车监测数据产业应用；郝雄博，中汽数据有限公司研发工程师，主要研究方向为新能源汽车监测大数据分析应用、电池安全诊断分析预警技术；雷南林，中汽数据有限公司研发工程师，主要研究方向为新能源汽车监控数据应用分析；蔡君同，中汽数据有限公司研发工程师，主要研究方向为新能源汽车安全预警监测平台建设及算法开发。

动汽车的关注度也在逐年提升。当前，国内新能源汽车以纯电动汽车为主，纯电动汽车占总量的80%以上，其主要安全技术特性表现为动力电池安全、高压电安全、驱动电机安全、整车控制安全等方面，明显不同于传统的燃油燃气车辆。新能源汽车这些安全技术特性，尤其是动力电池相关安全技术还处在发展探索阶段，仍不成熟，导致新能源汽车事故尤其是着火爆炸事故时有发生。根据2018~2021年国家市场监管总局发起的79起新能源汽车缺陷产品召回案例，新能源汽车因动力电池、电控系统缺陷合计召回41次、涉及约10万辆车，这些缺陷增加了动力电池热失控、失去动力、碰撞事故等安全风险。另据新能源汽车国家监测与管理平台监管的61项新能源汽车运行数据，新能源汽车动力电池故障，包括动力电池单体一致性、高温、电池荷电状态（SOC）过高报警等，占全部监控故障总量的近1/3。由此可见，动力电池性能直接影响整车的安全性能。

动力电池内储存着大量电化学能，随着动力电池滥用和使用循环次数的增加不断衰减，动力电池内电化学能稳定性逐渐下降，导致燃烧、爆炸的风险进一步加大；此外，动力电池、驱动电机、高压线束等部件带有远超人体安全电压的高压电，存在因高压绝缘破损、高压线束短路、漏电等导致的驾乘人员触电风险。因此，新能源汽车在全生命周期内，都存在燃烧、爆炸、高压触电等安全风险，一般这些风险会随着车辆使用年限的增长而逐步增加。根据国家有关部门近期发布的统计数据，2022年第一季度累计发生640起新能源汽车火灾事故，相比上年同期增长了32%，整体上升幅度较高，而且高于交通工具火灾8.8%的平均增幅，平均每天的火灾数更是超过7起。在2022年世界动力电池大会上，中国科学技术大学教授孙金华谈及，2021年全国电动汽车火灾事故有3000余起，根据近800万辆的新能源汽车保有量计算，起火概率在万分之三左右，略高于传统燃油车。从事故统计结果来看，三元锂电池车辆占比达到60%，磷酸铁锂电池车辆占比仅为5%；按故障发生时的车辆状态划分，充电状态占比35%，行驶状态占比最高，达40%，其余25%为静止状态。

根据事故原因分析结果，车辆发生热失控事故，主要是由于动力电池故

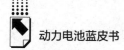

障，包括系统级故障、单体级故障及其他组成零部件或外部因素导致的故障等。但是目前也有很多案例中车辆是在停放状态或正常行驶状态，并且没有任何明显故障导致动力电池起火的事故，事故发生过程具有突发性，不易对起火点进行定位及分析发生过程。想要尽量避免车辆发生热失控，需要对动力电池潜在的故障进行剖析，包括关键材料、电芯设计、电芯制造、系统集成、滥用失效及服役老化六大类潜在故障，并需要分析其原因、演化、传播以及最终是如何威胁系统正常运作的。同时，在电池故障机理研究基础上，开展电池失效预警技术研究，在包括热失控在内的种种危害问题发生前，对可能的失效进行预诊断报警，并结合预警结果开展问题排查，排除电池安全隐患，进而提升新能源汽车使用安全性，推动行业发展。本文将从政策标准、行业发展现状及技术进展三方面展开，总结目前动力电池安全预警技术研究现状，并对未来发展趋势进行总结分析。

一　政策标准

近年来，国家不断完善新能源汽车安全技术标准体系，鼓励企业在设计制造阶段投入更多资源，用以提升新能源汽车产品安全性，同时通过加强新能源汽车运营动态监管、定期开展安全隐患车辆排查、重点溯源调查车辆事故原因等措施，确保新能源汽车运行安全。2015年以来，国务院及有关部委对个别地区出现的新能源汽车起火、自燃、热失控等安全事故高度重视，并出台多个相关政策标准文件切实保证民生安全。

2015年至今，工信部连续多年发布关于开展新能源汽车安全隐患排查及治理工作的通知。通知要求开展专项重点排查工作，对已售车辆、库存车辆的防水保护、高压连接线、动力电池、充电装置、电池箱体其他相关机械组件及易损件开展安全隐患排查工作。鼓励企业建立监控平台的7×24小时全天值班制度，安排相关联系人对接故障处理工作，对监测的车辆及动力电池系统等部件发生的状态异常、存在的安全隐患问题，提前诊断识别并采取措施有效处理。同时，工信部装备中心牵头，组织相关单位，对企业监控平台的运行状况和平台监测效能情况进行抽查，将结果反馈至工信部，督促企业对相关问题进行整改。

2016 年，GB/T 32960《电动汽车远程服务与管理系统技术规范》系列标准发布并开始实施。GB/T 32960 系列标准规定，所有新能源汽车企业均需建立企业级车辆监控平台，远程监控企业销售的每辆新能源汽车。同时，标准规定监控包括三级监控系统，由公共平台、企业平台和车载终端组成，车载终端所有采集数据全部按标准要求传输至企业平台，企业平台将车辆数据信息整合汇总后上传至公共平台，公共平台也需遵照平台数据通信协议，逐级上报数据。标准规定的监测数据范围，覆盖车辆基本系统信息，包括整车、电机、电池、发动机、位置、极值信息、报警信息以及电池的全部电压和温度数据。值得注意的是，该标准对动力电池系统相关数据的要求非常详细，规定的报警标志位总共分 18 个通用报警类型，其中 13 个与电池故障有关。标准定义字段中的极值数据指的也是动力电池系统的数据，包括电池模块层级和电池单体层级的极值信息，比如最高/最低单体电压、最高/最低温度等。电池电压数据和温度数据不只是系统的总电压、模组温度，更细化到每一个单体及每一个温度采集点的信息。

标准发布后，工信部就明确要求企业对自 2017 年起生产销售的所有新能源汽车进行监控，建立企业监测平台，并与政府公共平台完成对接、传输测试，实现对新能源汽车全生命周期运行状态的监测和管理。

2019 年 10 月 8 日，国家市场监管总局质量发展局印发《关于进一步规范新能源汽车事故报告的补充通知》。该通知要求企业销售出的新能源车辆在发生火灾事故后，除及时开展事故调查、报告车辆基本信息外，还要对同型号及同批次车辆进行安全隐患排查，对于发现存在安全隐患的车辆需要根据《缺陷汽车产品召回管理条例》及其实施办法的相关规定尽快召回，并进行排查。

2020 年，GB 38900—2020《机动车安全技术检验项目和方法》在最新修订时，增加了对新能源汽车外接充电接口、可充电储能系统、高低压线束及其连接器的外观目测检验，以及 B 级电路警告标志标识检验等要求，但

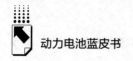

由于相关检验技术、方法等理论依据，以及专用检验设备工具缺失，仍未将动力电池、高压电、驱动电机等新能源汽车特有关键部件的安全技术性能纳入检验项目。

2020年10月20日，国务院办公厅印发《新能源汽车产业发展规划（2021—2035年）》。该规划也明确提出了安全要求，进一步压实了新能源汽车企业车辆运行安全的主体责任，指导企业建立健全车辆全周期安全保障体系。

2021年10月19日，工信部装备工业一司发布通知，开始公开征求对《关于进一步加强新能源汽车安全体系建设的指导意见》（征求意见稿）的意见。征求意见稿发布的目的是支持行业加快构建系统、科学、规范的新能源汽车安全监管体系。征求意见稿的主要内容包括总体要求、健全安全管理机制、保障产品质量安全、发挥企业监测平台效能、提高售后服务能力、做好事故响应处置、保障措施等共七章十八条。在征求意见稿发布半年后，工信部联合其他部委发布了《关于进一步加强新能源汽车企业安全体系建设的指导意见》。该指导意见明确了企业在安全管理机制、产品质量、运行监测、售后服务、事故响应处置、网络安全等方面需要具备的安全保障能力，以指导新能源汽车企业全面建立企业安全管理体系，增强新能源汽车安全性能，进而推动整体产业的高质量健康发展。该指导意见明确指出，企业要在研发设计阶段，加强与动力电池供应商的深度合作，开展协同设计，探索动力电池安全使用边界，以持续优化动力电池与整车的安全性能，改善整车热管理策略，在设计时进一步优化，提升动力电池在碰撞、振动、挤压等异常状态下的安全防护能力。鼓励企业研究应用热失控实时监测预警装置和早期抑制及灭火措施。在车辆监控方面，企业应进一步提高监测平台的效能，开展车辆安全运行状态监测，强化运行数据的分析挖掘，建立隐患车辆排查机制。鼓励企业加强对车辆运行数据的分析挖掘，梳理具有规律性、普遍性的安全问题并及时采取改进措施，持续优化产品在不同场景下的安全性能。鼓励积极研究应用先进安全预警方法，不断提升新能源汽车安全预警能力。此外，该指导意见附件《企业监测平台建设指南》对企业监测平台的功能和性能也提出了较为明确的建设要求，性能方面对平台数据接入、储存、计算、检索、稳定性及安全性等进行了全面的介绍，功能方面要求平台具备实时监测、数据核查、故障报警、隐患排查、安全预警、车辆档案等功能。此外，该指南还对平台运营管理进行基本定义，包括人员组织保障、运行管理、隐患排查、应急响应、资料管理、自我检查六个方面的内容。

可以说，国家高度重视新能源汽车的安全问题，为保证新能源汽车产业的健康发展，国家政策要求也日趋严格且具体，同时更加重视企业在新能源汽车安全中应该发挥的作用，鼓励企业开展相关技术研究，以推动行业各方深入落实主体责任；积极应用大数据、云计算等先进技术，助力动力电池安全预警技术发展，督促企业发挥监测平台效能、建立健全车辆隐患排查机制并强化运行数据分析挖掘能力，提升新能源汽车安全性。

二　行业发展现状

目前，进行安全预警技术研究的主体分为三类，包括高校和科研院所、第三方独立企业、汽车和电池主体责任单位电池厂和主机厂。主机厂又可分为传统车企和造车新势力，造车新势力由于具有互联网行业背景，在数字化、智能化转变方面具有先天的优势，在安全预警研究及应用方面，相较于传统车企发展更快且具备更好的应用场景和模式。

蔚来建设了 NIO Power 云端电池管理平台，还有面向海量数据的管理技术和电池状态评估算法技术等。云端电池管理平台能够实现电池全生命周期数据的溯源，预防电池安全隐患，精准定位故障点，大幅减少售后成本。其数据平台包含了数据采集汇聚、数据治理、数据管理和任务管理等模块，将来自多数据源的数据，经处理后，以接口、订阅等形式，向上层应用提供数据服务。车辆数据分析平台是基于数据平台的主要应用，它主要包含了车辆数据平台，车辆故障的分类、标识、历史数据关联，以及车辆故障预警等一系列功能。电池数据分析平台亦是基于数据平台的主要应用，它主要涵盖了

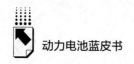
电池的价值分析和安全分析两个部分。其中，价值分析主要包含了电池的健康度、衰减等主流指标分析；而安全分析则和车辆平台紧密结合，提供了电池预警等和电池安全相关的分析和预测。此平台已在国内某主流新能源车企部署，积累了颇多的应用经验。

小鹏应用大数据技术在动力电池预警方面，建立了数据的存储和分发平台，跟踪电池主要性能指标，建立指标评价体系，对劣化趋势电芯进行标签处理。该平台有电池实时预警模型及"T+1"预警模型，能够实现实时数据链接 Flink、电池安全预警，并建立售后质量团队的联合响应机制，提供可视化 UI 系统；同时，有云端学习模型，可以基于各种事故数据，对电池质量问题进行早期识别和报警。

相较于造车新势力在安全预警研究方面的较早起步，近年来基于数字化、智能化转型的需要，传统车企也逐渐开始探索挖掘汽车大数据应用，并在电池安全预警技术研究方面取得了一些成果。

北汽新能源在大数据应用方面，做到了对数据的采集，如采集车辆的最新电量情况并及时反馈给用户，同时能够采集车辆的行为数据、充电数据、热力数据等。随着北汽新能源产能的不断扩大，目前各业务系统中积累了大量的数据，其中车辆监控平台已经有 300~400T 的数据。平台通过对数据进行分析和挖掘，生成用户行程报告；用户也可以对车辆进行健康体检，通过大数据算法，对车辆驾驶、充电等信息进行筛选计算，完成电压模型筛选，从而得出电池故障预警结果。根据故障的紧急程度，设置报警等级，通过即时通信手段或者监控平台对外输出报警信号，并且在内部业务系统中进行流程打通。北汽新能源还搭建了"云端电池管理—车端 BMS"智能互联大数据平台，借助大数据平台的计算及存储能力，基于 GB/T 32960《电动汽车远程服务与管理系统技术规范》对动力电池进行风险评估和安全预警，推送超过设定阈值的动力电池和车辆相关风险情况，从云端预防部分可能发生的安全事故。除此之外，还可对动力电池包画像，对不同的电池包整体性能进行评估和分析，为研发和测试端提供数据支撑。

比亚迪也借助清华大学研发能力开发了相应的安全预警系统，提出了

SOC、能量状态（SOE）、功率状态（SOP）、健康状态（SOH）等主流领域的方案，能够进行电池容量、剩余能量、峰值功率预测等，基于多项指标评价结果和云端充电大数据，通过评分体系量化的方式评价电池组的一致性。同时，比亚迪提出了全工况适用的电池内短路检测方法以及基于充电数据的电池内电路检测方法。

长城汽车动力电池预警平台已预警监控车辆约 28 万辆，整体查全查准率已达双 90%，其中针对蜂巢能源电池整体预警查全查准率已达到双95%。动力电池预警平台已监控长城 50 款以上的整车型号，覆盖蜂巢、宁德时代、塔菲尔、孚能、捷威、国轩、比亚迪等电池供应商；电池类型覆盖三元锂、磷酸铁锂等化学体系；动力类型覆盖纯电动汽车（BEV）、插电式混合动力汽车（PHEV）、混合动力汽车（HEV）；预警区域覆盖中国、东盟、欧盟三大区域。车辆数据通过车载远程信息处理终端 T-BOX（Telematics BOX）实时上传至企业监控平台，企业监控平台实时转发至国家、地方监控平台。

三 技术进展

（一）动力电池安全预警算法概况

目前主流的动力电池安全预警算法分为三种，分别是阈值类算法、统计学算法、机器学习算法。其中，阈值类算法和统计学算法是目前车企采用的主流算法，机器学习算法是车企未来算法的发展方向。

（二）各类主流动力电池安全预警算法简介

1.阈值类算法

（1）算法简介。根据车辆采集的数据字段有无超过算法初始预设的模型阈值，判断车辆电池是否需要进行预警处置。根据电化学机理建立阈值类算法，常用的车辆数据有电压、温度、电压变化率、温度变化率、绝缘电阻

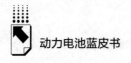

变化值等。算法根据不同阈值判断不同预警等级。

（2）算法优缺点。阈值类算法的优点为模型简单、计算量小，缺点为难以做到提前较长时间的预警。

2. 统计学算法

（1）算法简介。统计学算法对同类车辆的电压、电池容量、温度、绝缘电阻等数据分布特征进行聚类分析，识别离群车辆，以实现风险预警，常见分析手段有线性回归、高斯分布、方差与标准差、相关系数、峭度、信息熵等。

（2）算法优缺点。统计学算法的优点为模型可有效对车辆情况进行预警，计算量较小，便于监测平台实时处理；缺点为模型通用性差，参数设置影响度高。

3. 机器学习算法

（1）算法简介。机器学习算法是基于车辆大数据，利用大数据分析工具训练机器学习模型，从而构建的用于车辆的预警模型。其常见数据分析算法有神经网络算法、孤立森林算法、进化算法等。机器学习算法的工作流程为首先获取车辆电池安全相关数据，对数据进行特征工程分析，结合电池安全特性，构建数据特征参数，包括电池温度、电压、温差、极值等，之后结合特征分析方法对特征参数进行过滤提取；结合电池原始数据构建电池特征参数后，利用带有标签的电池温度、电压、绝缘电阻等参数集组成模型训练集，输入神经网络进行训练，建立车辆动力电池安全预测模型；模型训练完成后即可利用模型进行电池安全问题预警，采集当前动力电池数据，输入车辆动力电池安全预测模型，根据输出结果对电池是否存在潜在失效风险进行诊断。机器学习算法可随车辆动力电池安全相关数据的更新逐步扩展模型训练集，对车辆动力电池安全预警模型进行更新。

（2）算法优缺点。机器学习算法的优点为模型构建过程简单，模型对当前车型准确性高；缺点为模型训练时间长，需要大量标签数据，可解释性差。

（三）动力电池安全预警算法模型详细介绍

1. 阈值类算法

阈值类算法根据不同阈值判断风险等级，下面是几种具体的阈值类算法。

（1）离线超时预警。车辆停止上传数据的时长应小于 14 天，若超过该阈值，则触发离线超时预警。

（2）绝缘异常预警。若存在某一电池绝缘阻值的最大值小于 500kΩ，则触发电池绝缘异常预警。

（3）数据有效率低预警。监测电池上传数据包的有效率，即当日有效数据包占总数据包的比例。若数据不存在空值、超限值、逻辑错误值则该数据包记为有效包。电池当日上传数据包的有效率应大于 95%，若存在某一电池低于该阈值，则触发数据有效率低预警。

除上述指标外，阈值类算法还包括温升异常、电压下降异常、电压上升速率异常等具体算法。

2. 统计学算法

以下面两个具体模型为例对统计学算法原理进行说明。

一是分数模型与统计模型（以动力电池电压变化率为例）。定义分数模型指标函数为：

$$Z_{i,j} = \frac{u'_{i,j} - avg_i}{\sigma_i} \tag{1}$$

式中 $Z_{i,j}$——电芯 j 在 i 时刻的电压变化率分数；$u'_{i,j}$——电芯 j 在 i 时刻的电压变化率；avg_i——i 时刻各电芯电压变化率的均值；σ_i——i 时刻各电芯电压变化率的标准差。

定义统计模型指标函数为：

$$W_j = \sum_{t=t_1}^{t_2} \frac{u'}{\text{V}Roc} - \frac{1}{n} \tag{2}$$

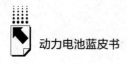

式中W_j——$t_1 \sim t_2$时间段内j号电芯电压变化率的累计偏差；n——电池单体个数；$VRoc$——t时刻各电芯电压变化率之和。

获取电池的运行数据信息，包括不同数据采集时间的单体电压，根据所收集运行数据信息获得电压变化率；分别对所得电压变化率执行分数模型量化和统计模型量化；判断所得分数模型量化和统计模型量化结果是否异常，若异常则发出预警信息。

二是动力电池电压分布预警模型。获取动力电池内最大单体电压和最小单体电压，并计算压差为第一压差；计算动力电池的平均单体电压，之后计算电芯的电压与平均单体电压之间压差为第二压差；根据第一压差和第二压差计算对应电芯的电压偏离程度，即第二压差与第一压差的比值。在第一压差大于等于压差阈值且电芯的电压偏离程度满足第一预警条件（电压偏离程度的绝对值大于等于偏离阈值且持续第一预设时长）的情况下，触发单体预警；在第一压差大于等于压差阈值且所述动力电池的所有电芯的电压偏离程度满足第二预警条件（电压偏离程度满足第一预警条件的电芯所占比例大于等于比例阈值且持续第二预设时长）的情况下，触发动力电池预警。

统计学算法原理相对容易理解且可解释性较好，即利用统计学原理对原始数据进行分析，并同时对在原始数据基础上衍生的各类电池关联特征参数进行统计学习分析，结合数据格式与分析目的，从各类统计算法中选择合适的分析模型与算法，并结合实际数据对模型和算法加以改进与优化。

3. 机器学习算法

目前，利用机器学习算法进行车辆安全预警的整车企业还相对较少，但各家车企正积极推动自家平台的机器学习预警模型开发。华为作为行业内领先的数据应用企业，提供了众多的电池安全服务，如电池热失控预警、电池故障检测等。其原理就是基于电化学机理，利用机器学习算法，构建复杂关系模型，从而实现动力电池安全问题的精准预测诊断。为提升算法准确性，华为结合动力电池半实物仿真系统，构建用于模型训练的海量数据样本，同时与实车样本数据结合进行分析，以增强模型训练效果。

传统车企在机器学习算法方面也在逐步加大投入力度，以长城汽车为例，其正大力推动机器学习预警模型开发。一方面，基于车辆的电压特征、内阻特征、绝缘特征等信息进行归一化及相关性分析，从而生成机器学习算法的一部分输入数据；另一方面，利用车辆的最高温度、最高电压、行驶里程等数据，采用深度学习算法进行特征提取，并将结果用于机器学习模型的输入数据，从而进行预警分类与预警排序。相较于传统算法，机器学习算法预警精确度有较大提高。但是训练后的机器学习算法受车型数据影响较大，使用单一车型数据进行训练，再对其他车型进行测试，其预测精度波动性较大，这也是机器学习算法的局限。原始数据对模型的适用性及准确性影响很大，为达到理想的预测效果，需要选定合理训练集，并利用海量数据进行模型训练升级。

四　发展趋势

提前诊断车辆安全隐患问题并告警，同时采取相应排查处置措施，是保证车辆用户安全、降低财产损失的有效方式。行业内各主机厂、电池供应商等应积极开展合作，持续发力电池失效分析，继续深入开展电池安全预警技术研究，确保电动汽车使用安全，助力行业健康及可持续发展。

下一步相关企业应基于电池实际制造及使用场景特性，开展电池失效机理分析，结合更多先进传感采集技术及大数据分析、人工智能算法，研发更高效、适用性强的实时在线预警策略和算法，发展电池数字孪生技术，形成更可靠的全生命周期、全流程电池安全预警诊断方法，并制定相关标准，促进行业整体向上发展。

（一）预警技术发展

有关电池失效的研究，在业内已广泛开展并取得了比较大的进展，但多数还停留在实验室理论研究分析阶段。由于汽车运行场景多样性及使用环境

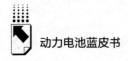

的复杂性，以及新能源汽车动力电池的失效模式多种多样，且电池各物理量因素相互耦合，实车环境下的电池失效分析很难对电池失效演变过程进行刻画。未来需针对实际应用场景下的动力电池进行更深入研究，摸清电池内部失效机制、传播扩散行为，挖掘具有明确物理意义、简单实用的特征参数，并能够描述从电池单体、电池模组到电池系统的失效行为准则，提高电池安全预警实际工程应用价值。

同时，在安全预警技术研究方面，当前企业及高校科研机构都提出了各种故障诊断及安全预警算法，部分企业或机构在前期的数据积累和电池失效理论研究基础上，也建立了较为先进的算法机制，并在部分场景中取得了较好的应用效果。未来，随着5G、AI、物联网及云计算等技术的进一步发展，云端计算处理和数据传输速度将会大幅提升，伴随电池失效原理分析的突破，可基于大数据计算及人工智能应用构建电池安全智能诊断机制，实现高效、准确、全面的安全风险识别。

（二）大数据数字孪生技术应用

为解决电池老化和安全性问题，可通过引入数字孪生技术，实现电池状态的实时监测。通过数字孪生技术，充分应用物理特性及实际采集信息和历史运行数据等，集成多维度、多参数及多学科仿真技术，在虚拟空间模拟实体锂电池在全生命周期内的行为表现，实现电池组运行过程的预测。利用云端大数据平台与智能算法孪生出电池数字模型，通过该模型与车辆边端计算的功能协同，对新能源汽车动力电池状态进行监控，把实时数据传输至云端平台，进行电池安全预警及分析处理。基于平台记录的历史数据，结合云端的强大算力和充足的存储空间搭建电池孪生模型，预计电池未来操作和行为反馈，优化电池行为和性能，大幅提升电池故障监测预警能力。

（三）标准助力电池安全发展

未来，随着新能源汽车产业快速发展，电池安全预警作为有效提升电池使用安全性的重要途径，亟须通过相关标准进行约束，以强化电池远程安全监管能力。目前，我国动力电池安全标准的要求主要是，针对新出厂动力电池安全测试，能够保证电池在使用初期的安全性，但是电池在实际使用过程中，随着充放电循环次数的增加，其热稳定性是逐渐下降的。从电池使用的全生命周期来看，使用中后期才是电池故障失效的高发期，同时由于车辆使用过程中各种可能的突发问题，需在电池实际应用过程中进行实时的监测，并对电池潜在失效问题进行诊断预警。为更好地促进行业发展，有必要针对动力电池安全预警防护机制制定科学合理的标准。

B.7

2021~2022年中国新能源汽车
动力电池"双碳"发展报告

温梦溪 桑向伟 贾陈晰*

摘　要： 当前，我国绿色低碳经济政策逐步完善，继"双碳"目标顶层设计政策文件颁布之后，能源、工业、交通等重点领域的实施方案均已制定。交通行业低碳解决方案以新能源汽车为代表，而动力电池正是新能源汽车的核心部件。动力电池赋能"双碳"目标，其生产过程中的碳排放不容忽视。动力电池生产过程的节能降碳，要从碳排放量占比高的材料生产和电池组加工环节着手，实现从原料生产到回收的全产业链创新，在生产管理体系中引入"零"碳排标准。未来动力电池企业应重点突破锂资源高效利用、矿石和卤水提锂以及高性能磷酸铁锂制备等关键技术，打造零碳工厂或零碳园区；同时，应重视碳资产管理和开发，通过金融创新盘活碳资产，助力节能降碳项目的实施，促进动力电池行业尽早实现碳达峰。

关键词： "双碳"　碳排放　碳资产管理

根据联合国政府间气候变化专门委员会（Intergovernmental Panel on Climate Change，IPCC）发布的《全球升温1.5℃特别报告》（*Special Report*

---

* 温梦溪，中汽数据有限公司咨询研究员，主要研究方向为动力电池碳足迹核算、"双碳"政策；桑向伟，中国建筑材料工业规划研究院工程师，主要研究方向为工业园区全生命周期评价；贾陈晰，中汽数据有限公司咨询研究员，主要研究方向为动力电池产业发展趋势。

on Global Warming of 1.5℃），只有在 21 世纪中叶实现全球范围的净零碳排放，才有可能实现全球变暖温升幅度不超过 1.5℃，从而减缓极端气候给人类带来的危害。在此背景下，各国政府纷纷设定碳中和目标，并出台相关的法律法规。中国工程院院士、清华大学碳中和研究院院长贺克斌在"2022 工程创新服务绿色低碳发展高级别研讨会"上表示，截至 2021 年底，全球已有 136 个国家做出了"碳中和"承诺，覆盖了全球 88% 的二氧化碳排放、90% 的 GDP 和 85% 的人口。我国"双碳"目标提出有着深刻的国内外发展背景，必将对经济社会产生深刻的影响；"双碳"目标的实现也应放在推动高质量发展和全面现代化的战略大局和全局中综合考虑和应对。

在党的二十大新闻中心举行的记者招待会上，生态环境部有关负责人指出，相较于 2005 年，2020 年我国的碳排放强度已下降约 50%，但仍为发达国家的 2~3 倍。2022 年 7 月，中汽数据发布的 2022 年度《中国汽车低碳行动计划》指出，2022 年我国汽车行业全生命周期碳排放总量达 12 亿吨，大力发展新能源汽车成为交通行业碳减排的重要途径。动力电池作为新能源汽车核心部件，其产业链减碳零碳将为新能源汽车行业碳中和打下重要基础。为落实自身减碳目标，动力电池企业需要积极开发和运用碳资产，深入研究和应用各类降碳技术。

一 政策概览

2022 年 11 月 6~20 日，《联合国气候变化框架公约》第二十七次缔约方大会（COP27）于埃及沙姆沙伊赫举行，主办方埃及表示，有 100 多个国家的领导人计划出席此次大会。COP27 围绕 4 个主要议题展开：减缓（减少温室气体排放）、适应（适应极端气候）、融资和合作。面对温室气体排放的持续影响，各国推进能源转型的意愿强烈，行动加快。

2020 年 9 月，我国提出"双碳"目标后，以"1+N"政策体系确定了"双碳"目标的时间表、路线图和施工图，目前正在全方位大力推

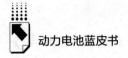

进。2022 年第一季度至第三季度，国家层面出台涉及"双碳"内容政策 70 余项，进一步细化各部委、各行业"双碳"工作实施方案，包括《科技支撑碳达峰碳中和实施方案（2022—2030 年）》《工业领域碳达峰实施方案》《关于加快建立统一规范的碳排放统计核算体系实施方案》《建立健全碳达峰碳中和标准计量体系实施方案》等重点文件；地方层面发布"双碳"政策 220 余项，北京、上海、广东、天津、江苏等地陆续结合本地区实际情况出台更加具体的"双碳"工作实施方案。

海外方面，欧盟理事会于 2022 年 3 月 17 日一致通过《欧盟电池与废电池法规》总体路径，其中包含与动力电池产品碳足迹相关的要求。美国《通胀削减法案》于 2022 年 8 月 16 日由总统拜登在白宫签署，将提供高达 3690 亿美元的补贴，以支持电动汽车、关键矿物、清洁能源及发电设施的生产和投资。

（一）《科技支撑碳达峰碳中和实施方案（2022—2030年）》

2022 年 6 月 24 日，科技部等九部门印发《科技支撑碳达峰碳中和实施方案（2022—2030 年）》（以下简称《方案》），提出了 10 项具体行动，涉及基础研究、技术研发、应用示范、成果推广、人才培养、国际合作等多个方面，设定"到 2025 年实现重点行业和领域低碳关键核心技术的重大突破，到 2030 年大幅提升能源技术自主创新能力"的行动目标。动力电池行业技术方面，《方案》第三部分"城乡建设与交通低碳零碳技术攻关行动"提出，力争到 2030 年，动力电池关键技术取得重大突破；第五部分"前沿颠覆性低碳技术创新行动"提出，研究固态锂离子、钠离子电池等更低成本、更安全、更长寿命、更高能量效率、不受资源约束的前沿储能技术。支撑行动方面，《方案》第七部分"碳达峰碳中和管理决策支撑行动"提出，开展碳减排技术预测和评估，构建不同产业门类的碳达峰碳中和技术支撑体系。《方案》对标《关于完整准确全面贯彻新发展理念做好碳达峰碳中和工作的意见》和《2030 年前碳达峰行动方案》有关部署，针对我国各重点行业碳排放基数和到 2060 年的减排需求预测，系统提出了科技支撑碳达峰碳中和的创新方向,统筹低碳科技示范和基地建设、人才培养、低碳科技企业培育和国际合作等措施,推动科技成果产出及示范应用,对全国科技界以及相关行业、领域、地方和企业开展碳达峰碳中和科技创新工作起到了指导作用。

(二)《工业领域碳达峰实施方案》

2022年7月7日,工信部等三部门联合印发《工业领域碳达峰实施方案》,通过调整产业结构、发展循环经济、推进工业领域数字化转型等举措,助力工业领域节能降碳。该方案明确,到2025年,规模以上工业单位增加值能耗较2020年下降13.5%。"十五五"期间,基本建立以高效、绿色、循环、低碳为重要特征的现代工业体系。确保工业领域二氧化碳排放在2030年前达峰。该方案涉及工业领域的各个细分行业,提出要围绕新一代新能源、新材料、高端装备、新能源汽车、绿色环保以及航空航天、海洋装备等战略性新兴产业,打造低碳转型效果明显的先进制造业集群。对比《新能源汽车产业发展规划(2021—2035年)》提出的,到2025年新能源汽车新车销售量达到汽车新车销售总量的20%左右的目标,该方案对新能源汽车的发展目标进行了更为长远的规划,明确2030年新增新能源、清洁能源动力的交通工具比例达到40%左右,动力电池行业规模将随之进一步提升。该方案提出大力发展循环经济的重点任务,要求加强再生资源循环利用,推动新能源汽车动力电池回收利用体系建设。总体而言,该方案既全面又重点突出,重视协同治理,强调市场化手段的应用,同时强化示范项目引领。

一是内容全面,涉及与工业低碳发展相关的管理制度、技术创新、产业转型等方方面面的内容。同时,重点突出,明确了调整产业结构、节能降碳、绿色制造体系建设、循环利用、技术创新、数字化转型等重点任务,以及重点行业达峰行动、绿色低碳产品供给提升行动等重点工作。

二是重视协同治理,提出减污降碳、节能减碳等治理的协同;化石能源与非化石能源以及各种非化石能源利用的协同;生产与消费,以及工业与交

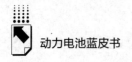
通运输、城乡建设等领域低碳发展的协同。

三是注重市场化手段应用，在 6 项"政策保障"中，有 3 项与市场化手段直接相关，强调通过完善税收政策体系，推进碳排放权、用能权、电力交易市场建设，扩大绿色信贷投放等，逐步健全基于市场的正向激励机制，提升企业参与节能减碳的积极性。

四是强化示范项目引领，立足工业绿色低碳发展实际，结合碳达峰碳中和目标，继续发挥绿色制造示范的作用，通过打造绿色低碳工厂、绿色低碳工业园区、绿色低碳供应链，树立低碳发展典型，进而带动更多企业、园区的低碳转型。

（三）《关于加快建立统一规范的碳排放统计核算体系实施方案》

2022 年 8 月 19 日，国家发改委等三部委印发《关于加快建立统一规范的碳排放统计核算体系实施方案》（以下简称《实施方案》），提出到2023 年初步建成统一规范的碳排放统计核算体系，到 2025 年进一步完善该体系，为碳达峰碳中和工作提供全面、科学、可靠数据支持。为了保证碳排放统计核算工作始终服务"双碳"工作大局，必须用统一的规范在方法、数据统计等多种差异下实现统计核算体系的指向明确、导向一致、权责清晰、程序规范。《实施方案》对于碳排放统计核算体系的规范统一主要体现在三个方面。一是部门权责的清晰统一，《实施方案》提出加强碳达峰碳中和工作领导小组的统一领导；二是重点任务的衔接有序，将围绕全国及省级地区、行业企业、重点产品碳排放统计核算以及国家温室气体清单四方面重点任务，建立统一的工作要求和机制框架；三是重要参数的规范一致，《实施方案》提出建立国家温室气体清单排放因子数据库，大力提高不同维度、不同层面碳排放统计核算数据权威性、可比性，强化数据规范应用。《实施方案》特别提出完善行业企业碳排放核算机制的重点任务，要求加快建立覆盖全面、算法科学的行业碳排放核算方法体系，企业碳排放核算应依据所属主要行业进行。《实施方案》搭建碳排放统计核算框架体系，详细明确隶属于该框架的标准，碳达峰碳中和的覆盖领域范围、应建立的标准,实现了相关标准、文件的有机统一。《实施方案》的实施将推动动力电池行业统一碳排放统计核算体系的建设。

(四)《建立健全碳达峰碳中和标准计量体系实施方案》

2022年10月31日,国家市场监管总局等九部委联合印发《建立健全碳达峰碳中和标准计量体系实施方案》(以下简称《体系实施方案》),明确我国建立健全碳达峰碳中和标准计量体系工作总体安排,科学指导相关行业、领域、地方和企业开展碳达峰碳中和标准计量体系建设工作。《体系实施方案》围绕建立完善碳达峰碳中和标准计量体系,提出完善碳排放基础通用标准体系、加强重点领域碳减排标准体系建设、加快布局碳清除标准体系、健全市场化机制标准体系、完善计量技术体系、加强计量管理体系建设、健全计量服务体系七个方面重点任务,提出碳达峰碳中和标准计量体系框架(见图1)。

《体系实施方案》细化《国家标准化发展纲要》《计量发展规划(2021—2035年)》等专项规划的工作部署,是新形势下统筹推进碳达峰碳中和标准计量体系建设的纲领性文件。《体系实施方案》的实施,将推动碳达峰碳中和标准计量体系在各行业、各领域全面发展,通过各有关部门、地方和单位各司其职、共同努力,对建立健全碳达峰碳中和标准计量体系发挥重要的推动作用,为统筹有序做好碳达峰碳中和工作、促进经济社会高质量发展提供坚强保障。《体系实施方案》的实施,将加快动力电池行业"双碳"标准制定。

(五)《欧盟电池与废电池法规》

2023年7月10日,欧盟理事会通过《欧盟电池与废电池法规》,对欧洲电池产业链实施全面监管,包括引入碳排放量、原材料供求、可再利用原材料使用比例等具体环保规定。该法规第二章"可持续性安全要求"第七条对电动汽车电池碳足迹提出要求,在法规生效后的不同时间范围内逐步要求动力电池产品随附碳足迹声明、加贴碳足迹性能等级标签、符合生命周期最大碳足迹阈值。

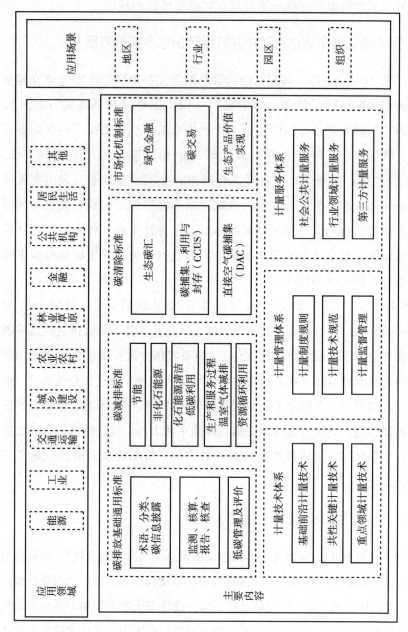

图 1　碳达峰碳中和标准计量体系框架

资料来源：国家市场监管总局。

（六）美国《通胀削减法案》

美国《通胀削减法案》于 2022 年 9 月正式成为立法，涵盖气候变化、医保、税改等多个领域，在应对气候变化方面，主要通过三方面措施来促进绿色投资，分别是家庭能源使用优惠、税收减免、能源消费减免。通过各行业不同的应对气候变化政策，大幅减少电力生产、交通、工业制造、建筑和农业等领域的碳排放，包括为各州公用事业单位和企业提供税收抵免和拨款支持，从而加快清洁能源技术开发推广。补贴政策要求锂电池部件（含正负极、铜箔、电解液、电芯以及模组）由美国或与美国签订自由贸易协定的国家制造或组装的价值量大于 50% 才可获得相应的税收减免。从长期的角度看，在补贴政策驱动下，中国、日本等国的锂电池及材料企业或将加速向美国或其贸易协定国转移。

二 碳排放现状

（一）全球碳排放

2023 年 3 月，国际能源署（IEA）发布的《全球能源回顾：2022 年二氧化碳排放》报告指出，2022 年，全球与能源相关的碳排放进一步增加，达到 368 亿吨以上（2021 年为 363 亿吨），创下新纪录。但国际能源署也指出，由于绿色能源和技术的兴起，这一创纪录水平低于预期。

如图 2 所示，2021 年全球碳排放量排名前十国家分别为中国、美国、印度、俄罗斯、日本、伊朗、德国、韩国、沙特阿拉伯、印度尼西亚。其中，中国、印度是人口大国，碳排放量分别为 105.230 亿吨、25.528 亿吨；美国碳排放量为 47.011 亿吨，是人均碳排放量最高的国家。

（二）全国碳排放

经生态环境部初步核算，2021 年，中国单位国内生产总值（GDP）碳

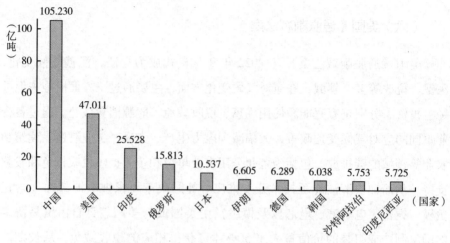

图2　2021年全球碳排放量排名前十国家

资料来源：BP Amoco。

排放比2020年降低3.8%，比2005年累计下降50.8%，非化石能源消费占一次能源消费比重达到16.6%，风电、太阳能发电总装机容量达到6.35亿千瓦，单位GDP煤炭消耗显著降低，森林覆盖率和蓄积量连续30年实现"双增长"。如图3所示，近几年，我国碳排放规模呈现增长态势，2022年中国碳排放量为114.8亿吨，同比增长9.1%。

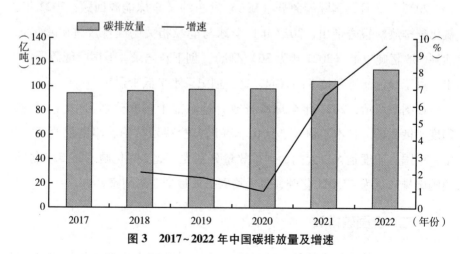

图3　2017~2022年中国碳排放量及增速

资料来源：共研网。

生态环境部发布的《中国应对气候变化的政策与行动 2022 年度报告》显示，2022 年全国碳排放权交易市场启动一周年，碳市场碳排放配额累计成交量 1.94 亿吨，累计成交金额 84.92 亿元。根据国际能源署公布的数据，从碳排放来源来看，我国碳排放主要来自电力行业，2021 年，我国电力行业的碳排放量占全国碳排放总量的 48%，工业碳排放量占 36%，交通及建筑领域碳排放量占比分别为 8% 和 5%（见图 4）。

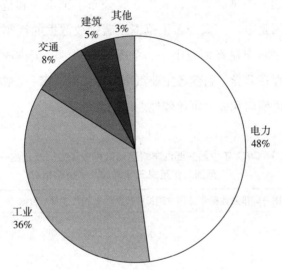

图 4　2021 年中国碳排放行业分布情况

资料来源：IEA，前瞻产业研究院整理。

2021 年，中国交通领域的碳排放占我国碳排放总量的不到 10%，其中汽车碳排放是主体。[①] 哈尔滨理工大学教授、汽车电子驱动控制与系统集成教育部工程研究中心首席科学家蔡蔚团队研究数据显示，按照我国当前的煤发电比例 71% 进行计算，相比于开燃油车，开纯电动汽车可减少约 42% 的碳排放。[②]

---

① 《加快形成绿色低碳运输方式》，《人民日报》2022 年 1 月 14 日。
② 《电车＝环保，是骗局？ 数据告诉你答案！》，"车主指南"企鹅号，2023 年 1 月 25 日，https：//new.qq.com/rain/a/20230125A01OR700。

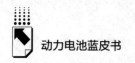

（三）全国新能源汽车动力电池行业碳排放

依据 2021 年中国机械工业联合会与中国汽车工业协会共同发布的"中国汽车工业整车二十强名单"和中国汽车工业协会公布的"2021 年乘用车销量数据"等综合信息，整理行业主要汽车制造商所发布的 ESG 报告、可持续发展报告和企业社会责任报告，结果发现，2021 年 6 家行业主要汽车制造商公布了相关碳排放数据，其中 5 家公布了范围一和范围二碳排放数据，而吉利集团是唯一一家公布了范围三碳排放数据的汽车制造商（见表1）。由于各主要汽车制造商范围一、范围二和范围三碳排放数据的统计口径和计算方法存在差异，目前各主要汽车制造商的范围一、范围二和范围三碳排放数据缺乏横向和纵向可比较性。

表 1　2021 年中国主要汽车制造商碳排放量数据及范围一、
范围二和范围三碳排放数据披露情况

制造商	范围一碳排放数据	范围二碳排放数据	范围三碳排放数据	碳排放量数据
上汽集团	×	×	×	√
吉利集团	√	√	√	√
东风集团	√	√	×	√
长城汽车	√	√	×	√
比亚迪	√	√	×	√
广汽集团	√	√	×	√

注：√代表已披露，×代表未披露。
资料来源：Greenpeace、上市公司年报、ESG 报告，中汽数据整理。

2021 年，比亚迪、上汽集团、长安汽车分别以 522 万吨、521 万吨、313 万吨碳排放位列中国上市车企前三（见图5）。中国工程院院士孙逢春核算，生产一辆燃油乘用车的碳排放是 9.2 吨，而生产一辆三元锂电池乘用车的碳排放为 14.6 吨，生产一辆磷酸铁锂电池乘用车则达 14.7 吨。新能源汽车碳排放可分为车辆周期碳排放和燃料周期碳排放，如图6 所示，随着车辆电动化程度的提高，动力电池碳排放在车辆周期碳排放中的占比逐渐提高，在常规

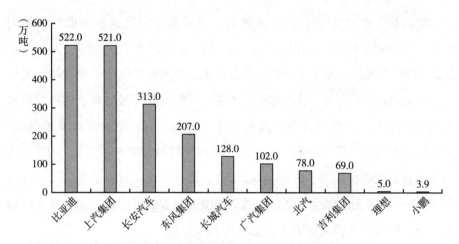

图5 2021年中国部分上市车企碳排放数据

资料来源：中汽协、上市公司年报及ESG报告，中汽数据整理。

混动乘用车中为0.4%，在插电式混动乘用车中为15.0%，在纯电动乘用车中为37.4%。欧洲运输与环境联合会（EFTE）数据显示，动力电池生产阶段碳排放最高可以占据电动汽车全生命周期碳排放的60%以上。在纯电动乘用车生产阶段，动力电池平均碳排放量高于纯电动乘用车其他部件平均碳排放量之和，在此背景下，未来动力电池生产零碳化将成为交通脱碳的重要基础。

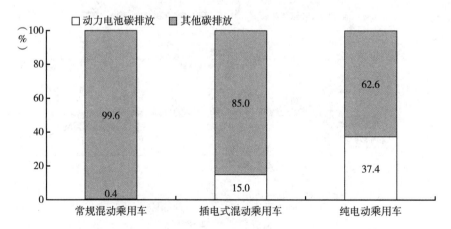

图6 动力电池碳排放在车辆周期碳排放中的占比（分车型）

资料来源：中汽数据整理。

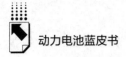

现阶段，生产 1 千瓦时三元锂电池和磷酸铁锂电池所需能耗分别为82.91 千瓦时和 85.78 千瓦时，折算碳排放量分别为 5.06 万吨/吉瓦时和5.23 万吨/吉瓦时，基于 1 千瓦时容量视角，磷酸铁锂电池平均碳排放量比三元锂电池高 3%左右。动力电池碳排放主要集中在正极材料、负极材料和电池生产环节，三者合计占比接近 90%。可见，动力电池生产要想脱碳，需要针对相关环节开发减碳项目。动力电池原材料回收利用方面，1kg 再生型三元材料的碳排放因子为-9.42kgCO$_2$e，相较于三元材料碳排放因子降低了 154%。以三元锂电池为例，使用 30%质量分数的再生型三元材料生产动力电池，可将三元锂电池碳排放量降低 20%左右。

三　碳资产变现

碳资产是指在强制碳排放权交易机制或者自愿碳排放权交易机制下，产生的可直接或间接影响温室气体排放的配额排放权、减排信用额及相关活动，也是运用市场化手段推动行业"双碳"战略目标按期实现的重要工具。碳资产运营具体流程见图 7。

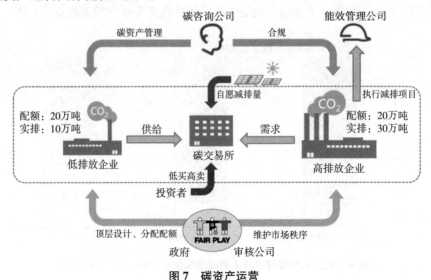

图 7　碳资产运营

资料来源：中汽数据整理。

（一）碳资产管理

在"双碳"目标下，开展新能源汽车动力电池碳资产管理，不仅有助于实现企业碳中和目标，还能结合企业自身清洁能源的属性，增加企业的经济收益并凸显企业的低碳品牌形象。目前，新能源汽车动力电池企业的碳资产主要由减碳信用额构成，未来随着行业被纳入碳交易体系，新能源汽车动力电池企业也将被纳入碳排放管控体系。新能源汽车动力电池企业进行碳资产管理，既是战略性、系统性地围绕碳资产的开发、规划、控制、交易和创新的一系列管理行为，又是依靠碳资产实现新能源汽车动力电池企业价值增值的完整过程。动力电池全生命周期碳排放摸排示意见图8。

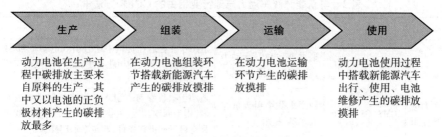

图8　动力电池全生命周期碳排放摸排示意

资料来源：中汽数据整理。

目前，动力电池企业碳资产管理框架主要包括构建企业碳资产管理体系、摸排企业碳家底和运营企业碳资产。

构建企业碳资产管理体系，主要包括制定企业碳资产管理制度、设计企业碳资产管理体系和明确企业碳资产管理权责。根据企业战略规划及定位，确定企业碳资产管理的架构形式、组织机构及人员配备，未来结合企业采用的交易策略和流程制定企业碳资产管理制度，完成碳资产管理体系建设。

摸清企业碳家底是企业碳资产管理的基础，摸排企业碳排放、产品碳足迹、企业现有碳资产和潜在碳资产，有助于完善碳资产管理过程的质控体系。摸排企业碳家底主要包括摸排企业碳排放情况、摸排产品碳足迹、摸排企业现有国家核证自愿减排量（Chinese Certified Emission Reduction，CCER）和清

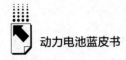

洁发展机制（Clean Development Mechanism，CDM）项目及潜在碳资产、寻找可行的减排点和可申报 CCER 与 CDM 项目的技术。摸排企业碳排放情况重点在于摸清新能源汽车动力电池产品生产、组装、运输和使用全生命周期碳排放情况，探索碳减排空间，实现碳减排。在摸排企业现有 CCER、CDM项目和潜在碳资产，寻找可行的减排点和可申报 CCER 与 CDM 项目的技术方面，目前新能源汽车动力电池行业已有相关的 CCER 方法学，但尚无CCER 项目，具体见表 2。CCER 项目的申请有望重启，新能源汽车动力电池企业可以基于自身的节能技改申报 CCER 项目，经第三方核证后，在碳交易市场进行交易。

表 2　与新能源汽车动力电池行业相关的 CCER 方法学

	编号	CCER 方法学名称	内容
动力电池使用	CMS-048-V01	通过电动和混合动力汽车实现减排	适用于在客运和货运中通过引入电动车和/或混合动力车替代使用化石燃料的车辆从而实现减排的项目
	CMS-053-V01	商用车队中引入低排放车辆/技术	适用于项目参与方引入低温室气体排放的车辆，用于商业客运、货物运输，且在运输路线上具有可行的操作条件，改装车辆同样适用
	CM-098-V01	电动汽车充电站及充电桩温室气体减排方法学	适用于用充电站、充电桩充电的电动车辆替代常规燃油车辆运行带来的减排量计算
动力电池生产	CMS-042-V01	通过回收已用的硫酸进行减排	适用于新建设施回收硫酸的项目活动，且满足在 18%~80% 的浓度范围
	CMS-061-V01	从固体废物中回收材料及循环利用	适用于从城市固体废物中回收材料和循环利用并加工成半成品或成品
	CMS-073-V01	电子垃圾回收与再利用	通过专门设施收集和循环利用电子废弃物，回收黑色金属、有色金属和塑料等材料的活动。这些材料可以重新回收利用、加工成为再生材料，以代替原生材料的生产，从而实现节省能源和减少温室气体排放

资料来源：中汽数据整理。

　　运营企业碳资产是企业碳资产管理最重要的环节，新能源汽车动力电池企业可以通过管控企业碳配额、申报 CCER 项目和积累潜在碳资产的方式，实现碳资产的保值和增值。运营企业碳资产主要包括配额碳资产、减排信用额和潜在碳资产三部分。其中，配额碳资产包括结合公司的历史生产情况，进行当年碳配额的计算和申报；通过节能技改，配合政府部门调查，向政府部门追加申请当年的碳配额；通过控制碳排放，企业可以拿出更多可交易的碳配额；使用负碳技术，从源头上减少企业的碳排放。减排信用额包括基于现有CCER方法学，结合企业现有节能增效技术，申报CCER项目；基于企业技能增效技术，做好CCER方法学申报准备，等到CCER方法学申请放开后，推进CCER方法学的立项和项目的申请；与政府合作，通过开发自然碳汇项目，增加新能源汽车动力电池企业的碳资产。潜在碳资产则包括通过对企业人员进行碳资产专业知识培训，建立完善企业碳资产管理体系，增加企业的潜在碳资产，以及积极探索新兴碳市场产品交易。

（二）行业企业实例

1.构建碳资产管理体系

建立完善的碳资产管理体系是控排企业应对碳交易政策的重要抓手，在企业层面设立或明确碳资产管理部门，负责对企业的碳排放数据进行统计核算，对碳资产进行统筹管理，研究制定碳资产经营策略，指导企业的碳排放量控制工作、碳资产开发工作和碳排放权交易工作。例如，东风集团以经营管理部为碳排放权交易主管部门，并在其下专门设置了节能减排与环境保护处，为集团决策层提供碳交易应对策略等。同时，东风集团建立了节能减排管理信息系统，并把碳排放核算系统与现有的节能减排管理信息系统进行有效衔接，用户只需输入相关活动数据，系统自动计算出对应碳排放量并进行统计、分析及过滤等，最后自动生成碳排放监测报告。此外，东风集团将节能减排指标纳入经营绩效考核评价体系，实行定量和定性相结合的约束性考核，与企业的经营绩效、经营团队的收入直接挂钩。集团各单位将目标层层分解落实，并建立"车间—工厂—主管部门—集团"的四级诊断机制，对节能减排指标完成情况实施监控，保证了节能减排的责任落实、措施落实和指标落实（见图9）。

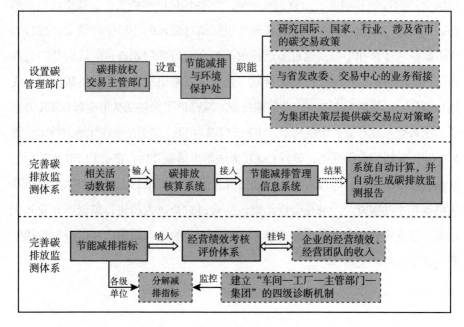

图9　东风集团碳资产管理体系

资料来源：中汽数据整理。

2.碳标签融资贷款

以碳标签评价证书或企业碳中和声明证书为授信关键指标，进行碳标签融资贷款，既有助于加大绿色产业支持力度和加快绿色信贷业务发展，还对鼓励企业主动申请碳标签、精准降碳起到了示范作用。例如，赣锋锂业为获取流动贷款，加快锂矿石高效清洁提锂技术、金属锂冶炼与提纯技术、废旧锂材料循环回收利用技术等低碳技术研发，并降低企业能耗和碳排放量，以单水氢氧化锂碳标签作为标的物，向中国建设银行寻求融资贷款。中国建设银行以银监会发布的《绿色信贷指引》为依据，参考国家发改委发布的《绿色产业指导目录（2019年版）》中的认定范围，将赣锋锂业单水氢氧化锂碳标签作为关键授信指标，向赣锋锂业提供2亿元绿色融资贷款（见图10）。

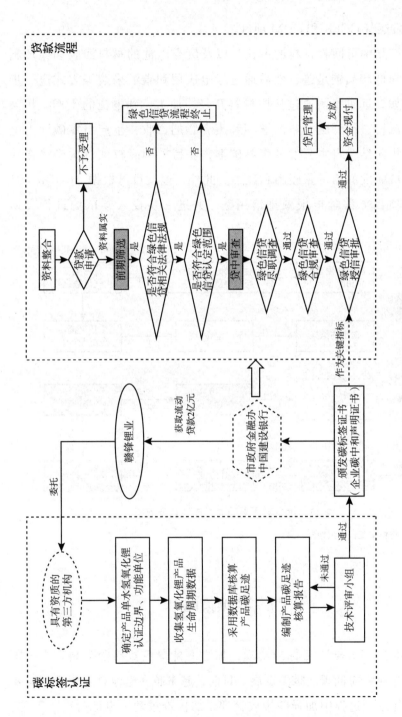

图 10 赣锋锂业碳标签签融资贷款流程

资料来源：中汽数据整理。

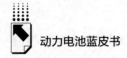

3. 开发运营 CCER 和 CDM 项目

提高产品中可回收材料的占比，以及废弃电池的材料回收和循环利用有助于降低产品碳足迹，然后通过绿电应用和碳汇采购等方式进一步抵消。例如，远景集团通过从原材料开采、加工，到电池的生产、污染物排放等流程进行低碳材料的选用和废弃物的回收，生产出零碳动力电池。远景集团结合自主开发的森林碳汇，获得了国际权威机构南德在动力电池领域颁发的第一张碳中和证书。此外，该项目可根据 AR-CM-001 碳汇造林项目方法学申报减排信用额，并进一步投入碳市场进行交易（见图 11）。

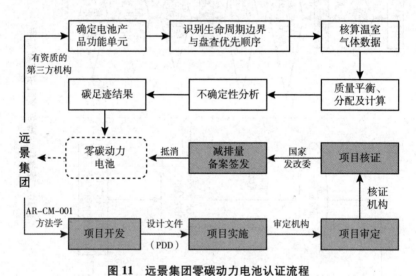

图 11　远景集团零碳动力电池认证流程

资料来源：中汽数据整理。

四　减碳策略

基于助力"双碳"目标的实现，加之海外绿色贸易壁垒高筑，我国动力电池产业将向低碳、零碳发展。目前，越来越多电池企业意识到需要在未来电池生产过程中加强碳排放管理，加快推进动力电池材料、工艺、生产、回收全生命周期低碳化发展，构建绿色供应链体系，进而提升动力电池可回收利用率和重点部件的再生原料利用比例，推动动力电池材料再生资源循环利用。与此同时，未来动力电池产业或企业应重点突破锂资源高效利用、矿石和卤水提锂，以及高性能磷酸铁锂制备等关键技术，打造零碳工厂或零碳园区。此外，动力电池企业还应当重视碳资产管理和开发，通过金融创新盘活碳资产，助力节能降碳项目的实施，促进动力电池行业尽早实现碳达峰。

（一）加快推进动力电池材料、工艺、生产、回收各环节低碳化

动力电池是影响纯电动汽车碳排放的关键部件，涉及上游锂矿石、正负极材料、电池包、模组等环节碳排放。建议加快无钴动力电池和固液混合电池等共性关键技术的研发，布局新体系动力电池、全固态金属锂电池等前沿技术，开展正负极、电解液、隔膜等动力电池材料关键核心技术研究。通过改进电池生产制造工艺，优化提升电池的功率密度和能量密度，实现动力电池绿色水平的提高和耗材的减少，进而减少纯电动汽车全生命周期碳排放。此外，选择合适的工厂地理位置，增加生产环节清洁能源供给，完善电池回收利用体系，对废旧电池进行材料回收和梯次利用，也是助力动力电池减碳、脱碳的重要举措。

（二）提升动力电池材料绿色化水平，推动材料再生资源循环利用

动力电池材料低碳化不仅能促进材料工业碳排放降低，还可以在材料与动力电池行业协同降碳中发挥一定作用，进而减少新能源汽车全生命周期碳排放。通过选用低碳环保原材料、提高可再生资源和清洁能源使用比例、改进生产设备，实现流程降碳、工艺降碳，不断提升动力电池材料绿色化水平。同时，加快构建绿色供应链体系，提升动力电池可回收利用率和重点部件的再生原料利用比例，推动动力电池材料再生资源循环利用（见图12）。

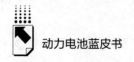

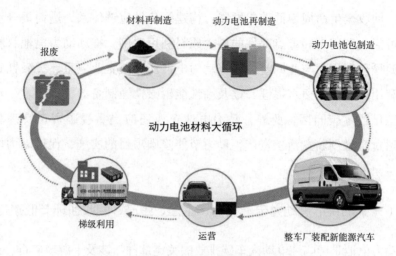

图 12　动力电池材料再生资源循环利用示意

资料来源：格林美股份有限公司。

（三）突破动力电池产业关键技术，打造零碳动力电池工厂

重点突破锂资源高效利用、矿石和卤水提锂、高性能磷酸铁锂制备、高镍三元材料制备、长寿命硬碳负极材料制备、高比能量硅基负极材料研发、新型动力电池制备、固态及全固态电解质材料研发、动力电池全生命周期智能监管、退役电池安全高效处理、有价元素和电解液低成本高效回收等关键核心技术，促进动力电池节能减排。在绿色能源方面，引入可再生能源水电；在绿色制造方面，引入智慧厂房管理系统和制造执行系统（Manufacturing Execution System，MES）、视觉监测等数字化生产系统；在绿色交通方面，建设厂内电动物流，并推动员工共享出行、电动出行，逐步打造零碳动力电池工厂（见图 13）。

（四）加强动力电池企业碳排放管理体系建设，实现低碳发展华丽转型

动力电池企业在全面摸排碳排放总量之后，应当建立相应的低碳发展

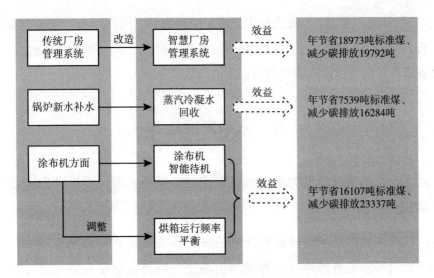

图13 零碳动力电池工厂组成及效益

资料来源：宁德时代。

管理制度体系，支持碳管理工作。一套统一的管理制度和战略能有效减少各部门之间的协调和内部资源调配带来的时间成本和经济成本，不仅能提升碳管理水平，更能提升企业的精细化管理水平。具体而言，建议动力电池企业建立低碳发展领导小组，由企业主要领导及相关部门领导组成，负责贯彻落实国家及有关政府部门的低碳发展工作部署，对公司系统的低碳发展工作进行统一领导、组织、规划、指导、监督和检查。除此以外，企业应"定人定岗"，专门负责落实低碳发展领导小组的决策和日常具体管理工作。主要职责包括研究制定集团内碳排放管理的技术标准，对未来碳市场相关工作进行筹备、监督和检查，组织实施数据统计、配额管理、配额交易、清缴履约、信息交流、技术培训、宣传教育、总结表彰等碳排放控制的基础工作。

（五）促进动力电池企业碳资产管理及开发，助力企业节能降碳

在未来碳市场的背景下，动力电池企业应当重视碳资产管理和开发。如果简单按照国家履约要求，忽视碳金融的作用，可能增加巨额履约成本，将

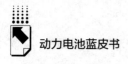

"资产"变为"负债",成为低碳发展中的绊脚石。因此,动力电池企业应结合自身碳资产情况,积极使用减排信用降低履约成本,并通过金融创新盘活碳资产,助力节能降碳项目的实施。

五 未来发展趋势

(一)加快建立动力电池行业碳排放核算新制度,促进动力电池行业实现碳中和

政府主管部门应加快研究建立统一的动力电池碳排放核算制度,组织开展全国及各省级地区年度动力电池企业碳排放总量核算,填补基础数据缺口,为开展碳达峰碳中和工作提供行业数据支撑,并为纳入碳交易市场奠定基础。鼓励企事业单位开展碳排放方法学研究,加强动力电池行业产品碳足迹等各类延伸测算研究工作。此外,未来应加强关键排放源特征参数统计调查和排放因子定期监测,建立我国官方权威的动力电池产品排放因子数据库,逐步建立覆盖面广、适用性强、可信度高的排放因子编制和更新体系。

(二)完善动力电池行业碳排放核算标准体系,建立标准实施信息反馈、标准实用性评价和评估机制

以欧盟为代表的地区组织在最新电池法规草案中对电池碳足迹提出了严格要求,尽管目前我国已经发布多项绿色低碳循环等方面的推荐性国家标准,但相关内容仍然不能满足动力电池全生命周期管理要求。同时,对于动力电池而言,碳足迹不仅涉及制造过程中的碳排放,还包括上游原材料的生产、运输等各环节的碳排放,目前国际上已经形成动力电池全生命周期碳足迹评价细则,而国内尚无相关统一标准。未来应加快完善动力电池全生命周期碳排放管理体系,包括产品温室气体排放核算、碳排限额核算、碳足迹、能耗限额这些相关标准的修订,进而建立健全整个标准的基

础体系。同时，建立标准实施信息反馈、标准实用性评价和评估机制，适时开展标准实施效果评价，对已取得的工作成果进行阶段性核对，促进标准的可持续发展。

（三）加强动力电池与能源的协同发展，提高清洁能源占比

未来，动力电池企业将顺应绿色低碳区域规划，逐步在西南地区（例如川渝）进行布局，并逐步扩大动力电池产能。通过提高可再生能源应用比重，深入实施绿色制造工程，完善绿色制造体系，建设绿色工厂和绿色工业园区。从近期来看，动力电池企业应以建设绿色工厂为目标，通过提高产能利用率、改进生产工艺、实现清洁能源替代等路径，减少生产环节的碳排放。从远期来看，动力电池企业应通过推动低碳技术研发、加强产业供应链管理、提升智能制造水平等路径，实现动力电池产品低碳发展。

B.8
2021~2022年纯电动汽车低温实际续驶里程变化研究报告

刘 頔 张国华 刘沙*

摘 要: 低温环境下纯电动汽车的续驶里程衰减是用户冬季出行的痛点。纯电动汽车低温续驶里程衰减的原因可以从电池可用电量和整车实际能耗两方面进行分析。以纯电动汽车为研究对象,设计单次续航和分段续航两种测试工况,在-10℃和-20℃进行测试,结果表明,更低的温度和分段续航工况会提高整车百公里电耗。低温和分段续航工况影响动力电池系统的放电性能,导致了车辆续驶里程衰减。此外,低温和分段续航工况使得动力电池能量回收受限,也会导致车辆续驶里程衰减。与此同时,寒冷天气车内电加热器的高能耗,也使得车辆续驶里程缩短。

关键词: 纯电动汽车 能量损耗 低温续航

一 纯电动汽车低温续驶里程研究背景及意义

纯电动汽车的续驶里程是消费者选车时优先考虑的技术指标之一,尤其

* 刘頔,高级工程师,中汽碳(北京)数字技术中心有限公司,主要研究方向为新能源汽车政策、新能源汽车低温续航;张国华,中汽数据有限公司咨询研究员,主要研究方向为新能源汽车动力电池政策标准、共性技术与产品认证等;刘沙,中汽数据有限公司咨询研究员,主要研究方向为新能源汽车动力电池产业、政策。

是低温环境下续驶里程衰减的问题成为消费者的使用痛点。其实，燃油车也会产生续驶里程波动的现象，但由于燃油车的续驶里程相对较长，一般能够超过大部分消费者心理预期，目前消费者对燃油车里程的焦虑不明显，社会争议较小。但由于纯电动汽车续驶里程与标称尚存差距且里程波动较大，在部分应用场景中达不到使用要求，因此消费者对电动汽车续驶里程更为敏感。燃油车与纯电动汽车续驶里程波动对比见图1。

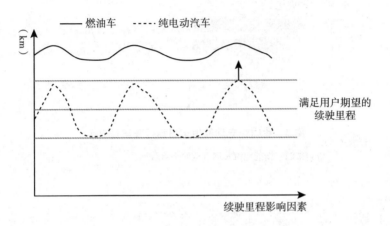

图1 燃油车与纯电动汽车续驶里程波动对比

资料来源：ChinaEV100《电动汽车续驶里程波动原因分析及建议》，电车资源网，2019年3月13日，http：//www.evpartner.com/news/7/detail-43252.html。

整车续驶里程与工况、环境温度、用户使用习惯、出行特征等多方面因素均有明显关联。用户调研及初步测试表明，纯电动汽车在实际使用中的续驶里程（一般为多天多次使用，而不是一次性将电耗完的续驶里程，以下简称"分段续驶里程"），与行业内普遍宣传的续驶里程（车辆从满电状态运行至放电阈值为止的极限续驶里程，以下简称"一次极限续驶里程"）存在较大的差距。据统计，我国95%以上的纯电动乘用车日均行驶里程在60km以下（见图2）；我国纯电动乘用车日均行驶里程前十城市中，80%日均行驶里程在30km及以上（见图3）。基于用户实际使用习惯所造成的续驶里程差异，甚至工况不同所造成的差异，在低温环境下表现尤其明显。

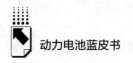

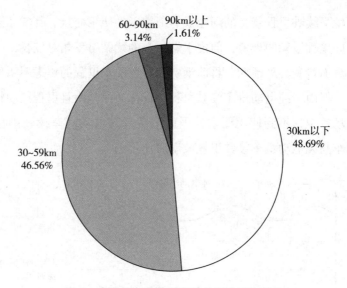

图 2　我国纯电动乘用车日均行驶里程分布

资料来源：新能源汽车国家监测平台数据。

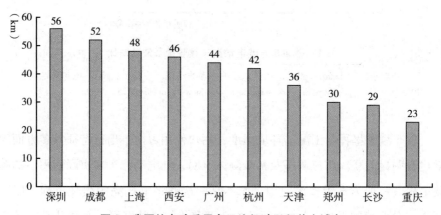

图 3　我国纯电动乘用车日均行驶里程前十城市

资料来源：新能源汽车国家监测平台数据。

二　纯电动汽车续驶里程试验相关标准

在 2021 年 10 月之前，纯电动汽车按照 GB/T 18386—2017《电动汽车能量消耗率和续驶里程 试验方法》进行续驶里程的测试，针对纯电动汽车在低温下的续驶里程变化研究，重点企业及行业机构主要采取转鼓台架测试方法，进行不同环境、不同工况下的一次极限续驶里程测试，基于用户实际出行习惯的分段续驶里程测试较少。

2021 年 10 月 1 日起，GB/T 18386.1—2021《电动汽车能量消耗量和续驶里程试验方法 第 1 部分：轻型汽车》生效，纯电动汽车将采取中国轻型汽车行驶工况续航（China Light-duty Vehicle Test Cycle，CLTC）作为唯一试验循环。该标准文件部分代替 GB/T 18386—2017《电动汽车 能量消耗率和续驶里程 试验方法》。

与 GB/T 18386—2017 相比，GB/T 18386.1—2021 有一些试验指标方面的变化，如表 1 所示。

表 1 新旧标准试验指标对比

修订项目	GB/T 18386—2017	GB/T 18386.1—2021	变化内容
环境温度	20~30℃	23±5℃	增加了试验和浸车环境温度
试验循环	NEDC	CLTC	变更试验循环为中国行驶工况
试验流程	连续法和等速法	缩短法或常规法	增加缩短法测试流程，删除等速法
试验结果	测量得出	计算得出	续驶里程结果经加权计算得出
驾驶模式	采用经济模式	采用主模式	增加车辆主模式选择
试验系族	无	有	增加试验系族的规定
生产一致性	无	有	增加了生产一致性的规定
高低温续驶里程	无	有	增加高低温续驶里程试验方法的推荐附录

注：NEDC，即 New European Driving Cycle，新欧洲驾驶周期。

三 纯电动汽车低温续驶里程衰减的原因

纯电动汽车低温续驶里程衰减的原因可以从电池可用电量和整车实际能

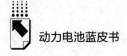

耗两方面进行分析。

一是低温下电池实际放电量减少。动力电池作为纯电动汽车的唯一能量来源，其特征参数直接决定整车的性能。电池实际能够存储的能量为定值，可定义为理论能量。但是在不同温度、不同放电倍率下，电池所能放出的实际能量必然小于理论能量。一方面，电池所能放出的能量受温度、放电倍率的影响；另一方面，由于电池内阻的存在，必然有一部分能量消耗在内阻上。动力电池在低温环境下内阻增大，自身内耗电量增加，对外放电量减少。

二是低温下电池能耗增加。传动系统润滑阻力、轮胎滚阻加大，电驱动系统等在低温下的工作效率降低，导致驱动能耗增加，且低温下空调暖风系统工作耗电量较高，因此整车能耗明显增加。两方面因素都将导致车辆在低温下续驶里程降低。

纯电动汽车动力传动系统由逆变器、电机、变速器等组成，在能量传递过程中，各环节都会出现能量损失。纯电动汽车能量在动力电池→电机控制器→驱动电机→传动系统→驱动轮传递的过程中，电池的直流电能转换为电控输出的交流电能，通过电机转换为机械能，再通过传动系统传递到驱动轮上，电池能量在转换的过程中会产生损耗，最终也会消耗在车辆的阻力上（见图4）。

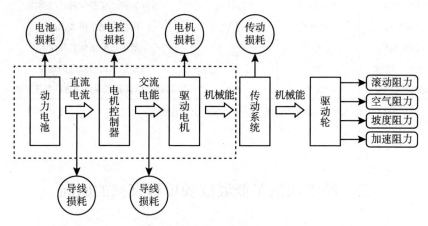

图4　纯电动汽车整车能量流向及损耗示意

四　纯电动汽车低温实际续驶里程测试实例

（一）测试方案

2021~2022年，中国汽车技术研究中心有限公司（以下简称"中汽中心"）的研究人员在-10℃和-20℃对纯电动汽车进行单次续航和多次续航试验，以探究车辆在低温条件下的能耗情况。该研究的测试对象为某款纯电动乘用车，车辆主要技术参数见表2。测试在高低温环境仓中进行，设置环境温度分别为-10℃和-20℃。

表2　试验车辆主要技术参数

参数（单位）	数值	参数（单位）	数值
整备质量（kg）	1745	电池类别	磷酸铁锂
驱动电机数量（个）	1	电池电量（kWh）	55.018
电机峰值功率（kW）	202	额定电压（V）	341.3
电机最大扭矩（N·m）	404	最高车速（km/h）	225

目前，使用较多的车辆测试工况有全球轻型汽车测试循环（Worldwide Light-duty Test Cycle，WLTC）工况和中国轻型汽车测试循环—乘用车（China Light-duty Vehicle Test Cycle-passenger，CLTC-P）工况，相较于WLTC，CLTC-P工况更偏重中低速场景，更接近中国实际道路工况的设置。完整的CLTC-P测试持续时间为1800s，包括低速、中速、高速3个速度区间，工况平均车速为28.96km/h，平均行驶速度37.18km/h，最高车速为114km/h。图5为CLTC-P和WLTC测试工况曲线。

考虑到车辆单次长距离续航使用场景和多次短距离续航使用场景，测试分为整车单次续航和整车分段续航两种测试工况，在两种测试工况下均开展-10℃和-20℃环境温度试验。整车单次续航测试的方法为将车辆充满电后，在

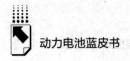
动力电池蓝皮书

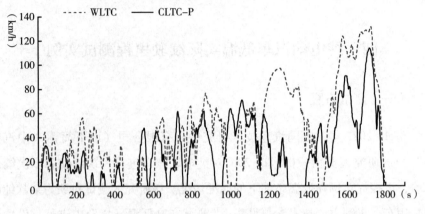

图 5　CLTC-P 和 WLTC 测试工况曲线

环境仓中浸车约 10h，之后进行 CLTC-P 工况测试，直至达到车辆行驶截止条件，最后在 25℃条件下将车辆充满电，记录总充电量；整车分段续航测试的方法为将车辆充满电后，在环境仓浸车约 10h，之后进行 CLTC-P 工况测试，每两个循环后中断测试并环境浸车约 10h，重复以上流程直至达到车辆行驶截止条件，最后在 25℃条件下将车辆充满电，记录总充电量。以上测试过程中，车内空调开 23℃自动风。

（二）测试结果分析

测试以某款纯电动汽车为对象，考虑纯电动汽车两种常见的续航场景，以更加符合中国道路实际的 CLTC-P 为循环工况，设计了整车单次续航和分段续航两种测试工况，分别在-10℃和-20℃开展了续航测试。结果表明，低温环境下整车续驶里程与出行特征、环境温度均存在明显的关联；整车能耗及电池内耗电量与车辆出行特征、环境温度的变化存在关联。主要研究结论如下。

（1）更低的温度和分段续航工况会提高整车百公里电耗。-10℃分段续航百公里电耗比-10℃单次续航增加 40.2%，-20℃分段续航比-20℃单次续航增加 26.1%；在同样的测试条件下，-20℃单次续航的百公里电耗相比于-10℃增加 23.6%，-20℃分段续航百公里电耗相比-10℃增加 11.3%。

（2）低温和分段续航工况都会影响动力电池系统的放电性能，导致车辆续驶里程衰减。-10℃单次续航工况动力电池系统端放电量为55.1kWh，分段续航放电量为48.9kWh，减少11.3%；-20℃单次续航工况动力电池系统端放电量为51.2kWh，分段续航放电量为38.5kWh，减少24.8%。

（3）低温和分段续航工况都会使动力电池能量回收受限，导致车辆续驶里程衰减。-10℃单次续航工况动力电池系统端回收电量4.7kWh，-10℃分段续航回收电量1.2kWh，减少74.5%；-20℃单次续航工况动力电池系统端回收电量2.5kWh，-20℃分段续航回收电量0.1kWh，减少96.0%。

（4）电加热器的高能耗使得车辆续驶里程缩短。-10℃单次及分段续航电加热器能耗分别为21.8kWh、26.2kWh，分别占动力电池放电量（系统端放电量减去系统端回收电量）的43.2%和54.9%；-20℃单次及分段续航电加热器能耗分别为27.3kWh、17.7kWh，分别占动力电池放电量的56.1%和46.1%。

（5）电机控制器的驱动转换效率受温度影响较小，而能量回收能力受温度影响较大；电加热器的能耗受温度影响明显，首次工况循环时，电加热器能耗占比较大，随着温度升高，能耗占比趋于稳定；低压端DC-DC输出的车载电器中，能耗最高的执行件为车载大屏。

五　纯电动汽车低温续驶里程提升建议

（一）优化电池热管理

研究表明，相较于电池行车加热方案，余热回收方案更容易延长纯电动汽车低温续驶里程，而且通过电池加热技术，低温环境下电量相同的磷酸铁锂电池较三元锂电池的续航提升效果更明显。[①] 电池热管理策略需要根据车辆运行

---

① 李惠等：《纯电动车低温续航里程提升方法》，《汽车实用技术》2022年第21期。

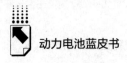

特征（出行里程、出行时长等）进行精确匹配，要精确评估电池热管理系统为电池升温所消耗的能量与电池温升后增加的放电能量是否对等，尤其是在车辆经常处于短距离行驶模式的出行场景，需要结合具体车型开展进一步的测试分析，建立动力电池热模型、放电容量模型，分析各工况下电池的放电特性差异。

（二）电池技术革新

多家企业正在研发"全气候电池"，这种电池是高性能、高安全性的全气候电池包，可以提升纯电动汽车的续驶里程和充电速度。半固态电池与全固态电池，也在延长低温续航方面有一定优势。

（三）降低整车能耗

进一步研究节能空调、高效热泵的节能效果，以及低温下车辆传动匹配优化、系统效率提升等能耗优化路径，对降低动力电池内耗电以及整车能耗的各项技术方案进行量化评估。

（四）完善标识管理，正确引导消费者

在综合工况续驶里程基础上，结合权威机构多种应用场景的测试，在产品标识中增加高温空调制冷、低温空调制暖、高速等典型场景的续驶里程，保障消费者能够根据自身的驾驶环境及条件合理选择产品，避免使用条件差异导致的续驶里程差异过大问题。企业及第三方平台在产品宣传时，要正确和积极地引导消费者，绝不能把 60km/h 等速测试的续驶里程结果作为宣传噱头误导消费者。

（五）加强新能源汽车事后监管

进一步加强新能源汽车事后监管，通过监控平台及年检等手段对车辆与电池等核心部件进行检测，对与公告车辆续驶里程差距较大或续驶里程造假的企业进行惩罚，保护消费者权益。保证续驶里程的真实性与可靠性，减少显示问题导致的抛锚及安全问题。

（六）完善充电基础设施布局

加快充电基础设施建设，合理规划和优化充电基础设施布局，提升充电技术，推进充电基础设施互联互通，利用政策调动充电基础设施建设和运营商的积极性，为消费者提供便捷的充电服务，减少消费者里程焦虑。

B.9
2021~2022年中国新能源汽车
可持续发展换电运营模式分析报告

高维凤　李　攀*

摘　要： 换电模式作为新能源汽车补能的方式之一，近年来备受关注。自
2021年换电试点城市政策施行以来，包含11个换电试点城市的
多个城市，颁布了一系列有利于换电产业发展和换电模式应用的
政策，此外，换电相关的标准也在逐步制定；换电模式得以快速
发展，截至2022年底，我国已有近2000座换电站。换电行业发
展的内在驱动力来源于动力电池标准化，只有在标准化的情况下
才能实现换电技术开发和生产降本，才能带来更多的换电车辆销
售和换电需求。当前，换电技术正由快速、安全的核心诉求，向
标准化、共享化方向迭代发展。

关键词： 换电模式　新能源汽车　动力电池

一　政策标准

　　换电模式的发展与政策息息相关，自2021年换电试点城市政策施行以
来，包含11个换电试点城市的多个城市，颁布了一系列有利于换电产业发

---

* 高维凤，奥动新能源汽车科技有限公司公共事务部政府事务高级经理，主要研究方向为新能
源汽车及配套基础设施；李攀，上海电巴新能源科技有限公司能源管理研发部电池研发总
工，主要研究方向为新能源电动汽车换电控制系统开发、换电电池管理、车—站—网能源互
动管理、换电标准制定等。

展和换电模式应用的政策，换电模式得以快速发展。此外，2021年11月1日GB/T 40032—2021《电动汽车换电安全要求》实施，这是换电行业首个通用的国家标准，有利于提升换电行业的标准化程度，促进换电模式发展。

（一）2022年纯电动汽车换电重点政策动态

1. 全国性政策

纯电动汽车换电因具有高效便捷、电网友好和有利电池全生命周期利用的特点，已经在国家层面得到认可，换电站设施已成为城市新型基础设施。2022年，在电力市场改革、推动实现"双碳"目标和新能源消纳大背景下，与换电相关的中央支持和导向政策与往年有所不同。

2022年1月10日，国家发改委、国家能源局、工信部等十部委发布《关于进一步提升电动汽车充电基础设施服务保障能力的实施意见》，明确因地制宜布局换电站，加快换电模式推广应用。围绕矿场、港口、城市转运等场景，支持建设布局专用换电站，加快车电分离模式探索和推广，促进重型货车和港口内部集卡等领域电动化转型。探索出租、物流运输等领域的共享换电模式，优化提升共享换电服务，并加强配套电网建设保障。同时，要求主要应用领域形成统一的换电标准，提升换电模式的安全性、可靠性与经济性。

2022年1月18日，国家发改委、工信部等七部委发布《促进绿色消费实施方案》，要求各地大力推广新能源汽车，推动开展新能源汽车换电模式应用试点工作，大力推动公共领域车辆电动化。

2022年1月29日，国家发改委、国家能源局印发《"十四五"新型储能发展实施方案》，提出积极推动不间断电源、充换电设施等用户侧分散式储能设施建设，鼓励换电设施作为用户侧分散式储能设施，发挥负荷削峰填谷作用，参与需求侧响应。

2022年4月18日，交通运输部等四部门发布《交通运输部　国家铁路局　中国民用航空局　国家邮政局贯彻落实〈中共中央　国务院关于完整准确全面贯彻新发展理念做好碳达峰碳中和工作的意见〉的实施意见》，要求加强交通电气化替代，鼓励开展换电模式应用。

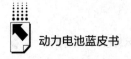

2. 重点省市换电政策

2022 年 1 月 25 日，上海市出台《关于本市进一步推动充换电基础设施建设的实施意见》，围绕港口、物流、环卫等短途、高利用率场景，研究布局专用车辆共享换电站。探索城市内部出租车、网约车与私家车共享换电模式。以充电为主，换电为辅，换电重点在出租车等领域高水平应用。同时，加快制定换电车型、换电设备、换电场站建设等地方标准，推动在专用车辆和乘用车等主要应用领域形成统一的换电标准。

2022 年 2 月 14 日，《安徽省"十四五"汽车产业高质量发展规划》明确提出充换并行，鼓励开展换电模式应用和商业模式创新，支持以整车企业、第三方运营商为主体探索建设一批换电站，形成服务便利的换电网络。加快城际充换电网络建设，充分利用高速公路服务区停车位建设城际快充站、换电站，并配合执行财税支持政策。

2022 年 2 月 22 日，《北京市"十四五"时期能源发展规划》提出，大力推动机动车"油换电"，制定私家车"油换电"奖励政策，开展新能源汽车换电模式应用试点工作。2022 年 3 月 24 日，北京市出台《关于深入打好北京市污染防治攻坚战的实施意见》，指出要制定完善支持使用纯电动汽车等一揽子鼓励政策，大力推广新能源汽车，适度超前建设充换电站等基础设施。

2022 年 3 月 1 日，江苏省多部门联合出台《江苏省新能源汽车充（换）电设施建设运营管理办法》，在公共服务场所、公共停车场、高速公路服务区、加油站以及具备停车条件的可利用场地，建设以快充为主的公共充电设施和换电设施。

2022 年 3 月 29 日，海南省工信厅发布《海南省 2022 年鼓励使用新能源汽车若干措施》，指出在 2021~2022 年试点期内，对巡游出租车、中重型卡车等重点应用领域示范应用项目给予奖励。其中，对投放换电车辆不低于100 辆并实际以换电模式运营的巡游出租车项目，一次性给予 200 万元的奖励；对投放换电车辆不低于 50 辆并实际以换电模式运营的中重型卡车项目，一次性给予 400 万元的奖励。示范应用项目不超过 10 个，以申报项目综合评选结果为准。

2022 年 4 月 18 日，《福建省新能源汽车产业发展规划（2022—2025年）》在规划上，围绕港口、城市转运等场景，支持建设布局专用换电站，加快车电分离模式探索和推广。探索出租、物流运输等领域的共享换电模式。在乘用车领域，重点发展可应用于城镇家庭用车、出租车、网约车和公务车领域的纯电动乘用车。大力开发换电模式、高安全性、长寿命、高效率、低成本的纯电动乘用车。发展适应城郊等中长线路运营的插电式混合动力（含增程式）、换电模式、燃料电池等公交车、重卡以及冷链物流车。

（二）纯电动汽车换电标准进展

1. 各级纯电动乘商用车换电系列标准同步推动

由全国汽车标准化技术委员会电动车辆分技术委员会（以下简称"汽标委电动车辆分委"）组织的 QC/T《纯电动乘用车车载换电系统互换性》系列标准及 QC/T《纯电动乘用车换电通用平台》系列标准草案正在编制中。上述系列标准包含换电电池包、换电电气接口、换电机构、换电冷却接口、车辆与电池包的通信 5 个部分，以及为了进一步提升互换性，针对换电通用平台的车辆、电池包及电池包与设施的通信要求。

同时，团体标准《电动中重型卡车共享换电站建设及换电车辆技术规范》的制定正在推动中，该团体标准由中国汽车工业协会立项、一汽解放牵头制定。该团体标准参照 T/CAAMTB 55《电动乘用车共享换电站建设规范》，包含 13 个部分，已在 2022 年 8~9 月公开征求意见。由中电联组织起草的团体标准《电动重卡换电场站工程设计导则》也已启动编制。中汽数据牵头的两项团体标准《电动汽车充换电站温室气体减排量评估技术规范》《电动汽车充换电站温室气体减排量核查指南》也在前期预研中。

2. 换电试点城市政策发布，地方换电标准多点开花

换电模式的发展与标准发展息息相关，自 2021 年换电试点城市政策施行以来，为了贯彻好、推动好、落实好国家的换电试点城市政策，多个试点城市在本地企事业单位的支持下，正全力推动地方换电站标准的制定。

2022 年 4 月 23 日，江苏省率先通过了团体标准 T/JSQX 0011—2022

《江苏省纯电动重型卡车换电电池包系统技术规范》的评审，成为全国第一个纯电动重卡换电电池包标准，开创了换电重卡领域电池包标准统一之先河。重庆汽标委组织制定的《换电型电动汽车与电池更换站通讯规范》和《电动汽车电池更换系统安全要求》等 5 项地方标准已进入报批环节；宜宾市正在制定《换电式重卡车载换电系统互换性系列标准》等 5 项标准，并已发布 DB5115/T 101.1—2023《换电式重卡换电站 第 1 部分：消防安全设计规范》、DB5115/T 101.2—2023《换电式重卡换电站 第 2 部分：消防安全管理规范》、DB5115/T 101.3—2023《换电式重卡换电站 第 3 部分：火灾事故处置规程》。2022 年 7 月 7 日，包头市市场监督管理局组织通过《电动中重卡共享换电站建设及换电车辆技术规范》地方标准的审定，该标准将在规范和推动电动重卡换电接口、电站建设及标准化运营管理方面发挥重要作用。安徽省地方标准制定单位近期也启动了 2 项换电地方标准的编制征集工作。

3. 早期国家换电标准启动修订

由中国电力企业联合会归口管理的 2013 年和 2016 年发布的 4 项换电标准 GB/T 29772—2013《电动汽车电池更换站通用技术要求》、GB/T 32879—2016《电动汽车更换用电池箱连接器通用技术要求》、GB/T 33341—2016《电动汽车快换电池箱架通用技术要求》和 GB/T 32895—2016《电动汽车快换电池箱通信协议》已启动新一轮的修订工作。

二 换电行业发展现状

（一）市场规模扩大

在"换电纳入新基建"政策推动下，换电已然成为最火热的赛道之一。换电发展至今，已然形成车企、电池厂商、第三方运营商都参与的百花齐放状态。车企以蔚来、上汽、吉利为代表；电池厂商以宁德时代的 EVOGO 为代表；第三方运营商以奥动新能源、伯坦、协鑫为主要代表。

换电规模化、商业化发展至今，换电站产品也在迭代开发，综合考察换电站数量、行业活跃度和品牌知名度，当前主要的行业企业所研发的产品如表1所示。

表1 换电产品一览

	第三方运营商			车企		电池厂商
	奥动新能源	伯坦	协鑫	蔚来	吉利	宁德时代
技术路线	整箱底盘换电（独有卡扣式）	分箱底盘换电	整箱底盘换电	整箱底盘换电	整箱底盘换电	分箱底盘换电
换电时间（秒）	20	300（半自动）	80	60	60	60（单块电池，26.5kWh）
服务能力（次/天）	1000	288	448（单通道）	312	720	480（按每次换2块电池）
品牌兼容性	多品牌兼容	多品牌兼容	多品牌兼容	自有品牌	自有品牌	多品牌兼容
换电站数量（座）	610	108	少量	971	约100	4
运营经验（年）	14	6	1	4	2	<1
未来规划	2025年建设10000座	暂无	2025年建设5000座	2025建设4000座	2025年建设5000座	未来将进入10座城市

资料来源：根据公开资料整理。

现阶段，国内车企主要探索固定场地/路线、高工作强度的运营场景换电车型，包括出租车、网约车、分时租赁、重卡、物流、渣土车、混凝土搅拌车等。除蔚来汽车布局私家车换电外，其他车企推出的换电型乘用车主要以出租车、网约车为切入点。部分车企也在打造集换电技术研发、换电车制造、换电站运营和出行服务于一体的综合生态圈，将来再逐步向私家车领域发展。在政策、资本、技术的推动下，2021年中国新能源换电汽车市场呈现快速发展态势。

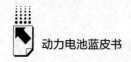

在乘用车领域，一汽、北汽、上汽、东风、广汽、吉利、长安等车企已经推出换电车型。其中，红旗 E-QM5、北汽 EU 系列、东风风神 E70、广汽 Aion S、上汽荣威 Ei5、吉利枫叶 80V、长安 EV460 已经量产。据艾瑞咨询统计，2021 年国内新能源换电汽车销量约 16 万辆，同比增长 162%，市场渗透率约 4.6%，其中换电乘用车销量约 15 万辆（市场占比超 90%），同比增长 172%，市场渗透率约 4.5%。

在"双碳"目标的驱动下，商用车领域部分车型（换电重卡）销量大涨，整体也呈现较快增长。华菱星马推出了包括牵引车、搅拌车、自卸车、港内牵引车等多个细分市场的换电重卡；北汽福田、一汽解放、上汽（依维柯）红岩、北奔重汽、华菱星马、徐工集团、陕汽集团等或申报新车型，或已交付运营。换电重卡在砂石骨料运输、金属矿山土方剥离、露天煤矿土方剥离、港口集装箱短倒、城市渣土运输、城市水泥搅拌、短途物流、工程机械等多场景全面开展试点示范，并覆盖高海拔、低温地区。数据显示，2022 年上半年新能源重卡累计销售 10120 辆，同比大涨 491%。其中，换电重卡累计销售 4887 辆，同比暴涨近 15 倍，跑赢 2022 年上半年新能源重卡 491% 的增幅，占据上半年新能源重卡 48.29% 的市场份额，成为拉动新能源重卡销量高速增长的中流砥柱。

（二）换电基础设施快速增长

2022 年，换电行业的高速发展带来换电基础设施建设的蓬勃发展。工信部统计数据显示，截至 2022 年底，全国累计建成换电站 1973 座，相比 2021 年的 1298 座，新增 675 座，增长率达到 52%。[①] 2022 年，我国换电站数量前十省市如图 1 所示。

我国换电运营商主要有蔚来、奥动新能源和伯坦，截至 2021 年底，蔚来运营 789 座换电站、奥动新能源运营 402 座换电站，伯坦运营 107 座换电站；截至

---

① 《2022 年工业和信息化发展总体呈现稳中有进态势》，工信部网站，2023 年 1 月 18 日，http://www.miit.gov.cn/gzcy/zbft/art/2023/art_ d08e8b350372457c9abc769b92e419b1.html。

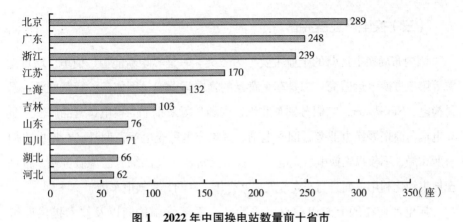

图1　2022年中国换电站数量前十省市

资料来源：中国充电联盟。

2022年底，上述三家运营商分别运营1300座、565座和108座换电站（见图2）。蔚来主攻C端市场，奥动新能源和伯坦主攻B端市场。蔚来换电站为小型站，电池数量少，奥动新能源4.0换电站和5.0换电站的单站电池数量分别为60块和26块。所以从整体市场布局来看，蔚来换电站数量较多，而奥动新能源换电站的服务能力较好。据不完全统计，商用车换电站也已建成百余座，其中，国电投运营的商用车换电站已经有100多座。

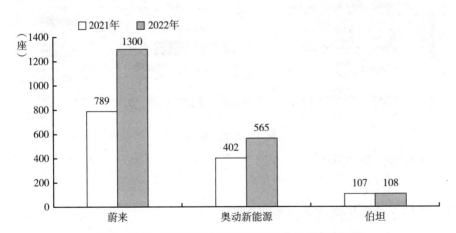

图2　2021~2022年中国主要换电运营商换电站数量

注：不含换电重卡换电站。
资料来源：中国充电联盟。

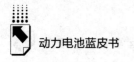

（三）换电产业链完备

国内布局换电运营的企业主要分为三类。一是奥动新能源、伯坦、玖行能源等第三方换电运营商。二是车企背景的换电运营商，例如蓝谷智慧能源、易易换电、Nio Power，它们分别是北汽、吉利、蔚来旗下的换电运营品牌。三是充电运营商拓展换电业务，国网电动、星星充电等充电运营商都已在换电方向有所布局，不仅探索换电、充电、储能"三站合一"的综合能源服务站，推动土地集约化利用，而且与车企开展战略合作，共同开发换电车型。

换电产业链的上游由原材料采购商、零部件制造商以及技术提供商组成，分别负责提供动力电池和换电站设备；中游主要为换电运营商、整车供应商和电池资产管理公司等；下游主要是新能源汽车使用者（见图3）。目前，我国换电模式仍处于发展初期阶段，大多数换电运营商主要发展 B 端业务，如公交车、出租车、网约车、物流车、中重卡等；部分换电运营商也逐渐将业务拓展到 C 端。

图 3　换电产业链

资料来源：充电桩视界。

（四）换电型商用车开发受重视

2021 年是换电型商用车发展元年，以换电重卡为代表的商用车型最先爆发。仅 2021 年就有 70 个品牌 338 个换电重卡公告（含底盘和扩展公告），而之前仅有 4 个。与之相呼应的是市场良好表现：2021 年换电重卡销量达 3228 辆，占新能源重卡 30.95%的市场份额。

2022 年上半年，换电重卡销量更是超过 2021 全年，达到 4887 辆，涨势迅猛。在轻卡、微卡、微面等其他商用细分车型领域，多家车企也在加速换电布局。2022 年上半年，工信部公示了 9 个品牌 13 个换电轻卡公告，以及 8 个品牌 10 个换电微卡/微面公告。从工信部第 349 批到第 359 批车型公示看，换电车型已引起各车企高度重视，其中换电式搅拌车 65 款、牵引车 129 款、自卸车 122 款，充电式搅拌车 101 款、牵引车 83 款、自卸车 135 款。并且从第 354 批开始，换电式牵引车申报数量明显高于充电式牵引车（见图 4）。

虽然现在换电式纯电动汽车销量占新能源汽车销量的比重较低，但车企看好行业趋势，纷纷进入赛道，加速研发生产下线换电产品，建立、拓宽经销网络渠道。同时，换电运营商已适度超前投资建设换电站基础设施，并提出通过车电分离方式，以"电池银行"赋能市场用户。电池厂家也在进行适用于换电模式的更长寿命周期电池的开发和验证；换电运营商研究电池集中退役后的梯次利用、储能、拆解回收等电池全生命周期管理过程解决方案；金融产品也在触及电池保险和电池资产领域。可以预见，在行业入局者的努力推动下，后期市场将会迎来爆发式增长。

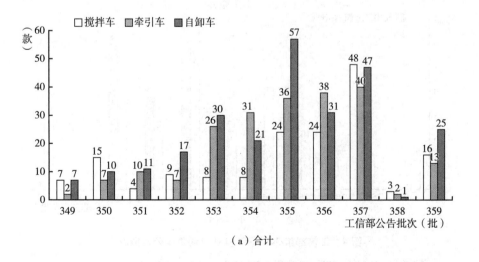

（a）合计

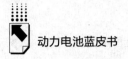

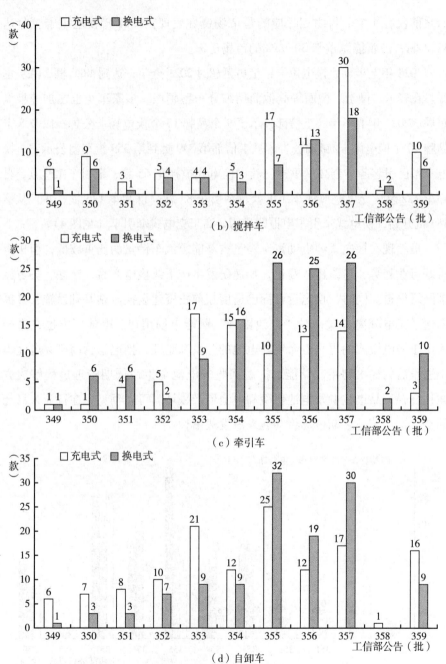

（b）搅拌车

（c）牵引车

（d）自卸车

图4　工信部第349~359批纯电动重卡公示情况

资料来源：工信部《道路机动车辆生产企业及产品》（第349~359批）。

（五）车电分离创新助推换电应用

在汽车电动化浪潮中，除了技术进步的主线外，商业模式的创新同样是推动新能源汽车发展的重要因素。车电分离模式依托提高补能效率、降低购车门槛两大优势，直面新能源汽车发展核心痛点。资本与产业链企业共同组建电池资产管理公司，挖掘和培育电池运营产业，重构车电分离商业价值。蔚来与宁德时代、湖北科投和国泰君安共同投资成立武汉蔚能电池资产有限公司；奥动新能源牵头成立电池银行，对电池资产进行集中管理；宁德时代、华鼎国联等也在推动动力电池厂商合作建立"电池银行"。

换电运营商联合车企、电池企业、电力企业、梯次利用企业等，借助金融/资本杠杆，构建车电分离模式产业生态（见图5）。基于换电车型车电分离模式的电池全生命周期管理运营方案，涉及电池购租、运营、储能车网互动、梯次利用、拆解回收等服务，形成电池资产管理生态（见图6）。

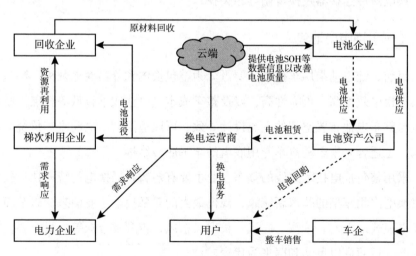

图5　车电分离模式产业生态

资料来源：电动汽车百人会。

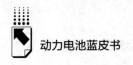

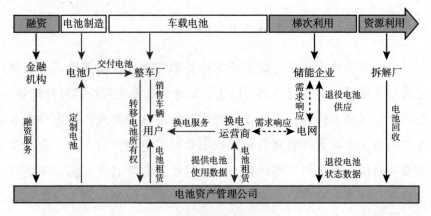

图6 电池资产管理生态

资料来源：电动汽车百人会、华鑫证券研究。

三 换电技术进展

纯电动乘用车换电技术主要涉及换电电池包、换电锁止、换电电连接器、换电液冷连接器及换电站等相关技术。

（一）换电电池包

目前，纯电动乘用车换电主要可分为整包换电和分箱换电两种。整包换电具有换电效率高、可靠性高，以及整车成本、电池成本较低等特点。整包换电与整车电池布置空间的主流设计一致，可以适配当下电动汽车传统底板结构，也适合未来电动汽车专用底盘的全平底板结构。

采用整包换电技术路线的整车企业主要有短暂布局换电的特斯拉，较早开发换电出租车型的北汽新能源，规模最大的对私换电企业蔚来，以及新布局换电模式的上汽、一汽、广汽、长安、东风、吉利及合众等。提供整包换电服务的运营商以奥动和蔚来为代表。

分箱换电具有电池模块化、换电选择灵活性强等特点。分箱换电可以通过不同数量电池排布组合方式，适配不同车型，但分箱换电相较于整包换电效率较低。在分箱换电领域，行业中早期实践运营的公司有伯坦、力帆移峰等；2022年1月，宁德时代发布 EVOGO 服务品牌，其也采用分箱换电模式。

（二）换电锁止

目前，纯电动乘用车换电锁止技术主要有奥动新能源的卡扣式锁止技术、蔚来的螺栓式锁止技术及吉利的涨珠式锁止技术等。

奥动新能源卡扣式锁止装置采用承载与锁止功能分离的二元结构，具有高可靠性优势，使用寿命大于10000次，采用二级锁止系统标准。其中，一级锁止带有实时监控，确保电池包可靠到位，二级互锁确保电池包可靠在位，已被北汽、上汽、一汽、广汽、长安、东风及合众等众多主流车企采用。

蔚来螺栓式锁止装置为承载与锁止功能一体，使用寿命大于3000次，已应用于蔚来系列车型。

吉利涨珠式锁止装置为承载与锁止功能一体，使用寿命大于10000次，已应用于吉利枫叶等车型。

（三）换电电连接器

换电电连接器是实现电动车与电池包连接的专用电连接器，由连接器插头和连接器插座组成。电气连接应具有高压互锁功能并在耦合与脱开过程中保持特定顺序以确保安全，耦合后防护等级满足 IP67&IP69K。电连接器具有导向浮动功能，插拔寿命大于等于10000次，插拔力不超过400N。电连接器导向机构轴向应能修正不小于1°的角度偏差，垂直换电电连接器 X/Y/Z 向浮动不小于±5mm，水平换电电连接器 X/Y/Z 向浮动不小于±3mm。电性能方面，电连接器额定电压500~800VDC，具有200~500A 的过流能力，高低压端子与壳体间绝缘电阻不小于200MΩ/1000V，介电强度3000VAC，60秒无击穿闪弧。

（四）换电液冷连接器

换电液冷连接器是连接电动车液冷系统与换电电池包液冷系统的专用连

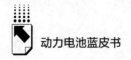

接器，由连接器整车端和连接器电池端组成。液冷连接器具有断开自截止及导向浮动功能，插拔寿命大于等于 10000 次，插拔力不超过 800N。液冷连接器进出水口压降小于等于 0.25bar，泄漏量小于等于 0.5 毫升/次。液冷连接器单件及组合件气体泄漏量均小于 0.5 毫升/分钟，防护等级满足 IP67 及 IPX9K。液冷连接器在 X/Y/Z 方向均具备大于等于±3mm 的浮动能力及大于等于 1°的角度纠正能力。

（五）换电定位和存储

纯电动乘用车换电站通常采用传统机械定位方式对车辆进行定位和车身姿态调整，再利用视觉定位或定位销使有轨穿梭小车（RGV）准确找到车辆换电位置。完成车辆定位后，RGV 可通过电池包上的定位销，对电池位置进行精准定位并启动后续解锁操作。奥动新能源换电站已经实现不同轴距、不同轮距车型及不同电池兼容换电，换电站通过车牌自动识别车型、自动调整车辆定位位置、自动配置电池并自动调整电池定位点及安装点，在实现兼容换电的同时，保证换电效率不下降。

纯电动乘用车换电存储技术主要包括电池包在换电站内存储、识别、匹配、充电及安全管控等技术。为保障换电站的安全，日常监控采用光纤测温、BMS 监控、烟雾报警及视频监控等多重安全防护技术及时发现异常电池。

（六）换电站数字化监控

数字化监控技术是换电站整体技术方案中非常重要的组成部分，也是保证换电站安全稳定运营的基础。对于换电网络来说，利用数字化手段对换电站的运行状况和设备状况进行全维度不间断远程监控，并对关键安全风险进行自动识别是站点安全管理的重要支撑手段。站点安全监控主要包含设备故障数据监控、换电记录数据监控、充电记录数据监控、电池信息数据监控、充电机信息数据监控、电池连接状态数据监控、不间断电源（Uninterruptible Power System，UPS）数据监控、远程下控数据监控八个方面的内容。

换电的推广，除了不断地提升技术水平和管理水平之外，也需要对换电站的电能使用、电池安全、换电过程、充电过程、温度状况、人员状况进行全方位多维度全时段的在线监控和远程报警，进行闭环管理，在动态中保证运营安全和服务质量。

此外，根据国家对电池追溯的法规要求和运营企业本身对电池管理的需求，需要对换电各环节的电池进行全生命周期管理。数字化电池全生命周期管理平台应具备电池资产管理、电池全生命周期溯源和电池状态评估的能力，是对换电运营体系中电池重要资产和重点安全风险进行管理监控的重要平台，是换电运营中电池管理的重要数字化解决方案，对电池资产的管理、维护和延寿发挥了重要作用，也是换电站热失控安全管理的重点支撑。

同时，换电运营作为一个补能公共服务平台，面对的是 B 端换电运营企业和 C 端司机用户。建立一套基于互联网的换电运营数字服务体系（见图 7），是支撑业务运行和服务参与者的基本要求。

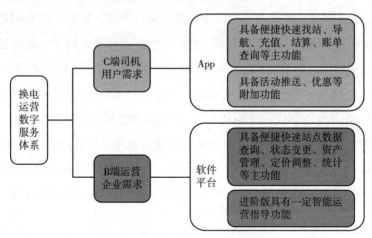

图 7　换电运营数字服务体系

资料来源：奥动新能源。

（七）商用车底盘换电技术实现突破发展

在新能源汽车尤其是纯电动汽车技术路线发展历程中，纯电车型续航能

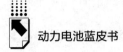

力差、充电时间长及充电安全性差等问题日益凸显，因此换电产品应运而生。现有重卡纯电方案主要基于原有燃油车结构改制而来，即电机取代发动机作为动力源，整车变动比较小，没有因取消发动机而对整车结构做革命性变化，如驾驶舱结构的变化、零部件高度集成的多合一布置等。为达到足够的续驶里程，市场主流的282kWh电池包均安装于重卡驾驶室后部的大梁平面上，无形中占据较多的车厢布置空间。

目前，商用换电车型的运营场景局限于短倒（短距离运输），主要车型是涉及特定场景的牵引车、自卸车和搅拌车等，运输距离集中在50~70km。换电重卡产品由燃油车平台改造而成，多采用后背式换电方式。后背式换电是针对重卡所需的动力电池系统体积大、自重大的特点，创新性设计出采用顶部抓取方式进行换电的车载电池系统总成。在目前油改电车型阶段，该方式得到了较多的实际应用，换电时间通常在3~5分钟，采用整包换电技术。

随着新能源汽车产品渗透率的不断提高及新能源零部件技术升级，车辆对能耗、效率要求越来越高，推动主要总成换代升级。如新一代专用驾驶室、新型车架结构、多合一电驱动系统、高压系统、柔性充电技术、高能量电池、涉及风光水核的储能系统、电池回收技术等，推动换电产业持续发展。

对于车辆最主要的驱动系统来说，相比于"电机+变速箱+传动轴+传统车桥"的动力传递方式，电驱桥更能提高传动效率并减轻系统重量、增加续驶里程，为大容量电池底盘布置留出足够的空间。随着新能源汽车产品使用场景拓展和渗透率不断提高，以及电驱桥技术的发展和换电技术的不断迭代，底盘换电将逐渐成为主流。相比于后背式换电，底盘换电具有如下突出优势。

（1）整车重心更低，有效提升车辆侧向稳定性，高速、转弯、坡道等工况更安全。

（2）轴荷分布更均匀，有效减小前轴轴荷，同等条件转向可靠性更高。

（3）有效利用车厢掩体功能，降低雨雪暴晒等恶劣天气影响，电池使用、更换更安全。

（4）不遮挡驾驶室后窗视野，提升行车安全性。

(5)避免车辆正面撞击后电池受冲击，发生次生危害。

(6)电池包采用底部托举换电，换电安全性更高。

(7)不占用车厢布置空间，实现货舱最大化，有效提升装载容积。

(8)有效增加后轴轴荷，提升车辆附着力，加速能力更强。

(9)托架结构轻量化，有效提升载质量利用系数，装载更多，用户收益更高。

四 发展趋势

（一）乘商换电标准化共享化需求强烈，标准化工作密集开展

换电基础设施建设投资大、回收周期长，其中商用车换电设施更甚。为了降低重复高投入，行业相关方对换电设施的共享需求持续增加。同时，换电行业发展的内在驱动力来源于动力电池标准化，只有在标准化的情况下才能实现换电技术开发和生产降本，才能带来更多的换电车辆销售和换电需求。产业链相关参与方包括电池厂商、车企、换电运营企业都有促进标准统一的需求。基于市场及行业发展需求，换电技术正由快速、安全的核心诉求向标准化、共享化方向迭代发展，由各技术路线独立扩张向换电网络互联互通方向演进。

动力电池、换电设施、换电车型的标准化将成为下一步行业工作的重点方向。一是动力电池标准化，会存在几款电池，适用不同车型；二是换电设施标准化，换电站应该具备为不同车型提供换电服务的能力，且采用模块化设计的换电站，形成低成本、可升级的建站模式；三是换电车型标准化，为与标准化换电站适配将形成数款标准化电池箱、标准化车辆底盘。

兼容多车型的共用型换电站将通过三个阶段实现标准共享。第一阶段，针对不同的电池存储仓，尤其是底盘换电技术，共用换电平台和换电结构；第二阶段，共用换电平台、换电结构、兼容的电池仓位，电池可以不同；第三阶段，结构模块化的电池，固定三种左右型号，不同车型、不同车企间可以进行互换。

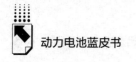

（二）换电设备和换电运营的智能化

全自动换电、无人值守运营、智能化结算体验将成为下一代换电产品的重要特征。未来换电技术应用将不仅具备电池快换功能，还需要根据用户分布和轨迹、站点客流和电池情况，不断优化数据模型算法，动态调整推荐规则，引导用户换电需求，推动用户补能用时最小化，最大化提升运营网络服务能力。随着换电站自动化程度越来越高及自动驾驶技术的应用，整个换电操作及场站运营将完全实现无人化。

（三）换电有望成为推动电动商用车渗透率提升的重要途径

近年来，新能源商用车不断得到用户的认可，2022年上半年，商用车中新能源汽车的渗透率达到3.92%（见图8），重卡中新能源汽车的渗透率达到2.67%（见图9），呈现快速发展的趋势。

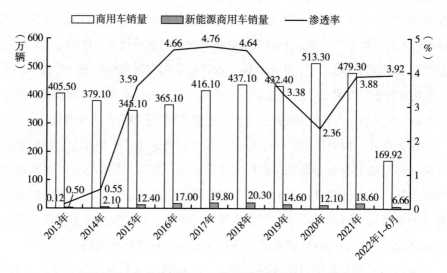

图8　2013年至2022年6月新能源商用车渗透率统计

资料来源：奥动新能源整理。

未来几年，在"双碳"目标的驱动下，换电商用车需求将呈现高速增长态势，换电将成为与充电并存的新能源汽车重要补能方式。由于商用车换

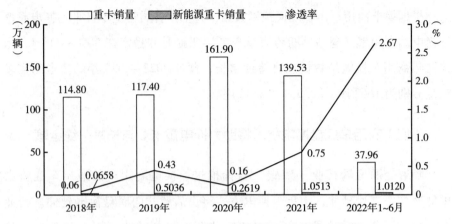

图9　2018年至2022年6月新能源重卡渗透率统计

资料来源：奥动新能源整理。

电模式能有效降低纯电车型购车成本，提升运营时长，因此，换电模式对纯电动商用车运行场景由内线短倒（港口、矿山、电厂等）、城市渣土运输等特定场景，向干线、城际物流延伸具有重要推动作用。预计到2025年，换电商用车占新能源商用车的比重将超过30%，2021~2025年市场规模年均增长率将达175.64%，其中细分车型换电重卡占换电商用车的比重将超过40%，2021~2025年市场规模年均增长率将达122.20%（见图10）。

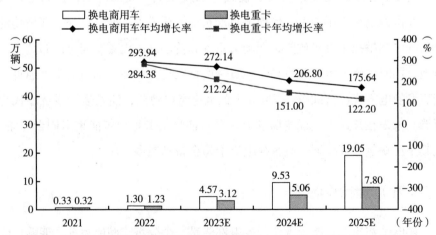

图10　2021~2025年换电商用车及换电重卡市场规模与年均增长率（预测）

资料来源：奥动新能源整理。

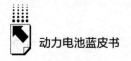

根据换电商用车市场规模预测数据，并依据各类车型单日平均换电频率和换电站利用率（建站早期约为 20%，逐年提升并稳定在 50%~60%），未来几年商用车换电站数量也将持续增长，预计 2023~2025 年的换电站需求数量分别为 1662 座、2833 座、4532 座。

（四）商用车底盘换电技术将助力换电重卡参与长途干线运输

随着交通运输行业"双碳"目标推进，换电商用车的适用车速将由中低速向中高速延伸，中重卡换电方式将由后背式向底盘换电延伸。行业企业也在不断进行技术革新，例如奥动新能源开发的商用车底盘换电技术，创新沿袭乘用车卡扣锁止技术，可靠性高、耐久性好，动力电池组锁止在重卡底盘上，重心低，侧向稳定性好，不占用货箱空间，可实现 40 秒极速换电；一站多用，可以同时满足多种车型换电需求，满足由短倒向长途干线运输等更多场景扩展的需求，满足由中低速向中高速使用场景延伸要求。

受限于充电时长和续驶里程，目前新能源商用车主要应用于城内物流、港口、矿厂、钢厂、城建工程（渣土运输、水泥搅拌施工）、城市环卫等短途、封闭、固定线路场景。换电模式将缩短车辆的充能时间，提高运营效率，在国内物流主干线上，使换电重卡长途运输成为可能。此外，取消传动轴后的电驱桥技术日趋成熟，原动力系统和传动系统内置空间足以布置更多电池，同时电池技术日新月异，能量密度持续提升。纯电动载货重卡通过采用底盘换电方式，搭载 500kWh 以上的大电量电池包，使长途干线运输成为可能。未来在长途干线运输场景上，底盘换电重卡将与氢能重卡同台竞争，尤其是在缺氢的环境下，底盘换电重卡将会得到更多关注。

（五）与能源网融合

换电站本质上是能源载体，换电网络是一个分布式储能系统，能够让电池成为流动的能量块，支持能量的双向流动。换电网络参与电网调度，可以实现与电网、车辆的能源交互，形成面向低碳电网的新型协作体系。在清洁能源消纳方面，换电站还将积极联动新能源产业，通过光、储、充、换结合，形成自发自用、余电存储、可充可换的一体化综合能源站解决方案，促进能源网与交通网的融合发展。

B.10
2021~2022年中国新能源汽车锂电池新型复合集流体发展报告

夏建中*

摘 要： 锂电池凭借灵活、快速、长寿命等优点在转变能源结构、实现碳达峰碳中和的目标中具有重要意义，在动力与储能领域得到了广泛应用。本报告总结了包括铝、铜、镍、钛、不锈钢和碳基材料等在内的传统锂电池集流体的性能与技术变革，并对集流体原材料及产品市场进行分析。由于新型复合集流体具有低成本、高安全性、高比能和长寿命等多方面的优势，近年来得到学术界与产业界的广泛关注，本报告对复合集流体的性能与产业发展情况进行概述。此外，随着复合集流体规模化制备技术的不断突破，产品优势将会进一步凸显，有望在部分应用场景中替代传统集流体，成为锂电池主流结构材料，助力我国锂电池产业的快速发展。

关键词： 新能源汽车 锂电池 复合集流体

一 集流体材料简介

锂电池凭借使用灵活、能量密度高、成本较低和安全性高等优势，在动力与储能领域得到广泛应用。典型的锂电池由正极、负极、隔膜、电解质和

---

* 夏建中，博士，高级工程师，扬州纳力新材料科技有限公司材料研究院院长，主要研究方向为高分子膜材料界面改性和复合集流体的结构。

集流体等材料组成，其中集流体不仅作为正负极材料的载体，还可以将电极活性物质产生的电流汇集并输出，有利于降低电池的内阻，提高电池的库伦效率、循环稳定性和倍率性能。集流体应满足电导率高、化学稳定性好、机械强度高、与电极活性物质的兼容性和结合力好、成本低、寿命长以及质量轻的要求。

目前，可用作电池集流体的材料有铜、铝、镍、钛和不锈钢等金属，以及合金材料、碳纤维布和碳纳米管等碳基材料，涂碳金属箔和导电树脂等复合材料。在传统的集流体中，铝箔和铜箔因综合性能好，自1991年索尼公司（Sony）生产首个商用锂电池以来延续使用至今。其中，铜箔由于在较高电位时易被氧化，用于电位较低的负极集流体；铝箔由于在低电位时易被腐蚀，用于正极集流体。近年来，基于高分子基材的新型复合集流体得到迅速发展，与传统集流体相比，新型复合集流体采用"金属层—高分子基膜—金属层"三层复合结构，通过真空蒸镀、磁控溅射和水电镀等方式在高分子基膜——聚对苯二甲酸乙二醇酯（PET）、聚丙烯（PP）和聚酰亚胺（PI）等表面沉积厚度约$1\mu m$的金属层，在低成本、高安全、高比能和长寿命等方面具备显著优势。近年来，新型复合集流体得到学术界与产业界的广泛关注。

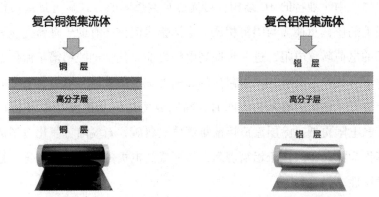

图1　复合铜箔集流体、复合铝箔集流体结构示意

图片来源：纳力新材绘制。

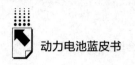
二 常见集流体材料性能与技术变革

传统的集流体材料主要包括铝、铜、镍、钛、不锈钢和碳基材料。在 20 世纪 90 年代，集流体的研究主要围绕铝、铜、镍、钛和不锈钢等金属材料，其中铝箔和铜箔厚度分别以 $25\mu m$ 和 $18\mu m$ 为主；2000 年以后，大量的研究围绕金属箔材的改进展开，出现网状、泡沫状、刻蚀和涂层改性等集流体，同时将金属箔集流体制备得更薄；2010 年之后，出现了碳基等非金属集流体材料，如碳纤维布、碳纳米管等。

（一）铝箔集流体

铝箔凭借优良的电化学稳定性和机械性能、高导电性、低密度成为锂电池最重要的正极集流体材料。铝的密度仅为 $2.70g/cm^3$，有利于提高电池的重量能量密度，同时在充放电过程中铝箔表面形成的钝化层可以提高耐腐蚀性。但是，铝箔存在与活性物质之间的界面内阻较大、附着力较弱等问题，所以为了改善铝箔集流体的性能，开发出一系列铝基集流体。例如，泡沫铝集流体、化学刻蚀铝箔集流体和涂层涂覆铝箔集流体。具有多孔结构的泡沫铝集流体，由于独特的 3D 结构，可通过真空渗吸的方式显著提高活性物质在电极上的质量负荷。与铝箔相比，泡沫铝集流体还有助于降低电极和电解质界面的电荷转移电阻，进一步提高电极性能。化学刻蚀铝箔集流体在高电流速率下有更高的容量，因为粗糙的表面增加了集流体与电极材料之间的附着力，降低了电荷转移阻力；同时，高附着力进一步避免了电极材料的剥落，接触电阻更低。涂层涂覆铝箔集流体是将碳、石墨烯、氧化石墨烯、铬酸盐等作为涂层，涂覆于铝箔表面，从而提高电极的导电性、电化学稳定性和耐腐蚀性。

（二）铜箔集流体

目前，商业锂电池主要使用铜箔作为石墨、硅、锡等负极活性物质的集流体材料。铜箔不仅具有良好的电化学稳定性，还是仅次于银的优良导电金属，电阻率仅为 $1.68×10^{-8}\Omega \cdot m$（20℃）。由于铜的密度较高，所以占电池总重量的 10% 以上（见图 2）。根据铜箔的生产工艺，铜箔分为压延铜箔和电解铜箔。压延铜箔是将铜板经多次辊压、退火和酸洗轧制而成；电解铜箔是先将铜等原材料用稀硫酸溶解，然后将硫酸铜电解液通过直流电沉积法制成原箔，再进行表面处理和分切。由于压延铜箔工艺控制难度大，所以目前锂电池主要采用电解铜箔。为了改善铜箔集流体的性能，已开发出一系列铜基集流体，例如铜网集流体、泡沫铜集流体、表面刻蚀铜箔集流体和涂层涂覆铜箔集流体。铜网集流体微米级网孔的存在增强了电荷转移速率，降低了电极和电解质的界面电阻，可以适应电池循环过程中电极体积的变化；同时，高表面积使得电荷分布更均匀，防止锂枝晶的形成。适宜孔隙大小的泡沫铜集流体可以很好地抑制硅、锡负极活性物质在充放电过程中的体积膨胀和收缩，提供更大的表面积，降低局部电流密度，进而阻止锂枝晶的形成。与表面刻蚀铝箔集流体相似，表面刻蚀铜箔集流体粗糙的表面提供了高接触面积，从而提高附着力和导电性。此外，碳和石墨烯等涂层涂覆铜箔集流体可以降低电荷转移电阻，从而比铜箔集流体具有更高的容量和更好的速率性能，同时提高抗腐蚀性。

（三）镍箔集流体

镍具有良好的导电性，在酸性、碱性溶液中较稳定，主要作为负极集流体，负载氧化镍、石墨烯、硫及碳硅复合材料等活性物质。镍与铜密度相近，但镍的电阻率更高。镍基集流体通常有镍箔、镍网、泡沫镍和表面改性镍箔等类型。采用镍箔作为电极集流体时，随着充放电次数增加，活性物质易脱落，进而影响电池性能。对镍箔集流体表面进行刻蚀后，活性物质与集流体的结合强度明显增强。而泡沫镍的孔道发达，与活性物质之间的接触面积大，从而减小了活性物质与集流体间的接触电阻。总的来说，镍基集流体的网状和泡沫状结构以及表面改性后的效果与铝基和铜基集流体相当。

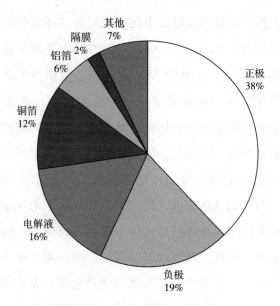

图 2　常规锂电池材料重量分布

（四）钛箔集流体

钛可以用作正负极集流体材料。钛密度低于铜，略高于铝，电阻率比铜和铝高一个数量级。具有网状和泡沫状结构的钛，集流的作用与效果和铝、铜相似。

（五）不锈钢箔集流体

不锈钢是指含有铁、铬、镍、锰、钛等元素的合金材料，具有良好的导电性和稳定性，因其表面形成钝化膜而具有较高的耐腐蚀性。同时，不锈钢具有成本低、工艺简单等优点，可以作为负极集流体。但是，不锈钢在室温下的电阻率远高于纯金属铜、铝、镍和钛，这种特性限制其作为集流体的应用。

（六）碳基集流体

以碳材料作为电池正极或负极集流体，可以避免电解液对集流体的腐蚀，相对于金属集流体而言，其优势在于质量轻、能量密度高、易加工和价格低廉等。多孔结构的碳基集流体提高了电极与集电极之间的接触面积，降低了界面电阻。碳基材料的柔性结构可以有效缓解电池循环产生的应变和应力，可用作柔性锂电池的集流体。其中，碳纤维纸具有良好的柔软性和电化学稳定性，但是碳纤维纸与铝、铜等金属相比电阻较高，其他的碳基材料还包括泡沫碳、碳纳米管和泡沫石墨烯等。

综上所述，网状结构集流体有望改善电极的性能，但机械强度低；泡沫集流体可以提供更高的表面积和活性物质负载，但是高负载集流体需通过电沉积法将活性物质负载于泡沫集流体上，工艺复杂；涂层能够提高集流体的电化学稳定性、电荷转移性能和界面附着力，但会增加集流体的生产成本。所以，铝箔和铜箔集流体因电化学稳定性好、电阻率低和易加工等特性，经过几十年的发展，依然是目前锂电池主要使用的集流体材料。为了满足锂电池高能量密度的需求，铝箔、铜箔逐步向更薄的方向发展，使得单位质量电池所含有的活性物质更多。铝箔集流体厚度由早期的 $25\mu m$ 逐步降低到 $10\mu m$，铜箔集流体厚度由 $14\mu m$ 逐步降低到 $6\mu m$ 甚至 $4.5\mu m$。但是，需进一步研究集流体厚度降低与断裂强度、导电性和传热性之间的平衡关系，同时存在极片分切过程中边部出现毛刺导致的电池自放电增大，甚至造成电池短路的问题。虽然箔材易于生产和加工，但是金属箔集流体性能一般，难以满足锂电池高安全、高能量密度、低成本的需求。此外，金属原材料价格的大幅上涨导致产品成本的升高，所以开发电化学稳定性更好、导电性更强、重量更轻、成本更低的新型集流体材料具有重要意义。

三 集流体应用场景与价格

目前，锂电池市场主要采用传统铜箔、铝箔集流体，铜箔主要采用压延铜箔和电解铜箔，铝箔则主要采用电解铝箔或涂碳铝箔，定价方式主要为"金属价格+加工费"，产品价格受金属价格的市场波动影响较大。铜是全球最重要的大宗商品之一，其价格走势受到供需关系、进出口政策、汇率波动等多种因素的影响。2021年上半年我国铜价整体呈现强势上涨行情，后期在美联储释放政策转向信号和我国抛储政策的双重影响下，价格开始走弱。受到国际经济形势、供需关系等多重因素叠加的影响，消费需求得以释放，制造业持续扩张，2021年初铝价迎来大幅上涨，随后受政策和市场等影响，第二季度开始又经历了波动式回落（见图3）。截至2022年11月10日，上海期货交易所沪铜月均价为64398元/吨，沪铝月均价为18424元/吨。

（a）沪铜

（b）沪铝

图3 2021年中国沪铜和沪铝现货及期货价格

资料来源：九商云汇。

在铜箔方面，高工产业研究院（GGII）数据显示，2021年中国锂电铜箔出货量为28.1万吨，2022年出货量为42.0万吨，同比增长49.5%。中国是全球最大的锂电铜箔生产基地，2022年全球锂电铜箔出货量达56万吨，中国锂电铜箔出货量在全球的占比高达75%。从细分领域来讲，中国锂电铜箔最大的细分市场是动力电池领域（66%），其余为储能领域（25%）等。① 此外，全球铜的储量和产量分布极其不均匀，大部分集中在南北美洲，所以存在一定的国际贸易风险。在铝箔方面，鑫椤锂电数据显示，2022年中国动力电池铝箔总产量为23.4万吨，同比增长70.4%。②

EVTank数据显示，2021年，全球锂电池总出货量为562.4GWh，同比大幅增长91.0%。其中，全球汽车动力电池出货量为371.0GWh，同比增长134.7%，占锂电池总出货量的65.97%；储能电池出货量为66.3GWh，同比增长132.6%，占锂电池总出货量的11.79%；小型电池出货量为125.1GWh，同比增长16.1%，占锂电池总出货量的22.24%。2022年，全球锂电池总出货量为957.7GWh，同比增长70.3%。从出货结构来看，全球汽车动力电池出货量为684.2GWh，同比增长84.4%；储能电池出货量为159.3GWh，同比增长140.3%。2022年，中国锂电池出货量达到660.8GWh，同比增长97.7%，在全球锂电池总出货量中的占比达到69.0%。调研机构Wood Mackenzie公司的研究报告显示，从2021年到2030年，全球的锂电池产量可能会增加5倍以上，达到5500GWh，其中1GWh锂电池集流体用量为700万 m^2，所以2030年锂电池集流体用量约为770亿 m^2，随着行业缺口的扩大，市场竞争将不断加剧，部分通过低价策略进行市场竞争的企业被淘汰后，行业主流产品价格将呈现上涨趋势。

---

① 《2022年中国锂电铜箔市场分析》，"高工锂电"微信公众号，2023年5月4日，http：//mp. weixin. qq. com/s/g17u-21zyv8F1Xvfz1SdVA。

② 《2022电池铝箔年度盘点——市场集中度提升，二梯队并驱争先》，"鑫椤锂电"微信公众号，2023年1月6日，https：//mp. weixin. qq. com/s/6VjGv_ pdK_ i55g0mJcnjQA。

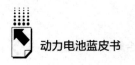

四　复合集流体性能、产业发展情况

新型复合铜箔、铝箔集流体具有低成本、高安全性、高比能和长寿命等多方面的优势，具体见表1。

表1　新型复合铝箔、铜箔集流体与传统铝箔、铜箔集流体对比

指标		传统铝箔	新型复合铝箔	传统铜箔	新型复合铜箔
组成		高纯铝	铝层+高分子基膜+铝层	高纯铜	铜层+高分子基膜+铜层
主要工艺		压延	真空镀膜	溶铜电解+水电镀	磁控溅射+水电镀
特点		金属使用量大，成本高;安全性一般	中间层为PET/PP等，降低金属使用量;耐穿刺,安全性高	金属使用量大，成本高;安全性一般	中间层为PET,降低金属使用量;耐穿刺,安全性高
性能	方块电阻(MΩ)	2.1	≤40	3.0	≤25
	拉伸强度 MD/TD(MPa)	205/200	≥180/150	400/380	≥230/200
	断裂延伸率 MD/TD(%)	5/4.5	≥15/5	6/4	≥15/5
	热收缩率 MD/TD (150℃/0.5h,%)	—	≤0.2/0.2	—	≤1.0/0.01

第一，采用新型材料替代金属材料，可有效节约金属，以新型复合铝箔50亿 m^2 产能计算，可以节省铝资源12.25万吨，相同产能的新型复合铜箔可以节省铜资源14万吨，同时进一步降低成本。以铜箔为例，1GWh电池使用6μm的普通铜箔650吨，对应面积约为1200万 m^2，物料成本约为3900万元，如果使用1200万 m^2 的6μm新型复合铜箔（4μmPET基膜+2μm铜金属层），物料成本约为2482万元。

第二，由于高分子基膜材料较轻，新型复合集流体整体重量比纯金属集流体降低50%~80%，从而减轻电池重量，电池能量密度则提升5%~10%。

　　第三，新型复合集流体中间层的高分子基膜会在高电流密度下收缩，所以当电池因针刺发生短路后，针刺位点迅速断开仅形成"点断路"，从而延缓内部短路引发的热失控。高分子基膜的高拉伸强度和高断裂延伸率还可以提高电池挤压和重物冲击安全性能，从而提升电池和整车的安全性。斯坦福大学崔屹教授团队设计出具有阻燃效果的聚酰亚胺基复合集流体；伦敦大学、NASA 在 18650 电池中进行验证，证明了新型复合集流体可降低针刺热失控风险；华中科技大学黄云辉和伽龙教授等团队研究得出在不牺牲能量密度的情况下，使用新型复合集流体的电池安全性可以得到极大的改善。

　　第四，新型复合材料相比于纯金属材料具有低弹性模量，易实现卓越的耐弯曲性，可保持极片界面长期完整，从而使得电池的循环寿命延长。从新能源汽车、储能和其他消费电池等终端应用场景来看，电池能量密度和安全性能是重点考虑的指标，而新型复合集流体在提升电池安全性能的同时，也提升了电池的能量密度、循环寿命，并降低了电池成本。

　　新型复合集流体的主要制备工艺，是在高分子基膜双面以磁控溅射或真空蒸镀方式沉积 50~80nm 金属层，再继续通过真空蒸镀或水电镀将金属层增厚到 1μm 左右，相比于传统铝箔、铜箔，工艺流程缩短，降低了金属污染物对环境的危害。目前，限制新型复合集流体大规模应用的主要因素是其技术壁垒较高，基膜性能和镀膜工艺难度较大，产品良率较低。

　　高分子基膜既能承受电池制作过程中的涂布和滚压，又能起到支撑作用。同时，在电池正常工作或热失控时，高分子基膜需要承受较高温度，保证受热不分解。高分子基膜常见材料有 PET、PP、PI、聚乙烯（PE）、聚氯乙烯（PVC）、聚苯乙烯（PS）和聚碳酸酯（PC）等，其中 PVC、PS、PC 有毒且难以回收，不宜使用，而 PE 拉伸强度较低容易出现断裂，因此也不宜用作基膜。PP 耐热性、电绝缘性较好；PET 电绝缘性优良，抗蠕变性、耐疲劳性好；PI 耐热性好、耐极低温、机械性能优异，但是目前 PI 膜制备工艺只能做到 10μm 左右，所以各厂家主要围绕 PET 膜和 PP 膜进行研发。PP 膜的延展性好，但 PP 膜在磁控溅射后

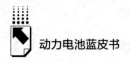

的金属层结合力不如 PET 膜，所以还处于性能提升阶段，没有实现大批量生产。

对于镀膜工艺，新型复合铝箔基膜采用 $6\mu m$ 左右的 PET 膜，略厚于复合铜箔 $4.5\mu m$ 左右的基膜，两面各镀厚度为 $1\mu m$ 左右的铝金属层，所以采用磁控溅射、真空蒸镀工艺，而不再使用水电镀增厚。同时，部分厂家开发其他工艺，并和现有工艺进行组合。例如，首先通过化学沉积金属层，再进行电镀增厚，省去磁控溅射工艺，或将磁控溅射和真空蒸镀组合在一起。目前主流的磁控溅射工艺，镀膜宽度可为 1.2m 和 1.65m，线速度可以稳定在 $10m/s$ 甚至更高，磁控溅射设备的工艺难点主要是基膜很薄，膜温度、压力和溅射速率都不能高，否则会有击穿的风险，所以需要适宜的速度、张力控制等工艺参数。

产品良率主要受以下四个因素影响。一是磁控溅射的均匀性不高，导致水电镀时金属层电阻存在差异，影响水电镀的效果，同时磁控溅射温度过高可能导致膜损伤，影响产品良率；二是水电镀夹具的使用导致两侧不可用，需要切除处理；三是张力控制不佳导致的褶皱问题；四是下游应用端电池分切时造成的良率损失。

随着新能源汽车产业的迅速发展，电池行业也呈现上行趋势。据统计，各电池厂家 2025 年的规划产能已经超过 3TWh，按照 2022 年上半年 300GWh 电池对应隔膜出货量 56 亿 m^2 计算，3TWh 对应隔膜 560 亿 m^2，集流体与隔膜使用量为 1:1，对应集流体需求量也为 560 亿 m^2。按照新型复合集流体 50%渗透率计算，其总需求量为 280 亿 m^2，产值达千亿元。此外，储能市场的兴起也将带动锂电池的需求增长，从而对锂电池铜箔、铝箔集流体的需求产生带动效应，释放行业利好。随着动力电池能量密度提升，新型复合集流体的重要性将会进一步凸显。从上下游产业链企业的布局来看，各公司逐步向新型复合集流体产业发力（见表 2），所以，随着技术的改进提升，以及纳力新材等企业产能逐渐释放，新型复合集流体的市场份额将会大大提升，未来将会持续提升市场渗透率。

表2 相关企业在新型复合集流体产业的布局

领域	企业	布局与进展
设备	东威科技	公司基于现有卷对卷垂直连续电镀技术体系,于2017年与宁德时代的供应商合作,研发出了第一代样机并进行了批量生产,完全满足连续性、不变形、无穿孔及均匀性的要求,形成了自主研发的专有技术,目前公司一代和二代设备均可以实现量产,客户包括PET薄膜厂商、负极集流体厂商、电池生产厂商等,具备先发优势;此外,2022年公司通过引进真空镀膜技术,开启研发和制造磁控溅射设备,目前主要用于配套镀膜设备,公司预计于2022年下半年实现量产
材料	双星新材	公司是全球双向拉伸聚酯薄膜(BOPET)材料龙头,PET铜箔业务于2020年底立项,2021年开始研发。公司在4.5μm基膜的基础上,建立磁控溅射与水电镀生产线,形成PET铜箔一体化生产能力,涉及基膜材料与PET铜箔制造两个环节。目前公司4.5μm基膜已实现向其他复合铜箔企业的销售。终端产品层面,2021年以来PET铜箔已送检中、韩多家厂商,进入测试验证阶段
制造	纳力新材	公司成立于2021年,总部位于江苏省扬州市,并在江阴市设有全资子公司,公司拥有复合铜箔集流体、复合铝箔集流体以及纳米涂覆集流体研发和生产技术。目前部分产品已经进入量产阶段
制造	重庆金美	公司成立于2017年,2018年进入导电薄膜领域,2019年开始导电薄膜基础材料的研发工作,宁德时代旗下长江晨道投资通过安徽金美新材料持有公司15.68%的股权;公司主打产品为多功能复合集流体铝箔和多功能复合集流体铜箔,是公司与新能源行业头部企业合作研发的产品,目前已经实现商业化应用,进入量产阶段
制造	宝明科技	公司于2022年7月7日发布公告称,计划总投资60亿元,在赣州投资建设锂电池复合铜箔生产基地,项目一期拟投资11.5亿元,项目二期拟投资48.5亿元,其中一期项目建设期为12个月
制造	万顺新材	在复合PET铜箔领域,公司已开展"在有机载体薄膜上镀双面铜箔工艺项目"研发工作,根据2021年11月披露的公告,公司已开发出应用于电池负极的载体铜膜样品,可降低电池重量,提升能量密度及安全性,已送下游电池企业验证;2022年1月,公司表示目前正在配合下游电池客户的需求优化产品工艺
制造	诺德股份	PET铜箔产品已经完成研发步骤,目前处于下游客户批量试用阶段

资料来源:各公司网站公告。

国际篇

International Report

B.11
2021~2022年全球新能源汽车
动力电池产业发展报告

周波　鲁志佩　杨永海　牛萍健　温梦溪*

摘　要： 在碳中和的大背景下，汽车电动化已成为全球趋势。2022年，全球新能源汽车销量首次突破1000万辆大关，其中，中国新能源汽车销量蝉联全球第一位，占全球新能源汽车销量六成以上。全球动力电池技术路线呈现多样化发展格局，总体趋势可分为结构形式革新和化学体系迭代。在政策方面，欧盟发布《欧盟电池与废电池法规》，涵盖了电池从设计到报废的全生命周期监管要求；美国发布《通胀削减法案》，加强美国本土动力电池制造业的发展。欧美意图通过政策构建针对中、日、韩等动力电池出口大国的

---

* 周波，中国化学与物理电源行业协会动力电池应用分会研究中心总经理，主要研究方向为全球锂电池的应用趋势；鲁志佩，高级工程师，弗迪电池有限公司开发中心总监，主要研究方向为动力电池研发管理、前瞻技术研究及规划；杨永海，弗迪电池有限公司开发中心产品规划部规划科科长，主要研究方向为动力电池发展趋势分析及产品规划；牛萍健，中国汽车技术研究中心有限公司标准化研究所新能源标准研究员，主要研究方向为动力电池标准化；温梦溪，中汽数据有限公司咨询研究员，主要研究方向为动力电池碳足迹核算、"双碳"政策。

"绿色贸易壁垒",以保护本土企业。预计全球新能源汽车的产销量在接下来的几年会继续增长,并带动动力电池、正极、负极、隔膜、电解液以及金属资源材料的需求量持续上升。

关键词: 新能源汽车 碳达峰 碳中和 动力电池

一 全球总览

(一)全球新能源汽车产业发展情况

在当前全球向碳中和目标阔步迈进的背景下,汽车电动化已成为全球趋势。各国密集推出支持政策举措,为新能源汽车发展加力,新能源汽车迎来快速发展期。统计数据显示,2021年全球汽车销量约为8105万辆,2022年全球汽车销量约为8163万辆。2021~2022年,全球新能源汽车销量增长显著。2021年,全球新能源汽车销量约660万辆,同比增长116%;2022年,全球新能源汽车销量1082万辆,创历史新高,而这一数值在2019年还只是216万辆(见图1)。新能源汽车渗透率也提升明显,从2021年的8.1%增加至2022年的13.3%(见图2)。

从销售区域看,中国作为全球新能源汽车最大的消费市场,2021年新能源汽车销量352.1万辆,2022年新能源汽车销量688.7万辆,同比增长96%;欧洲位列第二,2021年新能源汽车销量约220万辆,2022年新能源汽车销量约260万辆,同比增长18%;美国位列第三,2021年新能源汽车销量约67万辆,2022年新能源汽车销量约99万辆,同比增长48%。

推广应用新能源汽车是实现碳中和目标的重要途径。《巴黎协定》明确提出气温控制目标,同时各国也陆续发布了碳中和计划和目标。具体来看,中国宣示2030年实现碳达峰,2060年实现碳中和;美国提出2050年实现

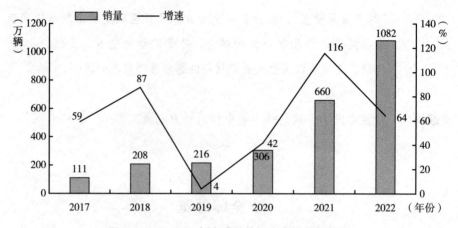

图 1　2017~2022 年全球新能源汽车销量及增速

资料来源：中汽协、Marklines、EVTank、中国化学与物理电源行业协会（CIAPS）动力电池应用分会研究中心。

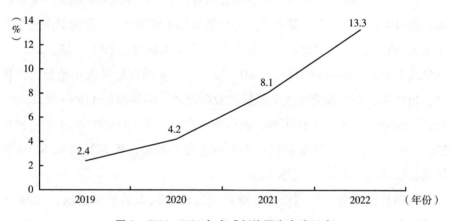

图 2　2019~2022 年全球新能源汽车渗透率

资料来源：同花顺（iFinD）、EVTank、东亚前海证券研究所。

净零碳排放；欧盟多个国家通过立法，提出 2050 年实现碳中和、净零碳排放或气候中性等目标（见表 1）。

　　此外，全球主要汽车消费国家及地区还制定了禁售燃油汽车时间表，来推动汽车电动化进程，如挪威、荷兰等国家率先提出禁售汽/柴油车的计划/议案；巴黎、马德里、雅典、墨西哥城等城市计划在 2025 年禁售柴油车（见表 2）。

表 1　全球部分国家碳中和目标与实现时间

国家	目标	提出方式	实现时间
中国	碳达峰/碳中和	政策宣示	2030 年/2060 年
日本	净零碳排放	立法	2050 年
韩国	净零碳排放	立法	2050 年
美国	净零碳排放	政策宣示	2050 年
英国	净零碳排放	立法	2050 年
德国	气候中性	立法	2045 年
法国	净零碳排放	立法	2050 年
印度	净零碳排放	声明/承诺	2070 年
俄罗斯	碳中和	立法	2060 年
巴西	碳中和	立法	2050 年
澳大利亚	净零碳排放	政策宣示	2050 年

资料来源：根据公开资料整理。

表 2　全球主要汽车消费国家或地区燃油汽车禁售时间

国家/地区	提出时间	提出方式	实现时间	禁售范围
挪威	2016 年	国家计划	2025 年	汽/柴油车
荷兰	2016 年	国家计划	2030 年	汽/柴油车
巴黎、马德里、雅典、墨西哥城	2016 年	市长宣言	2025 年	柴油车
德国	2016 年	议案	2030 年	内燃机车
法国	2017 年	官员口头表态	2040 年	汽/柴油车
中国台湾	2017 年	行动方案	2030 年	汽/柴油车
印度	2017 年	官员口头表态	2030 年	汽/柴油车
美国加利福尼亚	2018 年	政府法令	2029 年	燃油公交车
爱尔兰	2018 年	官员口头表态	2030 年	汽/柴油车
中国海南	2018 年	政府规划	2030 年	汽/柴油车
西班牙	2018 年	政府规划	2040 年	汽/柴油/混合动力汽车
英国	2020 年	政府规划	2035 年	汽/柴油/混合动力汽车
日本	2021 年	官员口头表态	2035 年	汽/柴油车

资料来源：根据公开资料整理。

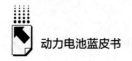

2021~2022 年，全球新能源汽车渗透率持续提升，未来有望长期处于高增状态。2021 年，欧洲新能源汽车渗透率已达 19.2%，领先中国（13.3%）和美国（4.4%）。2022 年，中国新能源汽车渗透率近 25.6%①；欧洲新能源汽车渗透率达 24.8%，与中国相近；美国新能源汽车渗透率为 7.0%，与中国、欧洲差距较大，说明美国在推广新能源汽车时遇到阻力。值得注意的是，梳理 2022 年全球主要国家或地区的新能源汽车渗透率数据，会发现挪威（74%）和瑞典（49%）的新能源汽车渗透率远高于其他国家。

挪威的新能源汽车推广如此顺畅，与以下四个方面因素有关。一是挪威政府计划在 2025 年就禁售燃油车，政策导向十分显著。此外，对于进口车企，挪威免收关税；对于新能源汽车消费者，有一系列优惠政策；对于传统燃油车，提高各类污染相关的税费。二是挪威政府重视充电桩等新能源汽车配套基础设施的建设。据统计，挪威全国已经建设 1100 个公共快充站和 7500 座公共普通充电站，只要沿着主干道行车，每百公里都有 2~3 座充电站，而且大部分公共充电站可以免费充电。三是挪威国土面积较小，38.5 万平方公里，相当于我国云南省。研究显示，挪威新能源车主日常出行，绝大部分都是冬季在 80 公里以内、夏季在 120 公里以内的短途行程，平均每人每年仅有 43 天进行超出新能源汽车续驶里程的长途行程，因此新能源汽车已经可以满足民众的日常出行需求。四是挪威没有过于强势的本土汽车品牌，所以政府也不会有什么贸易保护政策，当地居民也没有类似的消费偏好。

需要关注的是，挪威政府也在逐渐对新能源汽车加强管控。从 2023 年起，挪威首次引入适用于纯电汽车的两项新税：第一项是 500 千克以上车辆，需缴纳 12.5 挪威克朗/千克的重量税；第二项是纯电汽车价格中超过 500000 挪威克朗（约 47000 欧元）的部分将征收 25% 的增值税，挪威最畅销的 10 款纯电动汽车中的大多数价格高于这一门槛。

---

① 2022 年我国新能源汽车渗透率，中汽协统计为 25.6%，公安部交管局统计为 23.05%。

政策对新能源汽车行业的影响是绕不开的重要因素，但其影响力正在逐渐弱化。欧美政策支持力度较大，中国即将步入后补贴时代，回归自发需求，将形成国内与海外共振良好局面。从全球及各地区的新能源汽车渗透率来判断，目前行业整体处于成长初中期阶段，仍存在较大的成长空间。

1. 欧洲：政策驱动，补贴力度加大

欧洲是碳中和领军者。2018 年 11 月，欧盟委员会首次提出"2050 年碳中和"长期愿景；2019 年 12 月，欧盟委员会发布纲领性文件《欧洲绿色协议》（*European Green Deal*），明确政策框架，旨在促进欧洲绿色转型，最终实现 2050 年碳中和目标。《欧洲绿色协议》包括一系列政策措施，其中，2021 年 6 月通过的《欧洲气候法》（*European Climate Law*），把"2050 年碳中和"之政治雄心转变为具有约束力的法律条文，同时要求"2030 年净排放减少 55%"（相比于 1990 年净排放），这是一个更加贴近实践的阶段性目标；2021 年 7 月，欧盟委员会提出"减碳 55%"（Fit for 55）一揽子政策提案，旨在具体落实"2030 年净排放减少 55%"的目标。

欧盟汽车排放标准严苛。在汽车领域，欧盟委员会要求 2021 年起，大型车企（轿车年登记量在 30 万辆以上）新登记轿车的平均二氧化碳排放量须低于 95 克/公里，每超出标准 1 克/公里每辆车罚款 95 欧元，该项标准被认为是全球最严苛的汽车排放标准，令大众等车企面临巨额罚款。另外，政策给予新能源汽车优待，新能源汽车电能消耗不计算二氧化碳排放量，并且在计算平均二氧化碳排放量时，新能源汽车可以享受附加权重。如今燃油汽车节能减排技术难有突破，政策高压下转型新能源汽车是欧洲车企筹谋破局的必然选择。此外，欧洲还把发展新能源汽车作为刺激经济的手段，欧洲多国加大新能源汽车购置补贴力度，对于欧洲市场促进作用较大（见表 3）。根据预测，2025 年欧洲新能源汽车销量将达 594 万辆，渗透率为 32%，2021~2025 年的年均增长率为28.2%。

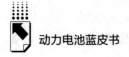

表 3　2021~2022 年欧洲主要国家新能源汽车补贴政策

国家	具体内容
德国	加大新能源汽车补贴力度,新能源汽车补贴提升 50%以上
英国	购买 3.5 万英镑以下的新能源汽车可享 2500 英镑的补贴,同时对零排放汽车免税
法国	加大对新能源汽车的补贴力度,宣布将对购买新纯电动或插电式混合动力汽车的奖励措施延长至 2022 年 7 月,并且对环境友好的新车和二手车提供换购补贴
西班牙	出台 37.5 亿欧元汽车业援助计划,旨在促进新能源汽车的普及
意大利	自登记日起,电动汽车可享受 5 年税费豁免;5 年后只需按燃油车税费的 25%缴税
丹麦	2022 年前,燃料电池汽车税费全免,2020 年纯电动汽车和插电式混合动力汽车只需缴纳 20%税费,2021 年增至 65%,2022 年为 50%
芬兰	零排放车辆可享最低税率优惠
挪威	电动汽车免征购置税、停车费、充电费等,路桥费不高于燃油车的 50%;在高峰时段可以使用公交车道

资料来源:CIAPS 动力电池应用分会研究中心整理。

2. 美国:迎来政策红利,爆发在即

特朗普时期,美国对新能源汽车补贴较少。拜登任总统后,立即落实美国重返《巴黎协定》,并且宣布"2050 年净零碳排放"目标,美国新能源汽车市场也迎来久违的政策红利。拜登对新能源汽车发展提出了明确规划和刺激方案。例如,2021 年 3 月发布《基础设施计划》,提议投资 1740 亿美元支持电动汽车市场发展;同年 8 月,提出 2030 年新能源汽车及燃料电池汽车销量占 50%的目标;同年 11 月,众议院通过《重建更好未来法案》,新能源汽车单车购置补贴由 7500 美元提升至 1.25 万美元,并取消单一车企的 20 万辆补贴限制,通用、特斯拉等车企有望重获补贴;同年 12 月,美国环境保护署正式出台新的油耗经济性及温室气体排放政策,收紧碳排放及油耗标准。2022 年 8 月,美国总统拜登在白宫签署《通胀削减法案》,希望通过为新能源汽车补贴设置门槛,吸引新能源汽车产业链在北美地区设立制造基地(见表 4)。随着美国对新能源汽车政策的重视,新能源汽车销量将加速提升,带动全球销量增长。预计到 2025 年美国新能源汽车销量将达 423 万辆,渗透率为 25%,2021~2025 年的年均增长率为 58.5%。

表4 2021~2022年美国重要新能源汽车补贴政策

时间	政策/文件名	主要内容
2021年1月	—	美国政府车队换为美国本土组装的新能源汽车,预计投入约200亿美元
2021年3月	《基础设施计划》	拟使用1740亿美元支持美国新能源汽车行业发展,并将其中1000亿美元作为退税补贴
2021年5月	《清洁能源法案》提案	提高新能源汽车税收抵免金额,且扩大其适用范围。在美国购置的新能源汽车单车补贴上限7500美元,其中在美国本土组装的新能源汽车,补贴上限提高至1万美元;由工会成员生产的新能源汽车,补贴上限提高至1.25万美元;零售价超过8万美元不享受补贴,税收减免优惠将在美国新能源汽车渗透率超过50%之后,在3年内逐步取消
2021年8月	总统行政令	2030年美国汽车电动化率达到50%
2021年8月	新油耗法规提案	2023年油耗应下降10%,之后2024~2026年每年下降5%左右,到2026年二氧化碳排放标准由现行规定的205克/英里下调至171克/英里
2021年11月	《重建美好未来法案》	1.25万美元单车补贴上限及车企补贴上限等草案获众议院通过
2021年12月	新油耗法规	2026年碳排放目标为161克/英里;2026年燃油效率要求提升至55英里/加仑
2022年8月	《通胀削减法案》	在新能源汽车上游矿物等原材料、动力电池以及整车组装产业链中,强调"北美化"的要求,如果不满足规定,消费者将无法获得最高达7500美元的清洁能源车税抵免补贴

资料来源:CIAPS动力电池应用分会研究中心整理。

3. 中国:由政策驱动向产品驱动切换

近年来,中央及各级相关部门陆续推出新能源激励政策,从补贴、双积分、充电基础设施建设、税收优惠及新能源安全政策等方面支持新能源汽车消费,弱化补贴退坡力度,保持技术指标门槛稳定,促进新能源汽车产业稳健发展(见表5)。2018~2022年新能源汽车续驶里程指标发生了变化,该指标的变化可以反映我国补贴退坡历程(见表6)。

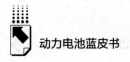

表5　中国新能源汽车相关政策特点及补贴内容

特点	补贴内容
稳定退坡	电动车补贴延长2年至2022年,提高续航及能耗指标
	下调退坡力度,稳定2020~2022年的补贴标准分别在上一年的基础上退坡10%、20%、30%
	稳定技术门槛,2020年对主要技术指标(动力电池系统能量密度门槛等)不做调整,仅对整车能耗、纯电动车续驶里程门槛要求适度提高
分类施策	基于公共领域补贴更小的退坡幅度,2020年不退坡,2021~2022年的补贴标准分别在上一年的基础上退坡10%和不退坡
	增设可获补贴车辆售价上限,要求新能源乘用车的补贴前售价在30万元及以下
限购措施	2022在原有的限购基础上,鼓励汽车、家电等大宗消费,各地不得新增汽车限购措施,已实施限购的逐步增加增量指标
双积分	2021~2023年,新能源汽车积分比例要求分别为14%、16%、18%

资料来源:根据公开资料整理。

表6　2018~2022年新能源汽车续驶里程指标(R)与对应补贴

单位:公里,万元

车型	续驶里程	2018年补贴	2019年补贴	2020年补贴	2021年补贴		2022年补贴	
					非公共领域	公共领域	非公共领域	公共领域
纯电动乘用车	150≤R<200	1.5	0	0	0	0	0	0
	200≤R<250	2.4	0	0	0	0	0	0
	250≤R<300	3.4	1.8	0	0	0	0	0
	300≤R<400	4.5	1.8	1.62	1.3	1.62	0.91	1.3
	R≥400	5	2.5	2.25	1.8	2.25	1.26	1.8
插电式混合动力乘用车(含增程式)	R≥50	2.2	1	0.85	0.68	0.9	0.48	0.72

资料来源:CIAPS动力电池应用分会研究中心根据国家部委公开政策整理。

(二)全球动力电池产业发展情况

随着行业规模的扩展、技术的进步,动力电池成本大幅降低,传统车企不断入局新能源汽车领域,各家造车新势力踊跃推出优质新车型,叠加油价上涨，新能源汽车受到越来越多消费者的青睐。相对而言，新能源汽车补贴、双积分等政策作用弱化，中国新能源汽车市场从政策驱动向产品驱动切换。进入2022年，新能源汽车消费市场仍然火热，中国汽车工业协会数据显示，2022年我国新能源汽车单月销量均维持在30万辆以上，2022年全年销量达到688.7万辆，市场占有率提升至25.6%。预计到2025年，我国新能源汽车销量将达1270万辆，渗透率为43%，2022~2025年的年均增长率为22.6%。

二 新能源车企概况

（一）新能源车企销量分析

1. 全球新能源车企销量分析

如图3所示，2022年全球新能源乘用车销量排名第一的车企为比亚迪，销量达到184.8万辆，占比达18.3%；其次是特斯拉，销量达到131.4万辆，占比达13.0%；上汽通用五菱①位列第三，销量达48.2万辆，占比达4.8%。在2022年全球新能源乘用车销量前20企业中，中国企业有10家，分别是比亚迪、上汽通用五菱、广汽集团、上汽集团、长安、奇瑞、吉利、东风、哪吒和理想，其中哪吒和理想是新势力车企。

2. 中国新能源车企销量分析

从中国新能源汽车市场来看，目前新能源汽车销量靠前的企业仍以造车新势力和积极转型新能源的传统车企为主。造车新势力企业有特斯拉中国、蔚来、理想、小鹏等，传统车企包括比亚迪、上汽集团、广汽集团（埃安）和长城等。具体来看，2021年中国新能源乘用车销量排名前15企业的销量合计237.4万辆，占中国新能源乘用车销量的81.8%。2021年，中国新能源乘用车销量排名前10企业中，比亚迪、上汽通用五菱、特斯拉中国位列

---

① 本部分上汽通用五菱与上汽其他品牌分开统计。

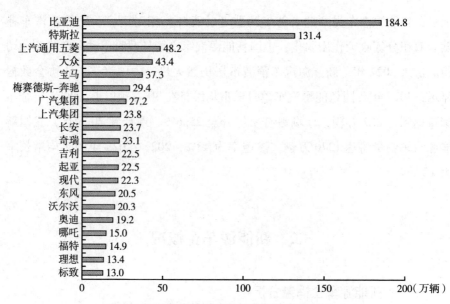

图3　2022年全球新能源乘用车销量前20企业

资料来源：TrendForce。

前三（见图4）。除1家企业外，其余9家企业2021年的销量同比增长率均超过100%，比亚迪、小鹏和长安销量同比增长率更是超过200%。

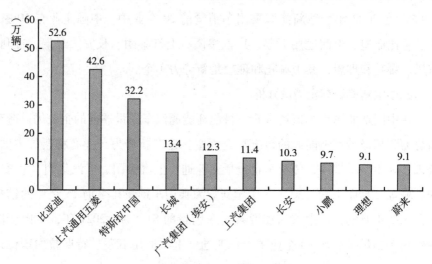

图4　2021年中国新能源乘用车销量前10企业

资料来源：上险口径，CIAPS动力电池应用分会研究中心整理。

2022 年，国内新能源乘用车销量达 567.4 万辆，同比增长 90.4%。而在 2022 年中国新能源乘用车销量排名中，比亚迪更是一骑绝尘，达到 180.0 万辆，占比达到 31.7%，同比增长 200% 以上。2021~2022 年，除了特斯拉中国之外，中国新能源乘用车销量排名前 10 的其他 9 家企业均为中国车企（见图 5）。

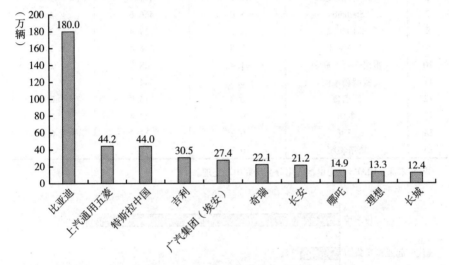

图 5　2022 年中国新能源乘用车销量前 10 企业

资料来源：上险口径，CIAPS 动力电池应用分会研究中心整理。

3. 美国新能源车企销量分析

在 2021 年的美国新能源汽车市场中，特斯拉占主导地位，其次是丰田集团和大众集团；福特集团、吉利控股集团和 Stellantis 的销量涨幅较大，均超过 400%（见表 7）。2022 年，从美国新能源乘用车销量前 5 企业的市场份额来看，特斯拉依旧主导着美国新能源汽车市场（见图 6）。

表 7　2021 年美国新能源乘用车销量前 15 企业

单位：万辆，%

排名	车企名称	销量	同比增长	占比
1	特斯拉	36.2	76.0	54.4
2	丰田集团	5.5	279.8	8.2
3	大众集团	4.4	145.7	6.6

排名	车企名称	销量	同比增长	占比
4	福特集团	3.3	495.6	5.0
5	现代—起亚汽车集团	3.2	127.4	4.8
6	吉利控股集团	3.1	477.4	4.7
7	Stellantis	3.0	466.6	4.4
8	通用集团	2.5	19.4	3.7
9	宝马集团	2.5	206.4	3.7
10	雷诺—日产联盟	1.4	48.9	2.1
11	戴姆勒集团	0.4	-44.7	0.5
12	斯巴鲁	0.3	15.9	0.4
13	本田	0.3	-38.4	0.4
14	三菱	0.2	12.3	0.3
15	塔塔集团	0.2	-41.5	0.3

资料来源：CIAPS动力电池应用分会研究中心整理。

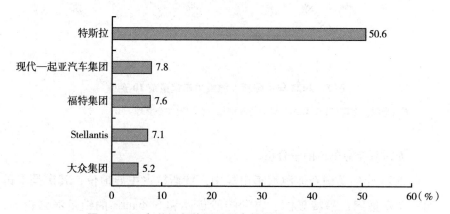

图6　2022年美国新能源乘用车销量前5企业市场份额

资料来源：Counterpoint。

4. 欧洲新能源车企销量分析

在2021年的欧洲新能源汽车市场中，大众集团的新能源汽车销量最高，其次是Stellantis、戴姆勒集团；丰田集团、福特集团和上汽集团的销量涨幅较大（见表8）。而在2022年，特斯拉成为欧洲新能源汽车销量第一名，紧随其后的是宝马集团和大众集团（见图7）。

表8 2021年欧洲新能源乘用车销量前15企业

单位：万辆，%

排名	车企名称	销量	同比增长	占比
1	大众集团	52.8	78.1	24.0
2	Stellantis	28.5	135.9	13.0
3	戴姆勒集团	22.2	49.1	10.1
4	现代—起亚汽车集团	21.8	89.1	9.9
5	宝马集团	21.3	61.7	9.7
6	雷诺—日产联盟	19.8	29.3	9.0
7	特斯拉	16.7	70.3	7.6
8	吉利控股集团	14.6	53.8	6.7
9	福特集团	7.3	243.6	3.3
10	塔塔集团	4.2	94.6	1.9
11	上汽集团	3.9	193.4	1.8
12	丰田集团	2.4	391.7	1.1
13	三菱	2.1	-14.6	1.0
14	马自达	1.1	15.9	0.5
15	本田	0.3	-16.1	0.2

资料来源：CIAPS动力电池应用分会研究中心。

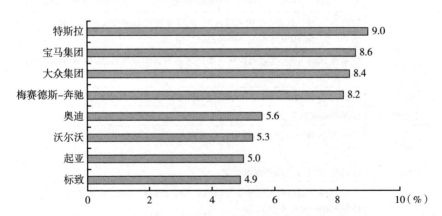

图7 2022年欧洲新能源汽车销量前8企业市场份额

资料来源：Clean Tchnica。

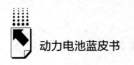

（二）各大车企新能源汽车领域布局情况

发展新能源汽车已成大势所趋，各大车企通过制定远期战略规划，逐步减少传统燃油汽车生产，加码布局新能源汽车领域。全球知名车企梅赛德斯-奔驰、宝马集团、大众集团等都推出了自己的新能源汽车长期发展规划，拟在未来不断推出新能源车型，提高新能源车销量在汽车总销量中的占比。具体来看，中国车企停售燃油车时间点大多在 2025 年，目前比亚迪已宣布率先停售燃油车，而北汽、长安等少数车企也将在 2025 年全面切入电动汽车赛道，海外车企则大多会在 2030 年之后停售燃油车（见表 9）。

表 9　全球各大车企新能源汽车战略规划汇总

车企	新能源汽车战略规划
梅赛德斯-奔驰	计划 2025 年实现纯电动和插电混动车型销量占总销量的 50%，2030 年停售燃油车。此外，自 2025 年起，奔驰所有新发布的车型架构将均为纯电平台
宝马集团	将于 2030 年在欧盟停售燃油车，预计到 2023 年在中国市场推出 12 款纯电动车型，覆盖目前大部分细分市场，到 2025 年，宝马集团在中国销售的汽车中，至少有 1/4 将是纯电动车
大众集团	2021 年大众宣布将停止内燃机研发，到 2030 年大众品牌在欧洲销售的新车中，电动汽车占比为 70%，中国和美国市场占比为 50%。2035 年在欧洲市场停售燃油车
奥迪	2021 年奥迪宣布将停止内燃机研发，2025 年奥迪品牌将推出旗下最后一款全新燃油车型，到 2030 年奥迪将停售燃油车型
福特集团	宣布到 2026 年中，在欧洲的所有乘用车系列将实现零排放，到 2030 年将完全实现全电动
现代	到 2025 年计划推出 44 款以上新能源汽车
比亚迪	根据公司战略发展需要，自 2022 年 3 月起停止燃油汽车的整车生产
沃尔沃	计划 2025 年所有汽车销量中纯电动汽车占比达到 50%，在 2030 年成为纯电动品牌
标致雪铁龙	计划在 2025 年全面实现电动化
本田	2030 年纯电动和燃料电池车型将占汽车总销量的 40%，2035 年达 80%，2040 年增至 100%，并停产燃油车
丰田集团	宣布将在 2030 年前投入 350 亿美元作为电动车研究资金。在中国市场，2025 年丰田和雷克萨斯将导入 35 款新电动化产品，包括 10 款纯电车型，到 2035 年雷克萨斯则只销售电动汽车，即全面转型为纯电品牌

续表

主要车企	新能源车整体规划
日产	宣布计划到 2025 年停售燃油车,计划在未来 5 年内投资 2 万亿日元(176 亿美元)将更多的产品线转为电动化,如在未来 5 年日产汽车将推出 20 款纯电动车型和搭载日产 e-Power 技术的车型,此外,日产汽车还表示将在 2030 财年推出 23 款电气化汽车,其中包括 15 款电动汽车
广汽集团	到 2025 年,广汽集团计划实现全集团新能源汽车销量占比 20%,混动化车型占比超 20%;自主品牌全面实现电气化,新能源汽车占比超 36%,强混占比超 15%。到 2035 年,广汽集团力争全面实现电气化转型,实现汽车产销 500 万辆,其中节能汽车和新能源汽车各占一半
上汽集团	计划在 2025 年前投放近百款新能源产品,其中包括近 60 款自主新能源车型
长安	到 2025 年全面停售传统燃油车
起亚	表示 2035 年将在欧盟市场停售燃油车,2040 年之前在韩国以外市场实现全面电动化。根据规划,至 2027 年起亚每年都会在中国市场推出全新的电动车型
通用集团	计划在 2035 年停售燃油车并在同年将旗下的产品过渡到零排放汽车及纯电动汽车
捷豹	计划到 2025 年停产内燃机车实现电气化成为电动汽车品牌,到 2030 年之前所有销售的新车都将为纯电动汽车

资料来源:根据公开资料整理。

三 新能源汽车动力电池产业需求及预测

(一)2019~2025年全球新能源汽车销量

展望未来,全球新能源汽车销量高增长态势有望延续,近年来新能源车型密集发布,将会激发消费需求,促进市场繁荣。预计 2023 年全球新能源汽车销量将达到 1400 万辆,同比增长 29%,预计 2025 年全球新能源汽车销量将达 2425 万辆,渗透率为 27%,2021~2025 年销量的年均增长率为 38.4%(见表10)。

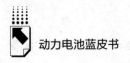

表10 2019~2025年全球新能源汽车销量

单位：万辆，%

		2019年	2020年	2021年	2022年	2023年E	2024年E	2025年E
中国汽车	销量	2577	2531	2627	2686	2784	2867	2953
	同比增速	−8	−2	4	2	4	3	3
中国新能源汽车	渗透率	5	5	13	26	28	35	43
	销量	121	137	352	689	779	1003	1270
	同比增速	−4	13	157	96	13	29	27
欧洲汽车	销量	1971	1533	1539	1415	1734	1803	1857
	同比增速	1	−22	0	−8	23	4	3
欧洲新能源汽车	渗透率	3	8	14	17	20	25	32
	销量	53	126	220	241	347	451	594
	同比增速	47	138	75	10	44	30	32
美国汽车	销量	1758	1497	1551	1435	1628	1660	1693
	同比增速	−1	−15	4	−7	13	2	2
美国新能源汽车	渗透率	2	2	4	7	13	19	25
	销量	32	32	67	99	212	315	423
	同比增速	−9	0	109	48	114	49	34
其他地区汽车	销量	2564	2118	2301	2339	2382	2450	2521
	同比增速	−4	−17	9	2	2	3	3
其他地区新能源汽车	渗透率	0	0	1	2	3	4	5
	销量	10	10	22	54.9	62	94	138
	同比增速	−4	0	120	150	13	52	47
全球汽车	销量	8870	7679	8019	7875	8528	8780	9024
	同比增速	−4	−13	4	−2	8	3	3
全球新能源汽车	渗透率	2	4	8	14	16	21	27
	销量	216	306	660	1083	1400	1863	2425
	同比增速	4	42	116	64	29	33	30

资料来源：中汽协、Marklines，CIAPS动力电池应用分会研究中心整理。

（二）2019~2025年全球锂电池需求

基于对新能源汽车销量的预测，考虑电池降本曲线带来的单车带电量提升，假设至2025年我国新能源汽车单车平均带电量为56kWh，海外为61kWh，预测2025年全球车用动力电池达1428GWh，2021~2025年的年均增长率为

47.0%。此外，预测 2025 年全球储能电池需求为 426GWh，2021～2025 年的年均增长率为 65.3%。全球消费类锂电池需求在电动工具、两轮车带动下，将实现稳定增长，到 2025 年全球消费类锂电池需求将达 174GWh，2021～2025 年的年均增长率为 10.0%。整体来看，预计到 2025 年全球锂电池需求量将达 2028GWh，2021～2025 年的年均增长率为 43.2%（见表 11）。

表 11 2019～2025 年全球锂电池需求

		2019 年	2020 年	2021 年	2022 年	2023 年 E	2024 年 E	2025 年 E
中国动力电池需求	中国新能源汽车销量(万辆)	121	137	352	689	779	1003	1270
	单车带电量(kWh)	53	49	46	45	52	54	56
	同比增速(%)	18	−8	−6	−2	16	4	4
	需求量(GWh)	64	67	161	310	403	539	714
	同比增速(%)	13	5	140	93	30	34	32
海外动力电池需求	海外新能源汽车销量(万辆)	96	169	308	394	621	860	1155
	单车带电量(kWh)	52	43	47	52	58	60	61
	同比增速(%)	2	−17	9	11	12	3	2
	需求量(GWh)	50	73	145	205	360	515	710
	同比增速(%)	19	46	99	41	76	43	38
全球动力电池需求	全球新能源汽车销量(万辆)	216	306	660	1083	1400	1863	2425
	单车带电量(kWh)	52	46	46	48	55	57	59
	同比增速(%)	9	−12	0	4	15	4	4
	需求量(GWh)	114	141	306	525	767	1059	1428
	同比增速(%)	14	24	117	72	46	38	35
全球储能电池需求	需求量(GWh)	21	29	57	120	203	315	426
	同比增速(%)	24	38	97	111	69	55	35
全球消费类锂电池需求	需求量(GWh)	88	108	119	131	144	158	174
	同比增速(%)	16	23	10	10	10	10	10
全球锂电池需求	需求量(GWh)	223	278	482	776	1114	1532	2028
	同比增速(%)	15	25	73	61	44	38	32

资料来源：中汽协、Marklines，CIAPS 动力电池应用分会研究中心整理。

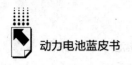

（三）2019~2025年关键材料需求

动力电池作为新能源汽车最核心的关键部件，体现出持续高速增长的需求，顺延对应的上游关键原材料具有重要投资机会。基于以上对锂电池需求的预测，至2025年，全球锂电池产业对正极材料、负极材料、电解液、隔膜的需求量将分别达307万吨、194万吨、216万吨、323亿平方米，2021~2025年的年均增长率分别为39.1%、40.3%、40.1%、40.5%；预计2025年六氟磷酸锂需求将达23.3万吨，2021~2025年的年均增长率为37.1%（见表12）。

表12　2019~2025年全球锂电池主要材料需求

材料需求量		2019年	2020年	2021年	2022年	2023年E	2024年E	2025年E
正极材料	单位需求（吨/吉瓦时）	1801	1765	1712	1661	1611	1563	1516
	同比增速（%）	−2	−2	−3	−3	−3	−3	−3
	正极需求（万吨）	40	49	82	129	179	239	307
负极材料	单位需求（吨/吉瓦时）	1078	1056	1035	1015	994	974	955
	同比增速（%）	−2	−2	−2	−2	−2	−2	−2
	负极需求（万吨）	24	29	50	79	111	149	194
电解液	电解液单位需求（吨/吉瓦时）	1188	1176	1153	1130	1107	1085	1063
	同比增速（%）	−1	−1	−2	−2	−2	−2	−2
	电解液需求（万吨）	26	33	56	88	123	166	216
	六氟磷酸锂单位需求（吨/吨电解液）	0.125	0.12	0.118	0.115	0.113	0.111	0.108
	六氟磷酸锂需求（万吨）	3.3	3.9	6.6	10.1	13.9	18.5	23.3
隔膜	单位需求（万米^2/吉瓦时）	1782	1764	1729	1694	1660	1627	1595
	同比增速（%）	−1	−1	−2	−2	−2	−2	−2
	隔膜需求（亿平方米）	40	49	83	131	185	249	323

资料来源：CIAPS动力电池应用分会研究中心整理。

（四）2019~2025年金属材料需求

基于以上对锂电池需求量的预测，对锂电池所需的金属材料量进行测算，预计到 2025 年全球锂电池对金属锂、钴、镍、锰的需求量将分别达 35.3 万吨、30.2 万吨、124.6 万吨、34.2 万吨，2021~2025 年的年均增长率分别为 37.1%、30.2%、30.5%、31.0%（见图 8）。

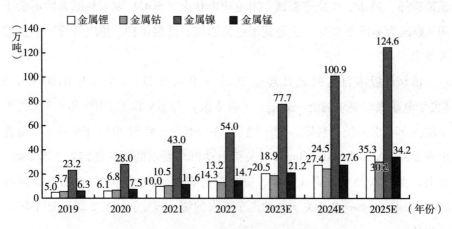

图 8 2019~2025 年全球锂电池金属材料需求

资料来源：CIAPS 动力电池应用分会研究中心整理。

四 国际动力电池产业政策标准

（一）动力电池国际法规进展

动力电池国际法规主要包括基于《1958 年协定书》的 UN ECE R100《关于电动汽车要求的统一规定》和基于《1998 年协定书》的 UN GTR 20《电动汽车安全》。

UN ECE R100《关于电动汽车要求的统一规定》最早发布于 1996 年。起初，该法规仅允许整车作为型式试验对象，而动力电池等车辆部件的安全性评估是作为车辆评估的一部分进行的。2013 年修订发布的 UN ECE R100 Rev.2《关于电动汽车要求的统一规定》（第 2 版）增加了动力电池测试项目，并允许动力电池部件级别的型式认证。2021 年 7 月修订发布的 UN ECE

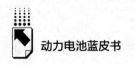
R100 Rev. 3《关于电动汽车要求的统一规定》（第3版）相对于上一版本在动力电池测试方面的要求进一步严格，主要修订了以下内容。

一是在测试通过判定条件中增加了"不排气"要求。二是针对振动、模拟碰撞、挤压、火烧等测试，电池荷电状态（SOC）要求从原来的不低于50%修改为不低于95%。三是新增过流测试、低温保护、排气管理、热扩散等要求。

该修订版本自生效之日起至2023年9月1日，UN ECE R100 Rev. 2《关于电动汽车要求的统一规定》（第2版）与UN ECE R100 Rev. 3《关于电动汽车要求的统一规定》（第3版）并行有效。针对2023年9月1日前首次颁发的UN ECE R100 Rev. 2《关于电动汽车要求的统一规定》（第2版）证书，直到2025年9月1日前，证书保持有效。2025年9月1日起，所有UN ECE R100 Rev. 2《关于电动汽车要求的统一规定》（第2版）证书将不再有效。

UN GTR 20《电动汽车安全》规定了电动汽车及其可充电储能系统的安全性要求及对应试验方法。该法规在联合国世界车辆协调论坛（WP29）下属的被动安全工作组（GRSP）中的电动汽车安全非正式工作组（EVS-IWG）开展研究。中国是该工作组的副主席国。

UN GTR 20《电动汽车安全》一阶段研究工作自2012年启动，在中国、美国、欧盟和日本共同牵头下成立了专门的法规起草工作小组，联合全球近50个国家和地区开展大量的技术研究、试验验证和沟通协调工作。中国牵头了其中3个研究小组的工作，对电动汽车整车防水、动力电池热扩散和商用车安全等方面的问题进行了系统研究。一阶段法规在2018年3月联合国世界车辆协调论坛第174次会议上经《1998年协定书》缔约方投票表决，获得全票通过。

UN GTR 20《电动汽车安全》是全球汽车技术法规体系中第一个专门针对电动汽车的安全技术法规。法规发布后，中国、欧盟、美国等均致力于该法规的转化工作。我国的动力电池强制性国家标准GB 38031—2020《电动汽车用动力蓄电池安全要求》在技术内容上与UN GTR 20《电动汽车安全》

充分协调。

UN GTR 20《电动汽车安全》二阶段研究工作自 2018 年启动，主要议题包括热扩散、振动、泡水、毒气等测试项目研究。受疫情影响，目前研究工作仍在进行中。原定于 2021 年中完成的技术讨论已延期 24 个月，预计 2023 年 12 月完成非正式工作组法规草案，2025 年正式发布二阶段法规。

（二）主要国家或地区动力电池法规进展

除动力电池国际法规外，随着动力电池产业的发展，部分国家或地区先后发布或修订动力电池法规，例如欧盟委员会于 2020 年底提出的新电池法规提案《欧盟电池与废电池法规》，计划代替 2006/66/EC《欧盟电池指令》。该法规将动力电池单独分类（定义为"电动汽车电池"），并对动力电池的碳足迹、回收原材料（钴、铅、锂和镍）的含量、电化学性能和耐久性、电池护照等方面提出明确要求，具体分为以下几个部分。

（1）在碳足迹方面，动力电池产品应具备碳足迹声明，包括制造商、电池型号、制造商地理位置、生命周期总碳足迹和各阶段碳足迹等内容，并将在法规发布后，分阶段要求动力电池产品具备碳足迹分级标签及满足最大碳足迹阈值要求。

（2）在材料可回收率方面，法规生效 36 个月后将明确钴、铅、锂、镍再生材料成分的计算与核查方法，并将分阶段要求再生材料成分声明和限值要求。

（3）在电化学性能方面，法规生效 12 个月后将要求动力电池产品附有包含电池电化学性能和循环性能参数的文件，如功率、内阻、能量效率等参数。

（4）在标签和信息要求方面，分阶段要求电池附有单独收集符号、基本信息、有害物质等标签信息，并针对电池管理系统数据采集种类做出明确要求。

（5）法规文本中还规定了符合性评定、电子信息交互（电池护照）、废旧电池管理等内容。

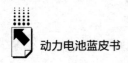

除欧盟外，韩国、印度等国近期均修订了本国动力电池安全法规文本，主要修订内容均与 UN GTR 20《电动汽车安全》保持协调。

（三）动力电池国际标准进展

动力电池国际标准体系现状及最新进展情况如表 13 所示。近期，最新进展主要涉及 ISO 6469-1：2019/AMD 1、IEC 62660-3 等多项动力电池安全标准的制修订。

表 13 动力电池国际标准体系现状及最新进展

分类		说明	状态
动力电池国际标准	ISO	ISO 6469-1:2019《电动道路车辆—安全要求 第 1 部分:车载储能系统》 ISO 6469-1:2019/AMD 1:2022《电动道路车辆—安全要求 第 1 部分:车载储能系统—修正案:热扩散安全管理》	2022 年新发布修正案
		ISO 12405-4:2018《电动道路车辆—锂离子动力电池包和系统试验规程 第 4 部分:性能测试》	现行有效
		ISO 18300:2016《电动道路车辆—锂离子电池与铅酸电池或电容器混合系统测试方法》	现行有效
		ISO 19453-6:2020《道路车辆—电动推进车辆驱动系统用电气和电子设备的环境条件和试验 第 6 部分:动力电池组和系统》	现行有效
	IEC	IEC 62660-1:2018《电动道路车辆用锂离子动力电池 第 1 部分:性能试验》	现行有效
		IEC 62660-2:2018《电动道路车辆用锂离子动力电池 第 2 部分:可靠性和滥用试验》	现行有效
		IEC 62660-3:2022《电动道路车辆用锂离子动力电池 第 3 部分:安全要求》	2022 年新发布
		IEC TR 62660-4:2017《电动道路车辆用锂离子动力电池 第 4 部分:内短路可选测试方法》	现行有效

注：ISO 即 International Organization for Standardization，国际标准化组织；IEC 即 International Electrotechnical Commission，国际电工委员会。

资料来源：ISO 网站、IEC 网站，中汽中心标准所整理。

1. ISO 6469-1:2019/AMD 1

随着热扩散测试在全球范围内动力电池开发中的广泛开展，ISO/TC 22/

SC 37/WG 3 可充电储能系统工作组组织立项了 ISO 6469-1：2019/AMD 1：2022《电动道路车辆—安全要求 第 1 部分：车载储能系统—修正案：热扩散安全管理》。该项目自 2019 年 7 月启动，于 2022 年 11 月正式发布。

该标准提供了整车/动力电池系统级别的热扩散试验方法。在热扩散触发方法方面，标准文本中提供了内部加热、局部快速外部加热、针刺三种触发方法以及触发方法选择指南。内部加热触发方法是在电池内部放置小型电加热片，通过加热使电池隔膜熔化进而发生短路；局部快速外部加热是将加热片置于触发电芯外表面，通过局部快速加热触发目标电池热失控，并尽可能不引起临近电池温度超限；针刺方法是通过针刺使目标电池短路进而热失控。三种触发方法均能应用于动力电池系统或整车级别，但也有各自的局限性。例如，内部加热方法只能在电芯制备过程中进行改装，针刺方法只能适用于电池包表面的电芯，而局部快速外部加热的参数受化学体系影响较大，并且某些位置的触发电芯需要较大程度的改装，可能与实际动力电池结构或工作状态不符。

此外，标准中还明确了热扩散测试的环境条件、触发电芯选择方法、电芯热失控判定方法、数据采集、记录要求及方法等内容，该标准的发布，对未来国际动力电池安全法规制定和动力电池产品研发测试有着重要参考价值。

2. IEC 62660-3

IEC 62660-3：2022《电动道路车辆用锂离子动力电池 第 3 部分：安全要求》于 2022 年正式发布，该标准提出了针对电动汽车用动力电池单体安全性的要求及对应测试方法，主要包括机械冲击、挤压等机械性能测试，温度循环和高温保持等热稳定性测试，以及外部短路、过充、强制放电和内部短路等电安全性测试。相对于 2014 版，IEC 62660-3：2022 除了编辑性和更新引用标准外，在测试项目方面，一方面删除了振动测试，另一方面针对内部短路测试，提供了一种新的替代测试方法。

ISO 6469-1：2019/AMD 1：2022《电动道路车辆—安全要求 第 1 部分：车载储能系统—修正案：热扩散安全管理》的发布，为行业提供了国际通用的热扩散测试方法，并为 UN GTR 20《电动汽车安全》等国际法规

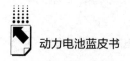

协调提供了重要参考。UN GTR 20《电动汽车安全》法规的修订工作已进入草案起草阶段，取得了阶段性的成果。该法规的修订完成，将进一步规范全球范围内动力电池安全质量，支撑动力电池产业健康发展。

五　国际动力电池产业未来发展展望

（一）产业趋势

近年来，动力电池产业井喷式发展，据科尔尼咨询预测，2026 年动力电池需求量将达到 2021 年的 5 倍。动力电池需求量主要受两大驱动因素影响。

其一，新能源汽车销量增长。受各国新能源汽车政策积极引导以及各大车企加速布局新能源汽车领域推动，预计未来 5 年内，全球新能源汽车销量将保持 28% 的增速。中、欧新能源汽车销量将依旧处于世界领先水平，而美国市场在拜登政府和美国本土车企的积极推动下，将实现低位高增。

其二，单车带电量增加。从增速来看，动力电池需求增长将快于新能源汽车销量增长，这主要受单车带电量增加的影响。新能源汽车续驶里程日渐增加，部分车企已发布续驶里程超 1000 公里车型，电池组容量相应增大，预计 2026 年单车电池容量将达到 2021 年的 1.6~1.8 倍。其中，美国动力电池容量较大的特征尤为显著，主要受美国市场 SUV 及皮卡销量占比较高的影响。

在新一轮动力电池行业扩张的背后，不仅有量的飞跃，更有全球主要新能源汽车市场的"再布局"。相较于中国企业，以 LG、三星 SDI 和 SK 创新为代表的韩国动力电池企业技术起步早，全球布局具备先发优势，而当下韩国企业紧抓全球新能源汽车需求猛增机遇，进一步谋划全球扩张。反观日本企业，其在当前"扩产潮"中逐渐落后于中韩企业，一定程度上是由于日本车企在技术路线选择上对动力电池普遍采取保守或迟缓的态度，而动力电池供应商也相应地放缓了扩张计划。欧洲、美国致力于进一步促进新能源产业链的本地化发展和提高自给率，以 Northvolt、Verkor、特斯拉等为代表的欧美动力电池"新势力"异军突起，预计 2026 年该类企业将占据全球动力电池产能的 18%。其中，Northvolt 的欧洲在建电池厂总产能可达 70GWh，并已获取宝马集团、大众集团等领先企业订单。中韩电池企业不仅将迈入真正的全球化阶段，还将面临来自欧美本土电池"新势力"的竞争压力。

然而，产能扩张并不会迅速引发动力电池产品的同质化。预计未来 5 年内，动力电池行业仍存在显著的技术门槛，技术仍是动力电池行业的核心竞争要素。能够不断革新技术、坚持正确技术路线的电池企业，才能保持领先，获取超过行业平均水平的利润。

（二）技术趋势

当前，全球动力电池技术路线多样化，总体趋势可分为结构形式革新和化学体系迭代。

在结构形式方面，传统结构的动力电池装车比例下降，主要是由于单位体积能量低，成本相对较高，大模组工艺、电池即底盘（Cell to Chassis，CTC）、车身一体化（Cell to Body，CTB）技术受到更多企业的关注。例如，零跑汽车采用 CTC 技术，该技术可以提升车辆续航约 10%；特斯拉 4680 圆柱电池技术致力于从制造端减少动力电池生产成本，松下于 2023 年 4 月开始试产与特斯拉合作研发的 4680 动力电池，以提升电池能量密度和降低成本。

在化学体系方面，纯电动汽车动力电池发展分成两个方向。一是适用于一般城市代步而侧重经济性的动力电池，目前为磷酸铁锂电池的主要增量市场，未来有望迭代为钠离子电池。钠离子电池能量密度相对较低，但安全性高，成本竞争力强。二是高端市场重点关注产品性能，材料体系优化以高镍三元为代表，技术迭代以固态电池为代表。半固态/固态电池因为减少了电解液和隔膜，在采用同样正负极材质的情景下，能量密度有所提升；若采用能量密度更高的金属锂作为负极，电池能量密度可进一步提高。在两种方向中，高比能电池技术是未来发展的核心方向。

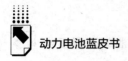

美国 Natron 公司研发的钠离子电池将于 2023 年在美国密歇根州进行大规模生产，Natron 公司表示，该工厂一旦投产将成为世界上最大的钠离子电池工厂。日产欧洲研发高级副总裁 David Moss 表示，日产已经成功开发出全固态电池，目标是 2025 年开始试生产，并将于 2028 年生产一款由固态电池驱动的全新电动汽车。综上所述，钠离子电池、固态电池技术均进入试点落地阶段，预计未来将逐步装机量产。

（三）政策趋势

美国能源部于 2022 年 5 月宣布，将拨款 31.6 亿美元用于加强美国本土动力电池制造业的发展。美国总统拜登于 2022 年 8 月正式签署《通胀削减法案》，法案规定只有在北美地区组装的电动汽车才能享受税收抵免优惠。如果要将新能源汽车出口到美国并获得税收减免，那么新能源汽车必须在北美组装，电池中的材料和"关键矿物"必须来自美国或与美国有自由贸易协定的国家。这些要求的目标是扶持美国及相关国家的电动汽车材料供应链，目前这些材料严重依赖中国。同时，2024 年前投入使用的新能源汽车需保证其 40%电池原材料来自美国本地或与美国有自由贸易协定的国家，这个比例还将逐年提高 10%，直至在 2027 年提升至 80%。

欧洲方面，欧盟新电池法立法进程加速，欧盟委员会、欧洲议会和理事会三方于 2022 年 12 月 9 日完成《欧盟电池与废电池法规》最后一次三方对话，并形成折中草案。该法规考虑了电池技术的发展和未来挑战，涵盖了电池从设计到报废的全生命周期监管要求。欧盟新电池法也是对包括中国在内的国家设置的"绿色贸易壁垒"。此外，欧洲正在计划推出一项政策，即 2027 年后，若动力电池企业使用本土生产的原材料比例达不到 65%，将额外增加 10%的税收，此举疑似对美国《通胀削减法案》的回应。同时，也从侧面体现了当前欧洲动力电池行业仍处于培育期，产业链本土化存在一定短板，本土制造成本相对较高。

日本蓄电池可持续性研究组已于 2022 年召开多次研究会，拟对标《欧盟电池与废电池法规》，建立自身碳足迹、人权环境尽职调查、回收利用、数据联动方面的法规应对体系。日本蓄电池产业战略研究公私理事会于2022年9月正式发布《蓄电池产业战略》，将发展蓄电池产业提升至战略高度。据日经中文网报道，日本经济产业省根据《经济安全保障推进法》敲定了对蓄电池的支持措施，其中，针对锂电池工厂新建和增产的设备投资，日本将提供1/3补贴，并支持企业研发生产环节减排二氧化碳等技术。

韩国继续推进"K电池"国家战略，为企业提供税收、融资等方面的支持，例如投资设备最高可享20%的税收抵免，投资研发可享40%~50%的税收抵免。2022年11月18日，韩国总统尹锡悦与西班牙首相佩德罗·桑切斯举行会谈，双方商定将在动力电池、可再生能源等未来战略产业方面进一步深化合作。

展望未来，国际动力电池产业将继续保持高速发展趋势，与此同时，为对抗中韩动力电池产业全球化，欧美将致力于新能源产业链本土化。在技术方面，结构高度集成化、化学体系迭代已经成为动力电池的主要发展趋势。在政策方面，全球动力电池政策演变趋势大体相同，美、日、韩以政府补贴优惠扶植本土市场发展，欧洲则意图收紧法规要求，以保护本土动力电池产业。

Abstract

In order to implement the 14th Five-Year Plan (2021–2025) and achieve carbon peak and neutrality target, the new energy vehicle (NEV) industry continues to attract attention. Developing new energy vehicles is a strategic choice for China to deal with energy and environmental pressures and promote economic transformation and upgrading. In 2022, the number of NEVs in China exceeded ten million, and the market penetration rate of new energy vehicles exceeded 30% for the first time. As the core components of new energy vehicle, the rapid development of China's new energy vehicle industry cannot be separated from the strong support of the domestic EV battery industry. China's new energy vehicle and power battery industry has sound development momentum, however, it also faces severe challenges. How to start from its own development points, continuously improve product quality and reduce costs, ensure the safety and market competitiveness of NEVs, is the main development proposition of the power battery industry in the future.

Starting with the status and challenges of China's NEV battery industry from 2021 to 2022, this Book provides an in-depth analysis of relevant policies, standards, technological innovations and cost-cutting trends in the power battery industry, it also introduces and analyzes the development of various sub sectors in the upstream and downstream of China's power battery industry chain, including: metal raw materials (lithium, cobalt, nickel, manganese) in the upstream, four key materials (positive electrode, negative electrode, the separator and electrolyte) in the midstream, and the development of the power battery recycling industry in the downstream. Meanwhile, the development strategies and suggestions are put forward in order to explore the direction for the high-quality development and market competitiveness promotion in the future.

From 2021 to 2022, the production and sales of NEV battery are booming. As the energy density of ternary and lithium iron phosphate batteries continues to improve, new technologies for power batteries continue to emerge, and power batteries develop with high specific energy and high safety, the quality of key materials is continuously optimized, the level of automated production and the capacity of intelligent manufacturing are continuously enhanced; the top power battery enterprises have been deployed overseas, and the global competitiveness of Chinese power battery enterprises has been continuously enhanced. In the future, China's NEV battery industry will move towards low-carbon, high-end and intelligent, to achieve sustainable, high-quality development.

Keywords: New Energy Vehicle; Power Battery; Carbon Peaking; Carbon Neutrality

Contents

I   General Report

Abstract: The new energy vehicle (NEV) is the main direction of the global automobile industry transformation and the important engine of the world economy sustained growth. In 2022, the number of NEVs in China exceeded 10 million, and the market penetration rate of NEVs exceeded 30% for the first time. With the rapid development of the new energy vehicle industry, the core components of the new energy vehicle power battery are also booming production and sales in 2021−2022. With the increase of the energy density of ternary batteries and lithium iron phosphate batteries, new technologies for power batteries continue to emerge, and power batteries develop along two technological lines, high specific energy and high safety. The quality of key materials is continuously optimized, the level of automatic production and the capacity of intelligent manufacturing are continuously enhanced. The head enterprises of power battery have been deployed overseas, and the global competitiveness of China's power battery enterprises has been continuously enhanced.

Keywords: New Energy Vehicle; Power Battery; Carbon Peaking; Carbon Neutrality

II Industry Reports

Abstract: In 2022, production of the four key raw materials for power battery—cathode, anode, separator and electrolyte-increased by more than 60% compared with 2021. From 2021 to 2022, the market share of lithium iron phosphate has risen to nearly 60%, and in order to reduce the price, the ternary materials will develop towards the direction of high nickel, low cobalt or cobalt-free. in the filed of negative electrode materials, the market share of man-made graphite is larger than that of natural graphite. It is the orientation of negative electrode enterprises to seize natural graphite resources and reduce the cost of man-made graphite. In the field of separators, wet-process separators continue to occupy the majority of the market, and are again dominated by lithium iron phosphate cathode material power battery market, a small increase in the price of wet-process membranes due to it suited to lithium iron phosphate materials in terms of increasing energy density. The cost of lithium hexafluorophosphate, a commonly used lithium salt, accounts for 40%－70% of the production cost of the whole electrolyte. From 2021 to 2022, the price of electrolyte shows a downward trend.

Keywords: Positive Material; Negative Material; Diaphragm; Electrolyte

Abstract: Raw materials for lithium-ion battery such as lithium, cobalt,

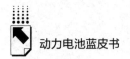
nickel, and manganese have certain reserves in China. From 2021 to 2022, due to the continuous impact of the new energy vehicles and energy storage industry, the consumption of lithium based products has rapidly increased. The production of lithium iron phosphate and ternary electrode materials continues to reach new highs, and the demand for lithium carbonate and lithium hydroxide shows a jumping growth. In addition, due to the slow increase in lithium salt supply, lithium salt prices continue to rise. In 2021, cobalt prices slightly increased, while in 2022, cobalt prices fell. The main reason is the expected demand decreased, and the withdrawal of speculative funds from the cobalt market. The supply and demand balance of the cobalt market is basically maintained, and there is insufficient room for cobalt prices to rise, resulting in limited downward pressure. From 2021 to 2022, power batteries further developed towards high nickel content, and the price of nickel sulfate, which was originally tight in supply, continued to rise, driving up the price of nickel ore. In terms of manganese, after a rapid rise in the price of electrolytic manganese, there was a significant decline in 2022.

Keywords: Lithium; Cobalt; Nickel; Manganese

B.4 Development Report on Chinese Power Battery Recycling Industry in 2021−2022

Zhao Xiaoyong, Li Jian, Wang Lihua,

Li Hongjie and Zhang Shengying / 141

Abstract: In recent years, the new energy vehicles (NEVs) put into operation in the early stage, have gradually entered the phase of scrap, and the number of retired power batteries continues to rise. In order to strengthen the management of NEV battery recycling, standardize the development of industry, promote the comprehensive utilization of resources, China has issued a number of policies and standards. When the available residual capacity of power battery drops to 20% −80%, it will enter the stage of echelon utilization, which is mainly used in energy storage, power station backup, low-speed electric vehicle and other fields. At present, the echelon utilization enterprises are mainly concentrated in such areas as Beijing-Tianjin-Hebei/Yangtze River Delta/Pearl River Delta, where the battery retirement volume is large and the technical resource superiority is obvious. When the remaining usable capacity of the battery falls below 20%, it will enter the recycling stage, the battery will be disassembled to extract valuable metals such as nickel, cobalt, manganese, lithium and so on. Power Battery recycling is the only way to achieve the sustainable development of the industrial chain, can produce greater economic benefits, promote energy saving and emission reduction, help to achieve carbon neutrality goals.

Keywords: New Energy Vehicle; Power Battery; Echelon Utilization; Recycling

Ⅲ Hot Issue Reports

B.5 Development Report on Chinese New Energy Vehicle

Enterprise Safety System in 2021−2022

Geng Lei, Guo Lianyi and Yin Hao / 158

Abstract: In order to effectively guide the safety development of new energy vehicles, government departments and relevant organizations have taken the safety risk prevention and control as an important breakthrough points, and have successively released a number of safety regulations, policies and technical standards. At the same time, the safety risk prevention and control technology in vehicle and key components enterprises is becoming increasingly mature, ensuring the steady development for the industry. At present, the authorities have put forward new construction of safety system requirements for the new energy vehicle enterprises, and enterprises should continuously improve their safety assurance capabilities, establish a multi-level and systematic safety system in terms of

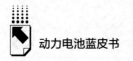

management mechanism, product quality, monitoring and operation, after-sales and maintenance, fault response and accident emergency response, and promote the high-quality development for new energy vehicle industry.

Keywords: New Energy Vehicle; Safety Control Strategy; Safety System Construction

B.6 Current Status and Trend Analysis of Safety Warning Research on Chinese EV Batteries in 2021−2022

He Shaoqing, Hao Xiongbo, Lei Nanlin and Cai Juntong / 170

Abstract: The process of thermal runaway incidents in new energy vehicles (NEV) are difficult to locate and analyze the ignition point. In order to avoid thermal runaway incidents in vehicles as much as possible, it is necessary to analyze the potential faults of power batteries, including six categories of potential faults: key materials, cell design, cell manufacturing, system integration, abuse failure, and service aging, and analyze their causes, spreads and how it threatens the normal operation system. On the basis of studying the mechanism of battery failure, research on battery failure warning technology will be carried out. Before the occurrence of various hazardous problems such as thermal runaway, potential failures will be diagnosed and alarmed in advance. Based on the warning results, fault investigation will be carried out to eliminate battery safety hazards, thereby improving the safety of NEV and promoting industry development.

Keywords: Power Battery; Safety Warning; Algorithm

Contents ⬿

B.7　Report on the Development of Carbon Peaking and
　　　Carbon Neutrality of Chinese New Energy Vehicle
　　　Power Batteries (2021–2022)
Wen Mengxi, Sang Xiangwei and Jia Chenxi / 184

Abstract: At present, China's policies pertaining to the green and low-carbon economy are progressively refining. Following the issuance of the top-level policy framework for the carbon peaking and carbon neutrality goals, implementation schemes have been formulated for pivotal sectors such as energy, industry, and transportation. The low-carbon solution within the transportation sector is exemplified by new energy vehicles, with the battery serving as the core component of these vehicles. Empowering the carbon peaking and carbon neutrality goals, it is imperative not to overlook the carbon emissions in the production process of these power batteries. To realize energy-saving and carbon reduction in the production process of power batteries, the focus should begin with high proportion carbon emissions phases such as material production and battery assembly. The holistic industry innovation, encompassing the entire value chain from raw material production to recycling, should be introduced, and a "zero" carbon emission standard should be integrated into the production management system. In the future, power battery enterprises ought to concentrate on breakthroughs in key technologies such as efficient lithium resource utilization, lithium extraction from ores and brines, and high-performance lithium iron phosphate preparation. This will lead to the establishment of carbon-neutral factories or zones. Simultaneously, attention should be directed towards carbon asset management and development. Through financial innovation, activation of carbon assets can be achieved, thus aiding the implementation of energy-saving and carbon reduction projects and facilitating an early realization of carbon peak in the power battery industry.

Keywords: Carborn Peaking and Carbon Neutrality; Carbon Emissions; Carbon Asset Management

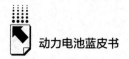

B.8　Report on BEV Low Temperature Energy Consumption

in 2021–2022　　　　　　*Liu Di, Zhang Guohua and Liu Sha* / 208

Abstract: The range attenuation of pure electric vehicle in low temperature environment is a pain point for users to travel during winter. The reason of low temperature driving range attenuation of pure electric vehicle, can be analyzed from two aspects: the available battery power and the actual energy consumption of the whole vehicle. In the research, the electric vehicle is taken as the research object, and the energy flow test is carried out at −10°C and −20 °C, which is under two test conditions, one is single section driving test and the other is multiple section driving test. The results show that lower temperature and multiple-section driving conditions will increase the power consumption of 100km. Low temperature and multiple-section driving conditions affect the discharge performance of the power battery system, resulting in the attenuation of vehicle driving range. In addition, low temperatures and multiple-section driving conditions limit the recovery of the power battery, which can also lead to vehicle driving range loss. At the same time, the high energy consumption of the electric heater in cold weather also makes the vehicle range shortened.

Keywords: Pure Electric Vehicle; Energy Consumption; Low Temperature Endurance

B.9　Report on Chinese New Energy Vehicle Sustainable

Power Exchange Operation Mode in 2021–2022

Gao Weifeng, Li Pan / 218

Abstract: The battery exchange operation mode, as one of the ways to supplement energy for new energy vehicles (NEV), has received much attention in recent years. Since the implementation of the battery exchange pilot city policy in 2021, multiple cities, including 11 pilot cities, have issued a series of policies that are conducive to the development and application of the battery exchange model. In addition, standards related to the mode are gradually being formulated; The mode has developed rapidly, and as of the end of 2022, there are nearly 2000 battery exchange stations in China. The internal driving force for the development of the battery swapping industry comes from the standardization of power batteries. Only with standardization can we achieve cost reduction and development of battery swapping technology, and bring more sales and demand for battery swapping vehicles. Currently, power exchange technology is developing towards standardization and sharing, rather than the demands of speed and safety.

Keywords: Power Exchange Mode; New Energy Vehicle; Power Battery

B.10 Report on the Development of New Composite Current Collectors for NEV Lithium Batteries in 2021−2022

Xia Jianzhong / 240

Abstract: Lithium batteries, with their advantages of flexibility, speed, and long lifespan, are playing important role in energy structure transform and achieving carbon peak and carbon neutrality, and have been widely used in the fields of power and energy storage. This report summarizes the performance and technological changes of traditional lithium-ion battery current collector materials, including aluminum, copper, nickel, titanium, stainless steel, and carbon based materials, and analyzes the market of current collector raw materials and products. Due to the advantages of low cost, high safety, high specific energy, and long service life, the new type of composite current collector has received widespread attention from academia and industry in recent years. This report provides an overview of the performance and industrial development of composite current collectors. In addition, with the continuous breakthroughs in the large-scale production technology of composite current collectors, the product advantages will be further highlighted, and it is expected to replace traditional fluid

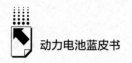

collectors in some application scenarios, becoming the mainstream structural material for lithium batteries, and assisting the rapid development of China's lithium battery industry.

Keywords: New Energy Vehicle; Lithium Battery; Composite Fluid Collector

Ⅳ International Report

B.11 Report on International Power Battery Industry
Development in 2021−2022

Zhou Bo, Lu Zhipei, Yang Yonghai,

Niu Pingjian and Wen Mengxi / 252

Abstract: Under the background of "Carbon neutrality", automobile electrification has become a global trend. In 2022, the global sales of electric vehicle (EV) broke through the 10 million mark for the first time. China hold the top spot in the world, accounting for more than 60% of global NEV sales. The global power battery technology route presents the diversification development, the general trend may divide into the structure innovation and the chemical system iteration. On the policy front, the European Union published the *Batteries and Waste Batteries Regulation*, which covers the entire life cycle of battery requirements from design to end of life, and the United States published the inflation reduction act, strengthening the development of domestic power battery manufacturing industry in the United States. Europe and the United States intend to build "Green trade barrier" against China, Japan, South Korea and other big power battery export countries to protect domestic enterprises. Global production and sales of new energy vehicles are expected to continue to grow in the next few years, driving up demand for power battery, positive and negative electrodes, diaphragms, electrolytes and metal resource materials.

Keywords: New Energy Vehicle; Carbon Peaking; Carbon Neutrality; Power Battery

权威报告·连续出版·独家资源

皮书数据库
ANNUAL REPORT(YEARBOOK)
DATABASE

分析解读当下中国发展变迁的高端智库平台

所获荣誉

- 2020年，入选全国新闻出版深度融合发展创新案例
- 2019年，入选国家新闻出版署数字出版精品遴选推荐计划
- 2016年，入选"十三五"国家重点电子出版物出版规划骨干工程
- 2013年，荣获"中国出版政府奖·网络出版物奖"提名奖
- 连续多年荣获中国数字出版博览会"数字出版·优秀品牌"奖

皮书数据库

"社科数托邦"
微信公众号

成为用户

登录网址www.pishu.com.cn访问皮书数据库网站或下载皮书数据库APP，通过手机号码验证或邮箱验证即可成为皮书数据库用户。

用户福利

- 已注册用户购书后可免费获赠100元皮书数据库充值卡。刮开充值卡涂层获取充值密码，登录并进入"会员中心"—"在线充值"—"充值卡充值"，充值成功即可购买和查看数据库内容。
- 用户福利最终解释权归社会科学文献出版社所有。

数据库服务热线：400-008-6695
数据库服务QQ：2475522410
数据库服务邮箱：database@ssap.cn
图书销售热线：010-59367070/7028
图书服务QQ：1265056568
图书服务邮箱：duzhe@ssap.cn

社会科学文献出版社 皮书系列
SOCIAL SCIENCES ACADEMIC PRESS (CHINA)
卡号：363497134147
密码：

S 基本子库
SUB DATABASE

中国社会发展数据库（下设 12 个专题子库）

紧扣人口、政治、外交、法律、教育、医疗卫生、资源环境等 12 个社会发展领域的前沿和热点，全面整合专业著作、智库报告、学术资讯、调研数据等类型资源，帮助用户追踪中国社会发展动态、研究社会发展战略与政策、了解社会热点问题、分析社会发展趋势。

中国经济发展数据库（下设 12 专题子库）

内容涵盖宏观经济、产业经济、工业经济、农业经济、财政金融、房地产经济、城市经济、商业贸易等 12 个重点经济领域，为把握经济运行态势、洞察经济发展规律、研判经济发展趋势、进行经济调控决策提供参考和依据。

中国行业发展数据库（下设 17 个专题子库）

以中国国民经济行业分类为依据，覆盖金融业、旅游业、交通运输业、能源矿产业、制造业等 100 多个行业，跟踪分析国民经济相关行业市场运行状况和政策导向，汇集行业发展前沿资讯，为投资、从业及各种经济决策提供理论支撑和实践指导。

中国区域发展数据库（下设 4 个专题子库）

对中国特定区域内的经济、社会、文化等领域现状与发展情况进行深度分析和预测，涉及省级行政区、城市群、城市、农村等不同维度，研究层级至县及县以下行政区，为学者研究地方经济社会宏观态势、经验模式、发展案例提供支撑，为地方政府决策提供参考。

中国文化传媒数据库（下设 18 个专题子库）

内容覆盖文化产业、新闻传播、电影娱乐、文学艺术、群众文化、图书情报等 18 个重点研究领域，聚焦文化传媒领域发展前沿、热点话题、行业实践，服务用户的教学科研、文化投资、企业规划等需要。

世界经济与国际关系数据库（下设 6 个专题子库）

整合世界经济、国际政治、世界文化与科技、全球性问题、国际组织与国际法、区域研究 6 大领域研究成果，对世界经济形势、国际形势进行连续性深度分析，对年度热点问题进行专题解读，为研判全球发展趋势提供事实和数据支持。

法律声明